湖北省社会科学研究课题（2019049）：高科技条件下的冷链物流创新发展研究

基于大数据时代背景下
农产品冷链物流一体化模式研究

冷凯君 著

九州出版社
JIUZHOUPRESS

图书在版编目（CIP）数据

基于大数据时代背景下农产品冷链物流一体化模式研
究 / 冷凯君著. — 北京：九州出版社，2020.8
ISBN 978-7-5108-9242-4

Ⅰ. ①基… Ⅱ. ①冷… Ⅲ. ①农产品－冷冻食品－物
流管理－研究 Ⅳ. ①F252.8

中国版本图书馆CIP数据核字(2020)第115803号

基于大数据时代背景下农产品冷链物流一体化模式研究

作　　者	冷凯君　著	
出版发行	九州出版社	
地　　址	北京市西城区阜外大街甲35号(100037)	
发行电话	(010)68992190/3/5/6	
网　　址	www.jiuzhoupress.com	
电子信箱	jiuzhou@jiuzhoupress.com	
印　　刷	定州启航印刷有限公司	
开　　本	710毫米×1000毫米　　　16开	
印　　张	16	
字　　数	286千字	
版　　次	2020年8月第1版	
印　　次	2020年8月第1次印刷	
书　　号	ISBN 978-7-5108-9242-4	
定　　价	64.00元	

前　言

我国作为一个农业大国，农业产成品链条上主要体现的是农业产成品的生产、配送与销售的有机整体。随着农业水平的提升，有时会出现结构性的区域过剩现象，保证农产品的物流顺畅就成为推动经济发展和供应链服务水平提升的重要环节。加之人们对高质量生活的追求，生鲜和冷冻食品越来越受到人们的追捧，并且对其新鲜程度等质量要求也比以前高很多。新鲜的、安全的、多样性强的产品逐渐赢得大家的好评，因而农产品保鲜成了一大热点。传统农产品物流运输很容易导致农产品质量下降，出现质量和安全问题，而冷链物流的出现成功地解决了这一难题。

冷链物流是一种比较特殊的物流类型，同我国传统的农产品常温物流操作相比存在较大优势。农产品冷链物流技术的使用能够让农产品从采收、配送、储藏、销售等前端环节一直处于设定的低温保鲜环境，从而使得农产品质量得以有效保证。不过目前我国农产品运输过程中缺乏先进的物流基础设施建设，中间流通环节冗长，农产品在流通之中的信息传递滞后，多数农产品冷链物流都处于分散度高、风险大、监管力度不足的情况，同时，著者看到了大数据在物流行业发展的巨大情景，有助于农产品冷链物流企业朝着智慧物流方向转型升级，让农产品销售企业快速掌握市场环境、了解客户需求，从而做出正确、有效的决策。在激烈的市场竞争环境下，抓住数据所带来的机遇，是农产品冷链物流企业持续发展的关键，也是其提升竞争力的核心要素所在。结合上述情况，著者撰写了《基于大数据时代背景下农产品冷链物流一体化模式研究》这一著作。

本著作从理论基础入手，阐述大数据基础知识、冷链物流、冷链物流及一体化的相关理论。紧随其后讲述了冷链物流大数据中心建设，分析了大数据时代农产品冷链物流现状与问题；接下来理论与实际相结合，讲述了大数据在农产品冷链物流管理与运输配送中的应用，并选取了典型案例进行分析。本书论述科学严谨、理论与实践有机结合，适合冷链物流研究人员、农产品供应研究人员及其他人群参考。

本著作在写作过程中参考了部分教材与相关著作，因时间仓促，无法与作者一一取得联系，在此向相关作者表示感谢。特别感谢华中科技大学马士华教授、中国社会科学院社会科学评价中心荆林波教授在撰写过程中的指导。由于著者水平有限，书中难免存在不足和疏漏之处，敬请各位专家学者及时提出修改意见，以便进一步修改订正，以臻完善。

目　录

第一章　大数据理论概述

第一节　大数据基本认知

一、大数据的概念

对于"大数据"（Big Data），研究机构高德纳（Gartner）给出了这样的定义：大数据是需要新处理模式才能具有更强的决策力、洞察力和流程优化能力的海量、高增长率和多样化的信息资产。

麦肯锡全球研究所给出的定义是：一种规模大到在获取、存储、管理、分析方面大大超出了传统数据库软件工具能力范围的数据集合，具有海量的数据规模、快速的数据流转、多样的数据类型和低价值密度四大特征。

大数据技术的战略意义不在于掌握庞大的数据信息，而在于对这些含有意义的数据进行专业化处理。换而言之，如果把大数据比作一种产业，那么这种产业实现盈利的关键在于提高对数据的"加工能力"，通过"加工"实现数据的"增值"。

从技术上看，大数据与云计算的关系就像一枚硬币的正反面一样密不可分。对大数据必然无法用单台的计算机进行处理，而必须采用分布式架构。分布式架构的特色在于对海量数据进行分布式数据挖掘，但它必须依托云计算的分布式处理、分布式数据库和云存储、虚拟化技术。

随着云时代的来临，大数据引起了越来越多的关注。著云台分析师团队认为：大数据通常用来形容一个公司创造的大量非结构化数据和半结构化数据，将这些数据下载到关系型数据库，用于分析时会花费很多时间和金钱。大数据分析常和云计算联系在一起，因为要进行实时的大型数据集分析，需要有像映射归约（Map Reduce，简称 MR）一样的框架来向数十、数百甚至数千台电脑分配工作。

二、大数据的特征

当前，较为统一的认识是大数据有四个基本特征：数据量（Volume）大，数据类型（Variety）多，数据处理速度（Velocity）快，数据价值密度（Value）低，即所谓的"4V"特性。这些特性使得大数据有别于传统的数据概念。大数据的概念与"海量数据"不同，后者只强调数据的量，而大数据不仅用来描述大量的数据，而且更进一步指出数据的复杂形式、数据的快速时间特性以及对数据进行专业化处理以最终获得有价值信息的能力。

（一）数据量大

大数据聚合在一起的数据量是非常大的，根据国际数据公司（IDC）的定义，至少要有超过 100TB 的可供分析的数据才能被称为大数据，数据量大是大数据的基本属性。

导致数据规模激增的原因有以下三方面。

首先，随着互联网的广泛应用，使用网络的人、企业、机构增多，数据获取、分享变得相对容易。以前，只有少量的机构可以通过调查、取样的方法获取数据，同时发布数据的机构也很有限。人们难以在短期内获取大量的数据。而现在，用户可以通过网络非常方便地获取数据，同时用户通过有意的分享和无意的点击、浏览都可以快速地提供大量数据。

其次，随着各种传感器数据获取能力的大幅提高，人们获取的数据越来越接近原始事物本身，描述同一事物的数据激增。早期的单位化数据，对原始事物进行了一定程度的抽象，数据维度低，数据类型简单，多采用表格的形式来收集、存储、整理，数据的单位、量纲和意义基本统一，存储、处理的只是数值而已，因此数据量有限，增长速度慢。而随着数据应用的发展，数据维度越来越高，描述相同事物所需的数据量越来越大。以当前数据量较为普遍的网络数据为例，早期，网络上的数据以文本和一维的音频为主，维度低，单位数据量小。近年来，图像、视频等二维数据大规模涌现，而随着三维扫描设备以及 Kinect 等动作捕捉设备的普及，数据越来越接近真实的世界，数据的描述能力不断增强，数据量本身必将以几何级数增长。

最后，数据量大还体现为人们处理数据的方法和理念发生了根本改变。早期，人们对事物的认知受限于获取、分析数据的能力，人们一直利用采样的方法，以少量的数据来近似地描述事物的全貌，样本的数量可以根据数据获取、处理能力来设定。不管事物多么复杂，只要通过采样得到部分样本，使数据规模变小，就可以利用当时的技术手段来进行数据管理和分析。如何通过正确的采样方法以最小的数据量尽可能分析整体属性成了当时的重要问题。随着技术的发展，虽然样本数目逐渐逼近原始的总体数据，但在某些特定的应用领域，采样数据可能远不能描述整个事物，反而丢掉大量细节，甚至可能使人们得到完全相反的结论。因此，当今有直接处理所有数据而不是只考虑采样数据的趋势。使用所有数据可以带来更高的精确性，从更多的细节来解释事物属性，同时也必然使得要处理的数据量显著增多。

（二）数据类型多

数据类型繁多、复杂多变是大数据的重要特性。以往的数据尽管数量庞大，但通常是事先定义好的结构化数据。结构化数据是将事物朝便于人类和计算机存储、处理、查询的方向抽象的结果。在抽象的过程中，忽略一些在特定的应用下可以不考虑的细节，抽取了有用的信息。处理此类结构化数据，只需事先分析好数据的意义以及数据间的相关属性，构造表结构来表示数据的属性。数据都以表格的形式保存在数据库中。数据格式统一，以后不管再产生多少数据，只需根据其属性，将数据存储在合适的位置，就可以方便地处理、查询，一般不需要为新增的数据显著地更改数据聚集、处理、查询方法，限制数据处理能力的只是运算速度和存储空间。这种关注结构化信息，强调大众化、标准化的属性使得处理传统数据的复杂程度呈线性增长，新增的数据可以通过常规的技术手段处理。而随着互联网与传感器的飞速发展，非结构化数据大量涌现，非结构化数据没有统一的结构属性，难以用表结构来表示，在记录数据数值的同时还需要存储数据的结构，这增加了数据存储、处理的难度。而时下在网络上流动着的数据大部分是非结构化数据，人们上网不只是看看新闻，发送文字邮件，还会上传下载照片、视频，发送微博等，由此产生的数据均是非结构化数据。同时，存在于工作、生活中各个角落的传感器也不断地产生各种半结构化、非结构化数据，这些结构复杂，种类多样，同时规模又很大的半结构化、非结构化数据逐渐成为主流数据。非结构化数据量已占数据总量的 75% 以上，且非结构化数据的增长速度比结构化数据快 10~50 倍。[①] 在数据激增的同时，新的数据类型层出不穷，已经很难用一种或几种规定的模式来表征日趋复杂、多样的数据形式，这样的数据已经不能用传统的数据库表格来整齐地排列、表示。大数据正是在这样的背景下产生的。大数据与传统数据处理最大的不同就在于是否重点关注非结构化信息。大数据关注包含大量细节信息的非结构化数据，强调小众化、体验化的特性使得传统的数据处理方式面临

---

① 杜晋国. 大数据时代对传统侦查模式的影响 [J]. 法制博览，2017（08）:10–13.

巨大的挑战。

（三）数据处理速度快

快速处理数据是大数据区别于传统海量数据处理的重要特性之一。随着各种传感器和互联网络等信息获取、传播技术的飞速发展与普及，数据的产生、发布越来越容易，产生数据的途径增多，个人甚至成了数据产生的主体之一。数据呈爆炸的形式快速增长，新数据不断涌现，快速增长的数据量要求数据处理的速度也相应地提升，以使大量的数据得到有效的利用，否则不断激增的数据不但不能为解决问题带来优势，反而会成为快速解决问题的负担。同时，数据不是静止不动的，而是在互联网络中不断流动的，且通常这样的数据的价值是随着时间的推移而迅速降低的。如果数据未得到有效的处理，就会失去价值，大量的数据就没有意义了。此外，许多应用要求能够实时处理新增的大量数据，比如有大量在线交互的电子商务应用，就具有很强的时效性。大数据以数据流的形式产生，快速流动，迅速消失，且数据流量通常是不稳定的，会在某些特定时段突然激增，数据的涌现特征明显。而用户对于数据的响应时间通常非常敏感，心理学实验证实，从用户体验的角度看，瞬间（3秒钟）是可以容忍的最大极限。对于大数据应用而言，很多情况下都必须要在1秒钟或者瞬间形成结果，否则处理结果就是过时和无效的。这种情况下，大数据就要快速、持续地实时处理。对不断激增的海量数据的实时处理要求，是大数据与传统海量数据处理技术的关键差别之一。

（四）数据价值密度低

数据价值密度低是大数据关注的非结构化数据的重要属性。传统的结构化数据，依据特定的应用，对事物进行了相应的抽象，每一条数据都包含该应用需要考量的信息；而大数据为了获取事物的全部细节，不对事物进行抽象、归纳等处理，直接采用原始的数据，保留了数据的原貌，且通常不对数据进行采样，直接采用全体数据。减少采样和抽象，呈现所有数据和全部细节信息，有助于分析更多的信息，但也引入了大量没有意义的信息，甚至是错误的信息，因此相对于特定的应用，大数据关注的非结构化数据的价值密度偏低。而大数据的数据密度低是指对于特定的应用，有效的信息相对于数据整体是偏少的，信息有效与否也是相对的，对于某些应用无效的信息，对于另外一些应用则成为关键的信息。数据的价值也是相对的，有时一个微不足道的细节数据就可能造成巨大的影响，比如网络中的一条几十个字符的微博，就可能通过转发而快速扩散，导致相关信息大量涌现，其价值不可估量。因此，为了保证对于新产生的应用有足够的有效信息通常需保存所有数据。这样，一方面使得数据的绝对数量激增；另一方面，使得数据的有效信息的比例不断降低，数据价值密度降低。

从"4V"角度可以很好地看到传统数据与大数据的区别，如表 1-1 所示。

表 1-1　统数据与大数据的区别

属性	传统数据	大数据
数据量（Volume）	GB、TB	TB、PB 及以上
处理速度（Velocity）	数据量相对稳定，增长不快	持续、实时产生数据，增长量大
数据类型（Variety）	结构化数据为主，数据源不多	结构化、半结构化、音频视频、多维多源数据
价值密度（Value）	统计和报表	数据挖掘、分析预测、决策

三、大数据的来源及类型

（一）大数据的来源

大数据的数据可以来自泛互联网、物联网、行业或企业。

泛互联网的数据主要由门户网站、电子商务网站、视频网站、博客系统、微博系统等产生的数据构成。这些数据总量一般在 PB 级到 EB 级之间，数据量庞大。

物联网的数据主要由具有信息采集功能的电子设备产生的数据构成，如摄像头、刷卡设备、传感设备、遥感设备等，这些设备产生的数据价值密度低，但其数据量更庞大，通常是在 EB 级，如何存储和处理这些数据是大数据面临的挑战。

行业或企业的数据主要是管理信息系统产生的数据，常用的管理信息系统包括企业资源计划（Enterprise Resource Planning，ERP）系统、顾客关系管理（Customer Relationship Management，CRM）系统、办公自动化（Office Automation，OA）系统和运营系统等，数据总量一般在 GB 级和 TB 级之间。

（二）大数据的类型

大数据的数据类型主要有非结构化数据、半结构化数据、结构化数据三种。

非结构化数据由图片、文字、音频、视频、日志和网页等内容构成，以文件为单位存储，非结构化数据是存储在分布式文件系统中的。

半结构化数据由位置、视频、温度等内容构成，以数据流的形式进入处理系统，处理后也以文件为单位存储，半结构化数据同样也是存储在分布式文件系统中的。

结构化数据的内容可以是任何事和物的记录信息，以表格的形式存在，结构化数据一般存储在分布式数据库系统中。对于不同类型的数据，通常可以采用分布式文件或分布式数据库进行存储，采用关系型记录、文本文件或流数据进行数据处理。对于内容构成不同的数据类型，其应用算法也会有所不同。

四、大数据的意义与价值

（一）大数据的意义

1. 变革的力量

（1）变革价值的力量

未来十年，决定中国是不是有大智慧的核心意义标准，就是国民幸福。这一方面体现在民生上，通过大数据让事情变得澄明，看我们在人与人关系上，做得是否比以前更有意义；另一方面体现在生态上，看我们在人与自然关系上，做得是否比以前更有意义。总之，让我们从前十年的意义混沌时代，进入未来十年意义澄明时代。

（2）变革经济的力量

生产者是有价值的，消费者是价值的意义所在。有意义的才有价值，消费者不认同，产品就卖不出去，就实现不了价值；只有消费者认同的，产品才卖得出去，才能够实现价值。大数据帮助我们从消费者这个源头识别意义，从而帮助生产者实现价值。

（3）变革组织的力量

随着具有语义网特征的数据基础设施和数据资源发展起来，组织的变革就越来越显得不可避免。大数据将推动网络结构产生无组织力量，最先反映这种结构特点的，是各种各样去中心化的 WEB2.0 应用，如 RSS、维基、博客等。大数据之所以成为时代变革的力量，在于它通过追随意义而获得智慧。

2. 推动的力量

（1）大数据将开启商业智慧新时代

商务智能化即指综合运用数据仓库、联机分析和数据挖掘技术等手段辅助商业决策。大数据对企业的影响主要表现在客户洞察、营销规划、产品创新、物流管理、流程优化、人力资源管理和风险控制等七个方面。随着非结构化海量数据的出现，实时分析技术、人工智能技术和可视化分析技术等大数据分析技术将开启商业智慧新时代。麦肯锡的研究发现，根据不同行业中运用大数据的企业与没有运用大数据的企业在过去 10 年中增长率的差异，应用大数据的企业收入增长显著高于其他竞争企业。

（2）大数据将加快科技进步与发展

根据麦肯锡的报告，未来三年与大数据相关的软件市场增速将达到34%，配套服务增速将达到39%。大数据时代面临的海量存储、快速读写、实时分析等需求，将促进与芯片、存储等相关软硬件市场的快速发展，从而推动从大量多样化数据中集中提取有用信息的核心科学技术的发展。另外，由于市场缺乏大数据处理的相关人才，与大数据培训相关的服务市场也会获得空前的繁荣发展。

（3）大数据将推动社会生产力水平的提升

大数据即将带来一场颠覆性的革命，助推医疗、零售业、制造业、金融、能源等各行各业产生根本性变革，推动社会生产取得全面进步。展望未来，在医疗卫生行业，大数据将在临床诊断、研发、定价、付款、运营模式改进与创新方面发挥作用；在零售行业，大数据将推动市场分析、销售规划、运营以及供应链等方面的优化；在制造业，大数据将有助于更好地了解客户需求，改进产品设计，扩大产品销售；在金融业，大数据将发挥处理海量数据时快速、准确的优势，在较短的时间内构建准确、实时、贴切市场需求的模型；在能源行业，随着传感器的广泛引入，大数据将展示其用武之地，对传感器创造的海量数据进行实时分析。

（二）大数据的价值

1. 大数据分析带来大价值

国际权威的数据公司对数据的价值有这样的一个预计，到2015年，大数据市场将增长至169亿美元，该领域每年的增长率将达到40%，约为其他信息技术领域的7倍。有的研究公司指出，2011年，大数据专营供应商财政收入不到5亿美元。尽管这只占该领域总收入的较小份额，但他们认为，这些大数据专营供应商已成为创新的主要来源。

不可否认，很多互联网企业掌握着庞大的数据，如果没有对其进行数据分析，这些大数据就是一个沉重的负担。光是采集和储存这些数据就要耗费很多人力资源和时间成本，而采集到的数据不经分析就无法给企业带来利润，企业在这一过程中就只有支出没有收入。

麦肯锡公司调查发现，大数据确实给很多行业带来了价值，比如为美国的医疗行业带来了每年3000亿美元的价值，而其他的行业也一样可以从大数据中受惠。

大数据带来大价值，但是大数据不等于大价值，就像一座未开发的金矿不等于黄金万两一样。金矿只有通过开发成为金砖并放到交易市场上之后才能产生价值，而数据只有通过技术和分析工具显现在大家面前，使得数据变成信息，然后分离出有用的信息，才能产生价值。大数据也是一样，无非就是数据的量不同。

大数据就像一座庞大的冰山，大量的数据都隐藏在海面之下，显现出来的只有一点点。如何将这些大量的数据挖掘出价值，这和 IT 技术进步相关。现在，计算机的硬件和软件计算能力都越来越强大，使得我们从大量数据中提取有用信息的速度也越来越快，很多以前我们无法计算解决的问题现在都能够得到解决。例如，富士通帮日本的医疗机构做数据挖掘，其中一个项目是将很多电子病历、抑郁症患者的 DNA信息、抑郁症患者的重点发病地结合起来。他们根据病例、气象、DNA、地域数据，分析抑郁症患者自杀的概率，建立数据模型进行验证。这在过去是不可能做到的，但现在有了 IT 技术，可以把假设通过技术很快地运算出来并加以验证，这样，以前没有体现出价值的数据便体现出了价值。另外，过去某些大数据可能也是可以进行分析的，但是因为数据量太大或者计算过于复杂，得到结果的速度实在太慢，等待结果出来时，数据的时效性可能已经过了。比如我们要预测第二天的天气，以前的计算机可能需要三四天才能够计算出来，而等到计算结果出来，预测本身已经失去了意义。而现在，同样的计算可能只需要几个小时，这样，预测本身的价值就体现出来了。

大数据不等于大价值，但大数据分析做好后，就会带来大价值。随着大数据技术的发展，一些现在将大数据视为负担的企业将越来越多地感受到大数据分析带来的甜头。

2. 大数据也会有价值遗憾

因为数据给人带来的实际用途是优劣并存的，所以大数据的价值到底有多大，目前没有谁能做出准确的计算。

2013 年，国外著名的社交网站脸谱实现 60 亿美元的收益，而创造这么多收益的脸谱居然没有向用户收取一分钱。脸谱的所有服务对用户都完全免费。如果你是脸谱的用户，你会不会觉得你使用脸谱的服务简直是在占这个网站的便宜呢？脸谱不是慈善机构，它的管理者不是国王，其网站不是供所有人免费使用的牛皮公路。事实上，正如 2010 年《时代》周刊评选出的 100 位最具影响力的人物之一的思想家杰伦·拉尼尔所说："脸谱的用户 2013 年将为这家公司创造 60 亿美元的收入，却得不到一分钱的报酬。"拉尼尔为什么这么说呢？这又是一个大数据的案例了。脸谱应该有自己的赢利方式，只是人们不知道它是如何赢利的罢了。这是非常正确的想法，事实也确实如此。脸谱的价值正是数以亿计的用户在使用过程中不知不觉积累的大数据形成的。通过分析用户的爱好、身份资料、个人信息和浏览习惯，脸谱就能够猜测到每个用户的消费喜好，比如，你最容易被哪类广告吸引，每个网站页面都有一个"喜好按钮"，哪怕你从来不按按钮，你的信息也会被反馈给脸谱。

在大数据时代，数据就是金矿，而创造数据的用户便是产生金矿的原材料。脸谱的主要产品是社交网络，而造就一个良好社交网络的最重要因素是它的内容。为脸谱提供内容的，正是一个个用户。用户提供的内容使网站变得美好，而他们的个人信息使得网站变得有价值。

这一切都解释了为什么像脸谱这么一家雇员少于 5000 人的公司，如今市值超过 650 亿美元。在拉尼尔看来，这是一种巨大的不公平，也是大数据时代的一个巨大缺陷。像脸谱一样的公司，通过收集我们的各种行为数据获得巨大利润，而我们的行为本身却被视为是毫无价值的，似乎它们无须为我们的劳动付出任何报酬。这么看来，在大数据时代，表面上我们是在免费使用着某些公司的各种资源，而实际上是我们付出各种劳动，某些公司免费搜集着我们产生的数据，没有给我们任何报酬。

如今，大数据能在各行各业发挥其他工具完全无法代替的作用，但大数据并不是万能的，并不是任何时候、任何场合都适用。大数据本身也有局限性，在大数据成为一个热门话题的今天，我们不能迷信大数据，而是需要弄清楚状况，知道什么时候需要使用大数据，什么时候需要使用其他工具。

几年前，世界爆发金融危机时，意大利一家大银行的首席执行官（CEO）做出了一个让很多人都觉得不符合常规的决定。考虑到经济的疲软以及未来欧元危机的前景，很多人认为他应该会退出意大利市场，可是他最终决定留在意大利挺过任何潜在的危机。做决定前，这位 CEO 让手下的智囊团预测出可能发生的一系列不利情况，计算出这些情况对于公司意味着什么。但是最终，他还是根据价值判断做出了决定。他的银行已经在意大利经营几十年，他不想让意大利人觉得他的银行是一个不可以共患难的朋友，他也想让银行里的员工觉得时局艰难时公司不会转移，即便这样做会有一些短期的成本损失。他在做决定时没有忘记参考数据分析，最终，他遵循了另外一条思路。结果表明，这条思路无疑是正确的。

商业有赖于信任，信任是带有感情的互惠行为。在艰难时期仍然坚守诚信的公司和人会赢得别人的好感和尊重，即便这些不易通过数据来衡量，也是极有价值的。

这个故事里面暗藏了大数据分析的优点和局限。在当今这一历史性时刻，用于数据收集的计算机正调节着我们的生活。在这个世界，数据可以用于帮助我们理解令人难以置信的复杂情况，可以帮助我们弥补自己直觉上的过度自信，帮助我们减轻因为情感、观念、经验等主观因素导致的对事实的扭曲。但是，还有很多事大数据是无能为力的。比如，大数据对准确描述社会活动是无能为力的。人的大脑在数学方面很差，但是在社会认知上很优秀。我们总能从一个人面部表情的微弱变化捕捉到其细微的情绪，从一个微小的动作判断其心理状态。同时，我们很多时候需要用情感来对一些事物进行价值判断。这些方面，大数据并不擅长，大数据分析本身是由计算机来进行的，它善于衡量社会交往的数量而非质量。比如，一个社交网络专家或许可以通过大数据分析绘制出你在平时 80% 的时间里与常见的 10 名同事或朋友的交往情况，但他没办法通过大数据分析捕捉到你对在某个很遥远的地方生活的近些年从来没有见面的前女友的复杂情感。因此，在做有关社会关系的决策时，想要用办公桌上的粗糙机器替代神奇大脑的想法是很浅薄和愚蠢的。

大数据在解决很多领域的政策大问题方面也有局限。一个公司可以做一个随机对照试验来判断到底是哪一封促销邮件勾起了用户的购买欲，但一个政府不能用同样的办法来刺激萧条的经济，因为没有另外一个政府做对照。怎样能够刺激经济增长，这个问题经济学家和政府官员都很关心，也引发过很多争论。关于这个问题，我们有堆积如山的数据可用，但是没有哪位参与争论的人会被数据说服。

而且，大数据分析更偏向分析潮流和趋势，对一些突出的、特异的个例则毫无办法。当大量个体对某种文化产品迅速产生兴趣时，大数据分析可以敏锐地侦测到这种趋势，但其中一些可能非常杰出的东西从一开始就被数据摒弃了，因为它们的特异之处并不为人所知。

另外，数据本身也有局限。纽约大学教授丽莎·吉特曼有一本学术著作名为《原始数据只是一种修辞》，书中指出：数据从来都不可能是原始存在的，因为它不是自然的产物，而是依照一个人的倾向和价值观念而被构建出来的。我们最初定下的采集数据的办法已经决定数据将以何种面貌呈现出来。数据分析的结果看似客观公正，但其实价值选择贯穿了从构建到解读的全过程。数据会掩盖价值，没有任何数据是原始的，往往是根据人的倾向和价值观构建起来的。最终的结果看起来很无私，但实际上从构建到演绎的整个过程一直伴随着价值选择。

这并不是说大数据就没什么了不起的，而是说数据和其他工具一样，在一些方面有价值，而在另一方面则存在着遗憾。

3. 旧数据也会有新用途

企业、政府乃至个人都积累了不少各方面的数据，这些数据有些是几十年前的，有的甚至有数百年的历史。那么这些数据除了偶尔被历史学家考证使用外，还能派上其他用场吗？答案是肯定的。

　　人们在看待数据时，常常会犯一个常见的错误：他们喜欢新的数据，认为新的数据更及时、更全面，而那些陈旧的数据似乎没什么用处。而事实远非如此。很多旧的大数据里，也蕴含着不少我们没有发觉的金矿。这些数据被整理分析后，一样能得到非常有用的信息。

　　美国著名摄影师和出版人里克·斯莫兰是一个有趣的人，他做了许多跟大数据有关的摄影项目，其中有个项目叫"大数据人类面孔"。这个项目启动的一个为期 8 天的"测量我们的世界"活动，邀请全球各地的人们通过智能手机实时地分享和对比他们的生活。其中，有一张照片是里克·斯莫兰和一位计算机科学家、一位心脏病学家兼计算生物学家站在一堆废弃的心电图数据纸带中。这个 3 人团队创建了一个全新的计算机模型，它可以用来分析那些曾经被丢弃的心电图数据，从中发现被忽视的心脏疾病复发信号，并能大大改进今天的心脏病风险筛查技术。

　　对于很多人来说，那些已经过时的心电图数据是毫无价值的，所以那些数据纸带完全就是一堆废纸。可是，聪明的科学家就是对那些废纸里的数据进行分析才得到振奋人心的科研成果的。不仅是科研方面需要陈旧的数据，其他方面一样需要。比如曾有这么一个例子：一家石油勘探公司有一个新系统可以提供尼日利亚的3D地质数据，但是该公司没有太多的文件数据库以供这个系统来进行深度分析。一位存储管理员记得某处存有大量的旧图片，然后他通过一个商业智能分析工具来分析这些数据是否可以用于新系统。结果这家石油勘探公司得以将数十年的旧数据导入新系统。将这些旧数据与新的材料交叉分析，帮助这家公司取得了几项重大发现。

　　看过这些例子，还存谁会觉得旧数据是没用的吗？有的数据可能以某一种方式来分析时是有用的，而通过另一种分析方式就能得出有价值的信息；有的数据现在可能没什么分析价值，但这不代表它以后也不会有分析价值。大数据时代，没有不能分析的数据，没有毫无价值的数据。无论是陈旧的大数据还是新的大数据，都有派上用场的地方。

第二节　大数据的发展与前景

一、大数据的发展历程

大数据作为一个专有名词迅速成为全球的热点，主要是因为近年来互联网、云计算、移动通信和物联网迅猛发展。无所不在的移动设备、无线传感器、智能设备和科学仪器每分每秒都在产生数据，面向数以亿计的用户的互联网服务时时刻刻都在产生大量的交互数据。要处理的数据量实在是太大，数据增长速度实在太快，而业务需求和竞争压力对数据处理的实时性、有效性又提出了更高的要求，传统的常规技术手段根本无法应付。

从2009年开始，大数据逐渐成为互联网信息技术行业的关注热点。2011年5月，麦肯锡全球研究院发布题为"大数据：创新、竞争和生产力的下一个前沿领域"的报告，正式提出了"大数据"这个概念。该报告描述了已经进入每个部门和经济领域的数字型数据的状态和其成长中的角色，并提出充分的证据表明大数据能显著地为国民经济做出贡献，为整个世界经济创造实质性的价值。

该报告深入研究了五个领域来观察大数据是如何创造出价值的，并研究了大数据的变革潜力。这五个领域包括美国医疗卫生、欧洲联合公共部门管理、美国零售业、全球制造业和个人地理位置信息。这五个领域不仅代表了全球经济的核心领域，也说明了一系列区域性的观点。通过对这五个领域的详细分析，该报告提出了五个可以利用大数据的变革潜力创造价值的、广泛适用的方法，具体如下。

①创造透明度，让相关人员更容易地及时获得大数据，以此来创造巨大的价值。

②通过实验来发现需求、呈现可变性和增强绩效。越来越多的公司在以数字化的形式收集和存储大量非常详细的商业交易数据。因为这样不仅可以访问这些数据，有时还可以控制数据生成的条件，所以最终的决策可能会截然不同。这其实就是将更加科学的方法引人管理中，特别是决策者可以设计和实施实验，经过严格的定量分析后再做出决策。

③细分人群，采取灵活的行动。利用大数据，可以创建精细的分段，精简服务，更精确地满足顾客的需求。这种方法在市场和风险管理方面比较常见，像公共部门管理这样的领域也可以借鉴。

④用自动算法代替或帮助人工决策。精密的分析算法能够实质性地优化决策，减少风险，发掘有价值的观点，而大数据能提供用于开发精密分析算法或算法需要操作的原始数据。

⑤创新商业模式、产品和服务。因为有了大数据，所以所有类型的企业都可以创新产品和服务，改善现有的产品和服务，并开发全新的商业模式。

这份报告在互联网上引起了强烈的反响。报告发布后，"大数据"迅速成为计算机行业的热门概念。在此之后，包括IBM、Microsoft（微软）、EMC等在内的国际 IT 巨头公司纷纷通过收购大数据相关的厂商来实现技术整合，积极部署大数据战略。2011 年 5 月，EMC 举办了主题为"云计算遇上大数据"的全球会议，IBM 则发布了大数据分析软件平台 Info Sphere BigInsights 和 Info Sphere Streams，将 Hadoop 开源平台与 IBM 系统整合起来。2011 年 7 月至 8 月，Yahoo（雅虎）、EMC 及 Microsoft 先后推出了基于 Hadoop 的大数据处理产品。

2012 年 1 月，大数据成为瑞士达沃斯全球经济论坛的主题，论坛发布了一份题为"大数据，大影响"的报告，宣称数据已经成为一种新的经济资产类别，就像货币或黄金一样。

2012 年 3 月，美国政府宣布投资 2 亿美元用于大数据领域，并把大数据定义为"未来的新石油"。白宫科技政策办公室在 2012 年 3 月 29 日发布《大数据研究和发展计划》，并组建大数据高级指导小组，此举标志着美国把如何应对大数据技术革命带来的机遇和挑战，提高到国家战略层面，形成全体动员格局。随后在全球掀起了一股大数据的热潮。

2012 年 7 月，联合国"全球脉动"计划发布了《大数据促发展：挑战与机遇》白皮书。该计划旨在通过对互联网实时数据的分析，更及时地了解人们所面临的困难和挑战，并提出改善这些境况的决策，为宏观经济的发展决策提供支持。

2012 年 10 月，中国计算机学会成立了大数据专家委员会。委员会的宗旨包括三个方面：探讨大数据的核心科学与技术问题，推动大数据学科方向的建设与发展；构建面向大数据产学研用的学术交流、技术合作与数据共享平台；为相关政府部门提供大数据研究与应用的战略性意见与建议。委员会还成立了五个工作组，分别负责大数据相关的会议（学术会议、技术会议）组织、学术交流、产学研用合作、开源社区与大数据共享联盟等方面的工作。这标志着大数据在我国信息技术领域的地位得到确立。

二、大数据的发展前景

大数据由于其本身附带或隐含特殊的价值，被类比为新时代的石油、黄金，甚至被视为"一种与资本和劳动力并列的新经济元素"。也就是说，大数据不仅在生产过程中形成产品和产生价值的环节中起着重要的作用，而且其本身更是像资本和劳动力这样的生产要素，是产品生产中不可或缺的元素，也是最终产品中不可分割的一部分。

赛迪顾问公司 2012 年的《大数据产业生态战略研究》报告指出，大数据将在以下三个方面发挥巨大的作用。①

（一）大数据为新一代信息技术产业提供核心支撑

大数据问题的爆发以及大数据概念在全球的普及，是现代信息技术发展的必经阶段。互联网以及移动网络的飞速发展使得网络基础设施无所不在，网络带宽也在不断拓展。移动 4GLTE 网络将支持 166Mbps 的峰值下载速度，下载一部蓝光电影只需 4 分钟，这使得人们能够随时随地进行数据访问。而云计算、物联网、社交网络等新兴事物的兴起和发展，则使得每时每刻都在以前所未有的速度产生新数据。比如随着智能电表的普及，电表数据的采集频率由原来的一天一次增加到每 15 分钟一次，也就是一天 96 次，总的数据采集规模将达到原来的近 2 万倍。大数据是信息技术和社会发展的产物，而大数据问题的解决又会促进云计算、物联网等新兴信息技术的真正落地和应用。大数据正成为未来新一代信息技术融合应用的核心，为云计算、物联网、移动互联网等各项新一代信息技术相关的应用提供坚实的支撑。

（二）大数据正成为社会发展和经济增长的高速引擎

大数据蕴含着巨大的社会、经济和商业价值。大数据市场的井喷会催生一大批面向大数据市场的新模式、新技术、新产品和新服务，进而促进信息产业的加速发展。同时大数据影响着我们工作、生活和学习的方方面面，大到国家发展战略、区域经济发展以及企业运营决策，小到个人每天的生活。

从国家发展战略层面上来说，大数据对于全球经济、国计民生、政策法规等方面都至关重要，美国政府把大数据的研究和发展上升到国家战略层面正是出于这方面的考虑。实际上，奥巴马竞选连任的成功，就是依赖大数据的威力。奥巴马团队在竞选取胜中发挥重要作用的数据分析团队被称为"核代码"，其重要性显而易见。在大选前的两年中，他的数据分析团队就一直在收集、存储和分析选民数据。大选中的很多战略方案都是通过分析这些数据制定出来的，包括如何筹集竞选资金，如何进行广告投放，如何拉拢摇摆州选民和制定相应的宣传策略、奥巴马在竞选后期应当在什么地方展开活动等。

在区域规划及城市发展方面，大数据在我国正在大力建设的"智慧城市"中将扮演不可或缺的角色。智慧城市的本质是将各行各业的数据关联打通，从中分析挖掘出模式和智能，从而形成城市的智慧联动。而其中从数据的采集到数据的分析挖掘，以及形成智能决策的每个过程，都离不开大数据的支撑。智慧城市的建设，将有力地促

---

① 李国杰.大数据研究的科学价值[J].中国计算机学会通讯，2012，8（9）：8-15.

进政务及社会化管理，改进民生，发展生产，形成一系列有地方特色的、有清晰运营模式的新一代智能行业应用。

在企业发展方面，大数据将助力企业深度挖掘和利用数据中的价值，完成智能决策，在企业运营中提高效率，节省成本；在市场竞争中制定正确的市场战略，把握市场先机，规避市场风险；在市场营销中全面掌握用户需求，进行精准营销和个性化服务。企业的决策正在从"应用驱动"转向"数据驱动"，能够有效利用大数据并将其转化为生产力的企业，将具备核心竞争力，成为行业领导者。

在个人生活方面，大数据已经深入与我们生活息息相关的各个领域，如休闲娱乐、教育、健康等领域，都能见到大数据的应用。智能终端的普及更是让我们和大数据的接触就在指掌之间。比如我们每天发布微博、更新动态，用微信和朋友进行语音、文字、图片的互动，参与线上课程，戴上健康监控手环监控心跳及睡眠的状况等，这些都离不开大数据平台对数据存储、交互和分析的支撑。

（三）大数据将成为科技创新的新动力

各行业对大数据的实际需求能够孵化和衍生出一大批新技术和新产品，来解决面临的大数据问题，促进科技创新。同时，对数据的深度利用，将帮助各行业从数据中挖掘出潜在的应用需求、商业模式、管理模式和服务模式，这些模式的应用将成为开发新产品和新服务的驱动力。云计算及大数据平台的建设和发展，也为科技创新提供了极大的便利条件。比如新型大数据应用的开发，由于大数据的存储、分析都有相应的提供商和接口，开发者只能将精力集中在应用模式和界面上，这将大大降低开发难度，节省开发成本，缩短开发周期。各国政府及各行业也在积极推动开放数据。比如政府可以将政府运营的相关数据全部发布在网站上，人们能够方便地查找、下载和使用这些数据。实践证明，开放数据能够使公共数据更加有效地得到利用，能够促进数据交叉融合，也将催生新的创新点。

三、大数据变革及趋势

（一）基于内存处理的架构

大数据技术的核心是采用分布式技术、并行技术，将数据化整为零，分散处理，而不是依赖单一强大的硬件设备来集中处理。例如，Hadoop平台就是基于廉价个人计算机（Personal Computer，PC）构建的支持大数据的分布式并行存储和计算集群。而目前，以伯克利大学为首的学院派却提出了更为先进的大数据技术解决方案。伯克利大学开发的Spark平台比Hadoop的处理性能高100倍，算法实现也要简单很多。同样都是基于 Map Reduce 框架，Spark 为何能够比 Hadoop 效率高近百倍？原因是 Spark 特有的内存使用策略，即所有的中间结果都尽量使用内存进行存储，避免了费时的中间结果写盘操作。Spark 已经成为 Apache 孵化项目，并得到了包括 IBM、Yahoo 在内的互联网大公司的支持，这说明该策略正逐渐被业界人士所认同。而伯克利提出的 Tachyon 项目则更是将内存至上理论发挥到了极致。Tachyon 是一个高容错的分布式文件系统，允许文件以内存的速度在集群框架中进行可靠的共享。Tachyon 工作集文件缓存在内存中，并且让不同的 Jobs/Queries 以及框架都能以内存的速度来访问缓存文件。因此，Tachyon 可以减少需要通过访问磁盘来获得数据集的次数。

通过最大化地利用内存，将传统系统中磁盘 I/O 导致的性能损耗全部屏蔽，因此，系统的性能提升上百倍是完全可能的。但人们在将内存作为主数据存储时，总会面临以下两个问题。

1. 如何满足存储量的需求

目前，随着硬件技术的发展，高容量内存的制造成本大大降低，即使在家庭电脑上也可以轻易读取到 8GB 乃至 16GB 内存。可以预言，不出 10 年，TB 级的内存将被普及，那时数据内存存储量也许将不再是问题。

2. 内存是易失性存储，数据如何持久化

在断电或突发状况下，内存数据将会丢失，这是人们不愿意使用内存作为主数据存储的主要原因之一。从单机角度来看，内存存储数据确实存在极大的风险，解决该问题可以从两个角度考虑。

①要明确数据持久化的含义到底是什么。传统的思路认为，数据持久化就是将数据放置到硬盘等介质中。但就持久化的本意而言，数据如果能够随时被读出，保证不丢失，我们就可以称之为数据持久化。因此，当系统从单机架构转为分布式架构时，可以认为只要保证在任何时间集群中至少有一份正确数据可以被读取，则系统就是持久化的。如 Hadoop 的多数据备份，就是大数据技术下持久化概念的体现。所以在大数据时代，可以通过分布式多份存储的方式保证数据的完整性和可靠性。

②随着固态硬盘（SSD）的全面普及，内存加 SSD 的硬件架构体系将应用得越来越多。充分利用内存进行快速读写，同时使用顺序写的方式在 SSD 中进行操作记录，保证机器恢复时能够通过日志实现数据重现，也是实现内存数据持久化的一种有效方案。

综上所述，随着硬件的发展以及分布式系统架构的普及，如何更好地利用内存，提高计算效率，将是大数据技术发展中的重要问题。

（二）实时计算将蓬勃发展

大数据问题的爆发催生了像 Hadoop 这样的大规模存储和处理系统，及其在世界范围内的普及与应用，然而这类平台只是解决了基本的大数据存储和海量数据离线处理的问题。随着数据的不断增多，以及各行业对数据所隐藏的巨大价值潜力的不断认知和发掘，人们对大数据的时效性需求将不断增加。在当今快速发展的信息世界里，企业的生死存亡取决于其分析数据并据此做出清晰而明智决策的能力。随着决策周期的持续缩短，许多企业无法等待缓慢的分析结果。比如，在线社交网站需要实时统计用户的连接、发帖等信息；零售企业需要在几秒钟而不是几个小时之内根据客户数据制定促销计划；金融服务企业需要在几分钟而不是几天内完成在线交易的风险分析。未来的大数据技术必须为实时应用和服务提供高速和连续的数据分析和处理。

（三）大数据交互方式移动化、泛在化

随着大数据后台处理能力和时效性的不断提高，以及各行业数据的全面采集和深度融合，数据的多维度、全方位的分析和展示将形成。而飞速发展的移动互联网，尤其是普及的移动终端和 4G 技术，能够在功能上将数据的展示交互与后台处理有效地分离，但同时又能将它们通过移动网络高效地联结起来。当今正在崛起的可穿戴设备和技术能够随时随地感知或采集我们周围的环境信息及我们自身的数据，并将它们与云端的存储和处理相结合，以提供实时的工作、生活、休闲、娱乐、医疗健康等各方面的数据交互服务。可以预见，未来大数据的采集、展现和交互必将朝着移动化的、即时的、泛在的方向发展。

第三节　农业大数据及其分类

一、农业大数据基本理论

农业大数据就是在农业领域所产生的海量数据，其应用就是运用大数据理念、技术和方法，解决农业或涉农领域数据的采集、存储、计算等一系列问题。农业大数据涉及的环节较多，包括投入品采购、育种、耕地、播种、施肥、灌溉、杀虫、收割、运输、仓储等各环节，是跨行业、跨专业、跨业务的数据分析与挖掘。

农业大数据具备大数据的一切特征，也有自身的特性。

（一）类型包容性

农业大数据采集方式包括传感器、Web 网络、移动端、主流媒体、卫星遥感、无人机航拍等，数据涉及农业生产、加工，农产品流通、消费等全产业链，类型上有文本、图形、图像、视频、音频、文档等结构化、半结构化和非结构化的数据，空间上从作物个体监测、个体农场管理、区域农业规划到国家农业产业，时间上涵盖历史数据、现状数据以及未来预测数据。

（二）领域包容性

农业大数据涉及跨行业、跨学科、跨业务的多维度、多粒度、多结构交叉、融合和关联；可广泛应用于农业生态环境监测、农产品质量安全溯源、设施农业、精准农业等各个农业环节，农资投入、农机服务、农技服务、金融投资、农业保险等涉农服务领域。

（三）服务包容性

农业产业链各个环节的政府、科研机构、高校、企业共同服务于农业大数据建设，通过农业大数据平台达成合作与共享，发挥数据协同服务效应，打破数据隔离的局面；反过来，农业大数据理论、技术、知识又将服务于各个环节、各个领域，推动农业产业形成一个可持续、可循环、高效、完整的生态圈。农业大数据连接农民专业合作社、农资企业、涉农服务企业、农业金融投资企业等各个终端，打造农业全方位"一张网"生态体系，提高农业整体经营效率。

（四）理念包容性

农业大数据融合了政府、企业、农民等各阶层参与者的理念、思维，在预测分析阶段能做到综合历史、立足当下、面向未来。基于农业大数据分析挖掘技术，利用气象信息、食品安全、消费需求、生产成本、市场价格等多源数据来预测农产品价格走势，综合耕地数量、农田质量、气候变化、作物品种、栽培技术、产业结构、农资配置、国际市场粮价等多种因素分析粮食安全问题，大幅度提高政府管理能力、企业服务水平、农民生产能力和农商销售能力。

二、农业大数据分类

农业大数据分为结构化农业数据和非结构化农业数据。结构化农业数据是专业化、系统化的农业领域数据，可存储在数据库中进行统一管理；非结构化数据是数据结构不规则或不完整，没有预定义的数据模型，难以用数据库二维逻辑表来表现的数据，包括文档、文本、图片、XML、HTML、各类报表、图像、音频、视频信息以及农户经验等。

（一）从不同角度分类

1.从地域层次角度看

首先是从全球范围，以国内区域数据为核心，借鉴国际农业数据、各国农业数据作为有效参考，便于农产品进出口；其次是国内分级别数据，包括全国层面数据、省市数据、地市级数据等区域数据，也包括企业、农户等实体数据，为合理的生产和物流研究提供基础数据资源。

2.从行业领域角度看

主要以农业领域为核心，分为种植业、畜牧业、水产业及林业等。同时，随着农产品供应链一体化的发展，由农业领域逐步拓展到供应链上相关的上下游产业，如上游农业投入品生产的饲料生产、化肥生产、农机生产、农药生产及下游的屠宰业、肉类加工业、运输仓储业等。

3.从数据的细化和综合程度角度看

既包括宏观的综合性强的统计数据及大环境数据，还包括微观的某地块某产品的数据。如农产品生产过程中的灌溉、锄草等详细数据等。

4.从农产品分类角度看

由于农产品种类繁多，种植过程各异，专业化强，因此根据不同农产品进行细化分类，如蔬菜中的油菜、白菜、萝卜等，畜品种的生猪、肉鸡、蛋鸡、肉牛、奶牛、肉羊等进行专业、专类的监测数据。

（二）根据数据来源及应用方式分类

农产品关联的数据库中包含大量的实时监控（监测）数据、基础农业资源数据、地理信息数据和遥感影像数据等。根据数据不同来源及应用方式，将综合数据库从逻辑上划分为空间数据库、基础业务数据库、农业管理业务数据库、决策业务数据库、农产业生产相关的模型库、专家知识库。

1.空间数据库

包括基础电子地图、农业专题电子地图。基础电子地图主要包括行政区划图、重点经济和政治目标分布图、居民分布图、道路交通图、社会经济状况分布图、常规组织机构分布图、地形图、DEM数字高程模型、土地利用图等；专题电子地图则可划分为农作物产量分布图、农作物分布图、土壤养分分布图、土壤水分分布图、农田规划图、气候（降雨、气温）分布图、植株养分含量（N、P、K等）分布图等。

2.基础业务数据库

基础业务数据库由气象数据库、土壤数据库、农作物数据库、农村数据库、水旱灾害数据库、病虫害数据库、土地利用数据库、农业科技数据库等组成。其中，气象数据库包括天气预报、灾害天气（高温、台风、暴雨、冰雹等）警示、卫星云图、降雨量等；土壤数据库包括土壤含水率、土壤耕作层深度、土壤结构、土壤阳离子交换能力等；农作物数据库包括农作物种植面积、长势、产量、农业产值；农村数据库主要有农村人口情况、劳动力情况等；水旱灾害数据库主要有历次水旱灾害受灾情况、经济损失情况、人员伤亡情况、保险赔偿情况等；病虫害数据库主要有病虫害分布，病虫种类、名称、应对方法等；土地利用数据库主要是土地利用规划等信息；农业科技数据库主要有农业新技术、新品种、新方法、新政策等。

3.农业管理业务数据库

农业管理业务数据库主要存储农业管理单位日常办公涉及的业务数据，包括各类公报文档、规划成果、行政法规、行业知识、标准化生产、农业事务管理等文字、图片、图表、影像数据。

4.决策业务数据库

决策业务数据库内容包括农业资源评估数据库、农业生产评估数据库、病虫害预测数据库等。

5.农产品生产相关的模型库

农产品生产相关的模型库主要有土地评估模型、农作物估产、长势预测模型、病虫害预测模型、施肥决策模型、灌溉决策模型等。

6.专家知识库

知识库包括概念性知识、事实性知识、规则性知识和规律性知识四类。

第四节　农产品物流大数据

一、农产品物流大数据的特征

（一）数据来源复杂

农产品物流领域的大数据源，可分为人的行为信息、习惯信息、偏好信息、交互数据等；Web 文本数据、流量分析数据、电商交易数据、使用者网络活动数据等；各类设施采集的数据——传感器读数、运营数据、实体数据、车载信息、仪表读数、监控视频数据等；企业内部基干类系统和信息类系统所采集或处理的各类数据——辅助决策信息、运营数据、产品数据、供应链数据、HR 数据、财务数据、顾客数据、呼叫记录、市场数据等；计算机使用数据和移动设备使用数据等；基础地理位置信息、RFID 读取信息、GPS 映射数据、图像文件、车载信息、时间与位置数据、车辆数据、高分辨率影像、遥感及动态监测数据等；CRM、KDD、DWH、流量监测、查询应用、分析器等应用数据；报告资讯、科研数据、调研数据、公共数据、公共信息。

（二）数据结构多维性

农产品物流的大数据既包括存储在数据库里的结构化数据，又包括日志文件、XML 文档、JSON 文档和电子邮件等半结构化数据，而更多的数据类型是办公文档、文本、图片、XML、HTML、各类报表、图像和音频 / 视频信息等非结构化数据，半机构化、非结构化数据占大数据总量的 75%~85%；与数据结构的多维特征相对应，物流企业大数据的格式也是多样的。除了传统的纸质文件、档案、报表、表格、记录、信函等之外，更多的是以数字数据存在的 Web 文本、视频、短信、音频、视频、邮件，存储信息、配置文件、符号、图片、档案等。这种数据格式的多样性和互不兼容性、数据访问的随机性等，为数据的采集、存储、分析、应用带来了困难。

（三）大数据的供应链特征明显

农产品物流供应链上的参与者包括农产品生产、初加工、仓储、运输、配送、包装、销售等各个环节，物流轨迹长，环节多，每个环节都产生海量数据，环节性数据特征明显，因此，物流行业大数据的应用呈现出供应链特征。

（四）数据价值密度低

在某些环节产生的数据价值密度低。以农产品冷藏车车载监控视频为例，一部 1 小时的视频，在连续不间断的监控中，有用数据可能仅有 1~2 秒，甚至没有，产生了大量的无用数据；农产品仓储过程如果为每件农产品使用常用的无线射频标签（RFID），标签使货物当前的位置、装载和卸载的时间、存放的地点都很容易被追踪到，但是 RFID 识别器每隔 10 秒反馈快件的位置及状态，这些数据将形成海量数据，一旦货品离开仓库，之前存库的所有数据价值降低，真正有用的是货物存入和离开的数据记录，如果货物库存 3 月，那么这期间每隔 10 秒的位置定位反馈数据就没有长期保存的价值，但又必须收集这些数据，时刻掌握货物流向状态。

二、大数据对农产品物流的影响与大数据时代农产品物流建设

（一）大数据对农产品物流的作用

1.完善物流统计系统

传统物流无法全面地对农产品物流信息进行统计分析，无法全面提取零售商、消费者、访问热点、农产品竞争力等信息。但是大数据完美地解决了这一切，细分客户，细分农产品需求，细分消费者的购买心理，从而能有效把握农产品物流的发展趋势。

2.带动农产品物流市场高速发展

大数据的应用和农产品物流的结合，将成为农产品物流业在未来10年能否跟上时代脚步的原动力。大数据可以为农产品物流带来新产品和新技术，并出现新的知识领域，进而会涌现出很多和农产品物流相关的新事物，不断推进农产品物流市场的高速发展。

3.大数据是农产品物流发展的推动力

大数据时代背景下，对农产品物流进行大数据分析，不仅可以使农产品生产者受益，还可以指导农业生产，降低农产品种植的盲目性和风险。从销售者的角度来说，农产品物流大数据可以让销售者及时掌握农产品的市场动态，并根据动态进行业务调整。另外，大数据还可以为农产品零售商提供销售策略，拉近零售商与消费者的距离，为消费者提供及时和特色化的服务。

4.降低农产品物流成本、缩短农产品物流时间

农产品销售在农产品物流大数据下会发生巨大变化。随着大数据的发展，传统农产品批发市场、各级零售市场以及各种专业市场都将减少或转移，而大数据促使建立农产品物流配送信息平台，农产品信息和消费者信息将在这里存储、管理和分析。未来的农产品销售，客户可以利用手机客户端了解最新的产品信息和宣传信息。同时，农产品物流也不再全部进入各级批发零售市场，相反，它是根据消费者的需求，直接从生产者或其处理中心交付到消费者手中，不仅缩短了物流时间，而且降低了物流成本。

（二）大数据时代农产品物流建设措施

1.搭建农产品大数据信息战略平台

目前的农产品贸易要适应经济发展的需要，必须摒弃传统模式，变线下到线上。利用电子商务手段建立农产品物流发展的新平台，通过网络连接农业生产资料供应

商、厂商，促进从农户到批发商再到零售商这一农产品供应链的形成，为商界和消费者提供农产品的供应商和零售商，就能完成客户在线订购所需的产品物流活动。消费者可以直接从大数据形态下的供应链中共享信息，农产品物流信息将具有透明度高、准确和及时的特点，从而让农产品物流供应链变得更加活跃，供应商可以及时完善物流规划、管理，可以有效提高农产品的竞争力，带动农产品物流的发展。

2. 利用大数据技术进行农产品质量安全控制

物联网系统、智能追溯技术等多种不同类型技术的运用，可以实现对所有数据源的有效收集。经分析后得出结果并以之为依据建立农产品质量信息和安全信息大数据中心，实现农产品生产信息和物流信息的相互关联，构建完善的信息链。农产品物流不仅要提升本身效率，还要重视物流过程中对农产品质量及安全的保护。

3. 利用大数据技术优化农产品物流运输

利用 GPS 技术、车载移动终端、物联网技术构建智能运输系统，实现对数据的收集和整理，从而提升物流效率和水平。结合农产品流动方向和流动量，实施运输车辆调配，提升流动速度，减少资源浪费。车载温控设施的使用能够对冷链车辆情况实施监控，防止出现意外。车辆身份绑定认证能够为产品安全提供一定的保障，且能为物流企业降低运营风险。实施车辆运行可视化技术，能够随时对物流过程中车辆、人员及货物进行远程查看。利用 GPS 定位可以对车辆运输速度、轨迹、货物装卸过程进行定位，为企业进行车辆调度、管理、监督和指挥提供信息。

4. 利用大数据技术优化仓储管理

结合新技术，对仓储大数据进行收集分析，从而实现仓储资源的合理配置，有效降低仓储消耗。此外，对仓储状况的实施监测还可以防止产品病虫害的出现，提升仓储管理水平，保证农产品的安全和质量。对农产品库存状况实施监测，能够保障库存合理性，降低仓储成本等。

5. 加强农产品物流资源信息的集成及标准化

建设物流资源信息的集成：一是要以信息技术为基础搭建起农产品信息平台，二是以信息技术为载体加强农产品流通监管，三是构建一个农产品流通管理模式。以数据信息取代文字说明，以时效性取代后补性，以主动性取代被动性，将物流中的每一个环节都纳入监管体系中以避免监控盲区及漏洞的出现。

第二章　冷链物流及一体化的概述

第一节　冷链物流基础理论

一、冷链物流概述

（一）冷链物流的定义

冷链物流起源 19 世纪上半期冷冻机的发明。1894 年，美国人阿尔贝特·巴尔里尔（Albert Barrier）和英国人 J.A. 莱迪齐（J. A. Ruddich）最早提出了冷藏链（Cold Chain）的概念。20 世纪 40 年代，冷链才得到足够的重视，并迅速发展。美国于 2003 年 2 月成立了冷链协会（CCA），该协会由航空公司、卡车运输商、地面搬运商和设备生产商组成，是业内主要的非营利组织，主要研究易腐货物的有关问题，为运输温控货物制定标准化的指导原则，其宗旨是控制易腐和对温度敏感产品的运输。2004 年，美国冷链协会发布了《冷链质量指标》（CCQI），并指出这一标准可以用来检验运输、处理和储存易腐货物的企业的可靠性、质量和熟练程度，并为整个易腐货物的供应链认证奠定了基础。

学术界用得比较多的冷链物流的定义是：使易腐、生鲜食品在生产、储藏、运输、销售直到消费前的各个环节中始终处于规定的低温环境下，以保证食品质量安全、减少损耗、防止污染的特殊供应链系统。简而言之，冷链物流泛指冷藏冷冻类产品在生产、储藏、运输、销售到消费前的各个环节中始终处于规定的低温环境下，以保证产品质量，减少产品损耗的一项系统工程。

《冷链物流分类与基本要求》（GB/T28577—2012）将"冷链物流"（Cold Chain Logistics）定义如下："以冷冻工艺为基础、制冷技术为手段，使冷链物品从生产、流通、销售到消费者的各个环节中始终处于规定的低温环境下，以保证冷链食品质量，减少冷链物品损耗的物流活动。"其中，"冷链物品"指"冷链中实体流动的物质资料"①。

本书将"冷链物流"定义为：以冷冻工艺为基础、制冷技术和蓄冷技术为手段，使冷链物品（易腐食品、药品等）从生产、流通、销售到消费者的各个环节中始终处于规定的温度环境下，以保证冷链物品质量，减少冷链物品损耗的物流活动。冷链物流由冷冻供应、冷冻加工、冷冻储藏、冷藏运输及配送、冷冻销售五个方面构成②。

（二）冷链物流的特点

由于冷链产品对象和作业环境的特殊性，冷链物流与高新技术、高额投资、先进管理紧密相连。冷链物流涉及从生产到消费的众多企业，是一个复杂的供应链系统。与其他物流系统相比，冷链物流具有以下鲜明的特点。

1.投资规模大，运营成本高，资产专用性强

在冷藏物品的中产加工、储藏、运输和配送到终端消费的各个环节都需要特殊的冷藏设施设备，冷库建设和冷藏车的购置需要的投资比较大，是一般库房和干货车辆的3~5倍。同时，为提高冷链物流运作效率，还需要使用先进的物流信息系统等现代技术，投入高且专用性强，这导致冷链物品的物流成本偏高，且易产生沉淀成本。

2.时间性要求强，温度稳定性要求高

冷链物品一般保质期短，对整个过程的温度控制要求严格，需要在规定的温度环境下，以较短的时间完成整个物流过程，以保证物品从生产加厂、储藏、运输到销售的整个过程保持冷链物品的质量和品质特性。

3.高度的组织协调性，严格的技术服务支持

冷链物流系统在运营中，对时间和作业环境的要求非常高。如果各个环节间不能做好有效衔接，将使产品质量发生变化，降低或丧失经济价值，造成巨大损失。冷链物品的时效性要求冷链各环节具有非常高的组织协调性，需要相当强大的技术支持。

4.对现代技术依赖性强，对设施设备要求高

冷链物流要求整个物流系统各环节间具有良好的沟通协调机制，必须借助现代物流信息系统，实现信息共享，及时将市场信息和需求信息传递给供应链上的各企业，对市场变化做出快速反应，并对供应链上各企业进行有效协调管理。同时，在冷链物流的各个环节都必须有严格的温度控制，因此，对每一环节的设施设备的温控技术有严格要求。

---

① 刘群生，程花蕊，孙向阳，等.河南省冷链物流现状及发展对策研究[J].物流技术，2014，33（15）：75-77.

② 谢莹.冷链物流管理成熟度评价指标体系的构建[J].经济论坛，2009（20）：134-135.

（三）冷链物流的分类

1. 按照温度使用范围分类

超低温物流：适用温度范围一般要求在 -50℃以下。

冷冻物流：适用温度范围一般要求在 -18℃以下。

冰温物流：适用温度范围一般要求在 -2℃~2℃。

冰藏物流：适用温度范围一般要求在 0℃~10℃。

控制常温物流：适用温度范围一般要求在 10℃~25℃。

2. 按照所服务的物品对象分类

肉类冷链物流：主要为畜类、禽类等初级产品及其加工制品提供冷链物流服务的一种物流形态。

水产品冷链物流：主要为鱼类、甲壳类、海藻类等鲜品及其加工制品提供冷链物流服务的一种物流形态。

果蔬冷链物流：主要为水果和蔬菜及其加工制品提供冷链物流服务的一种物流形态。

冷冻饮品冷链物流：主要为雪糕、食用冰块等物品提供冷链物流服务的一种物流形态。

乳品冷链物流：主要为液态奶及其乳制品等物品提供冷链物流服务的一种物流形态。

速冻食品冷链物流：主要为米、面等类食品提供冷链物流服务的一种物流形态。

药品冷链物流：主要为中药材、中药饮片、中成药、化学原料药及其制剂、抗生素、生化药品、放射性药品、血清、疫苗、血液制品和诊断药品等物品提供冷链物流服务的一种物流形态。

其他特殊物品冷链物流：主要为胶卷、定影液、化妆品、化学危险品、生化试剂、医疗器械等提供冷链物流服务的一种物流形态。

二、冷链物流实现条件及环节

（一）冷链物流的实现条件

1. "3P" 条件

该条件是指物品的质量（Produce）、处理工艺（Processing）、包装（Package），要求冷链产品的原材料质量最好，处理工艺品质高，包装符合物品的特性，这是物品进入冷链的"早期质量"。

2."3C"条件

该条件指在整个生产加工与流通过程中，对物品的爱护（Care）、保持清洁卫生（Clean）的作业环境，以及低温（Cool）的环境，这是保证物品"流通质量"的基本要求。

3."3T"条件

即著名的"3T"理论，指时间（Time）、温度（Temperature）、耐藏性（Tolerance）。该理论表明：在一定的温度下，对每一种冻结物品所发生的质量下降与所经历的时间存在确定的关系，大多数冷冻食品的质量稳定性是随着食品温度的降低而呈指数提高；冻结物品在储运过程中，因时间和温度的经历而引起的质量降低是累积的，并且是不可逆的，但与所经历的顺序无关。

4."3Q"条件

该条件指冷链中设备的数量（Quantity）协调、质量（Quality）标准的一致，以及快速的（Quick）作业组织，对冷链物流各个作业环节的衔接管理与协调是非常重要的；冷链中设备数量协调和质量标准的协调能够保证物品总是处在适宜的环境（温度、湿度、气体成分、卫生、包装），并能提高各项设备的利用率。因此，要求产销部门的预冷站、各种冷库、运输工具等，按照冷链物流的运行规律互相协调发展。快速的作业组织则是指加工部门的生产过程，经营者的货源组织，运输部门的车辆准备与途中服务、换装作业的衔接，销售部门的库容准备等均应快速组织并协调配合。

5."3M"条件

指保鲜工具与手段（Means）、保鲜方法（Methods）和管理措施（Management），在冷链物流中所使用的储运工具及保鲜方法要符合物品的特性，以达到最佳的保鲜效果；同时，要有相应的管理机构和行之有效的管理措施，以保证冷链协调、有序、高效地运转。

这些条件分别从产品特性、设施设备条件、处理工艺条件、人为条件等方向为冷链物流的实施提供了保障，这些因素互相影响、相互作用，如设备条件对处理工艺、管理和作业过程均有直接影响。因此，要合理配置各要素资源，均衡发展相关要素条件，保障冷链物流以最经济的成本取得最佳的质量效果。

（二）冷链物流的环节

冷链物流是在供应链管理思想的指导下进行的，其效率和质量取决于各节点的有效衔接。冷链物流的主要节点有：上游包括养殖或者种植基地、冷藏仓库、生产加工基地、冷冻冷藏食品生产加工企业等；中游包括冷藏仓库、产地批发市场和销地批发市场、配送中心、分销商等；下游包括农贸市场、超市、便利店、餐饮、家庭等。由这些节点连接构成冷链物流网络。主要的冷链物流环节有：

1. 原材料的获取及冷却

获取质量完好的原材料并进行快速冷却是冷链物流的第一个环节。该环节的质量高低直接决定了整个冷链物流的质量。低温储藏可以有效地控制环境温度的变化对产品新鲜度和质量的影响，是物品在整个冷链链条上质量和新鲜度的保证。有质量保证的原材料的获取，及时、快速地进行冷却和保鲜对于确保产品从加工到销售各环节的原有品质具有非常重要的意义。

2. 冷藏加工环节

冷藏加工环节包括产品的预冷和处于一定温度控制的加工过程。加工过程要经历一系列的加工工艺，对温度进行有效控制是不容易的，但该环节又是产品价值增值的重要一环，是整个冷链中必不可少的环节。因此，对于这个环节的温度控制非常重要。通常在这个过程中会涉及各类冷藏库、冷藏柜以及最终消费者所使用的冰箱等。

3. 冷冻储藏环节

冷藏实际上是指冻藏，经过快速冷却将产品温度控制在恰当的温度范围再进行储藏，可以大幅降低产品质量变化的速度。目前，我国的储藏方式可分为四类：气调储藏技术、冰温储藏技术、减压储藏技术和气调包装（MAP）储藏技术。

4. 冷藏运输与配送环节

在冷藏运输与配送环节，温度的波动极易造成产品质量的下降，需要运输工具具有性能良好的温控技术。运输与配送环节将不同的冷链环节衔接起来，贯穿于整个冷链过程。冷链运输有多种形式，如公路冷藏运输、铁路冷藏运输、水路冷藏运输和航空冷藏运输等，用到的运输工具主要有冷藏车、冷藏集装箱以及其他保温运输工具。

5. 冷藏销售环节

冷藏销售环节主要包括批发和零售，是进入消费前的最后一个环节。随着大中城市各类连锁超市的快速发展，冷藏销售逐渐成为冷链产品的主要销售渠道，冷藏库、冷冻陈列柜以及储藏库成为整个冷链越来越重要而不可或缺的冷藏设备。

三、冷链物流适用范围

目前，冷链物流的适用商品一般分为三类：第一类是初级农产品，包括蔬菜、水果、肉、禽、蛋、水产品、花卉等；第二类是加工农产品，如速冻食品、肉、水产等，以及冰激凌和奶制品等；第三类是特殊商品，如药品和疫苗，以及部分电子器件、加工产品等。

（一）水果和蔬菜

水果和蔬菜采摘后仍为有生命体，果实组织中仍进行着活跃的新陈代谢过程，但当这种生命体发展到后期即过熟阶段，新陈代谢变慢甚至停止，果实成分与组织均发生了不可逆转的变化，使其失去营养价值和特有风味。水采和蔬菜的呼吸实质上是果实内有机物缓慢地氧化，在有氧条件下，果实内作为基质的糖、有机酸以及复杂的碳水化合物被完全氧化分解为二氧化碳、水和热量，维持正常的生命活动。

水果和蔬菜高质量的运输始于采摘。首先，应在理想的时间和成熟状态下采摘，然后细心地拣选、处理和清洗，再降温减缓果蔬成熟过程到最慢，最后正确地使用包装材料对果实迅速进行包装，使水果和蔬菜处于低温状态，在正确的温度、湿度、气体成分环境下运输。

根茎类蔬菜（如胡萝卜）、水果（如橙、香蕉）和一些活植物属于温度敏感货物，在运输期间温度必须保证在其高于冰点或损害点1℃之内。装运这些货物对冷箱应进行预冷，并用"冷风通道"迅速装妥货。

（二）畜禽肉类

畜禽肉类主要包括牛、羊、猪、鸡、鸭、鹅等，禽兽被屠宰后即成为无生命体，对外界的微生物侵害失去抗御能力，同时，进行一系列的降解等生化反应，出现僵硬、软化成熟、自溶和酸败等四个阶段的变化。其中自溶阶段始于成熟后期，是畜禽肉类质量开始下降的阶段。特点是蛋白质和氨基酸分解、腐败微生物大量繁殖，使质量变差，肉类储藏的作用是尽量推迟其进入自溶阶段。

冷冻储藏是一种古老的、传统的保存易腐食物的方法。食物由于酶的分解、氧化和微生物生长繁殖而失去使用价值。冷冻可以钝化酶的分解、减缓氧化、抑制微生物生长繁殖，使食物处于休眠状态，在产品生产数周甚至数月后仍保持原始质量。

通常肉类在 -18℃以下即达到休眠状态，在 -23℃以下的低温成倍延长冷藏期。在 -30℃以下的冷藏期比在 -18℃以下冻藏期长一倍以上，其中猪肉最明显。许多国家明确规定，冷冻饮品、制成品和水产品必须在 -18℃或更低的温度下运输。

（三）水产品

水产品主要包括鱼、虾、贝类。水产品死后不仅会出现僵直、成熟、自溶和酸败等四个阶段的变化，而且鱼类在僵直前还有一个表面黏液分泌过程，这种黏液是腐败菌的良好培养基。上述四个阶段持续时间较短，尤其是软化成熟阶段极短，这是因为多种酶和微生物在较低的温度下仍有很强的活性，在自溶阶段，蛋白质和氨基酸分解，腐败微生物大量繁殖，使产品质量变差。水产品的储藏时间与温度密切相关。在正常情况下，温度每降低10℃，冻藏期增加3倍。多脂鱼类较低脂鱼类冻藏期短，红色肌肉鱼类冻藏期更短。一般冻藏温度是：少脂鱼和其他大多数水产品在 −23℃ ~−18℃；多脂鱼在 −29℃ 以下，部分红色肌肉鱼可能要求达到 −60℃ 的低温。在冻藏和运输期间应使用尽可能低的温度，并应避免大范围的温度波动，包装和操作方法对冷藏器也有影响，应避免货物暴露在空气中造成脂肪氧化和脱水干耗，装、拆箱作业应快速进行，避免温度波动影响质量。

（四）冰激凌和其他奶制品

冰激凌是人们用于清凉解暑、充饥解渴的营养价值很高的食品，需要低温灭菌操作、清洁的运输、适当的温度设置和完整的包装。

冰激凌包装材料有涂蜡纸、纸箱和塑料桶等。外包装对避免冰激凌损坏和热袭起重要的保护作用。冰激凌通常使用 20 英尺（1 英尺 ≈ 0.3048 米）的冷箱运输，温度应设置在低于 −25℃，并应避免温度波动。

冷冻奶油通常是大宗货物，习惯做法是将奶油装在纸箱内，纸箱装在货盘上，然后再装入冷箱内运输。虽然有些奶制品在较暖的温度下运输，但实际温度一般设置在低于 −14℃ 或更低，因为大部分奶油在低于 −8℃ 温度下没有微生物损坏，并且保持良好的质量。可长时期储存的应奶酪通常在 1℃ ~7℃ 温度下运输，这取决于奶舱的种类、包装、运输距离和为加工或零售的用途。其他奶酪通常用冷箱在 0~13℃ 温度下运输。

（五）药　品

冷藏温度敏感性的药品，从生产企业成品库到使用前的整个储存、流通过程都必须处于规定的温度环境（控温系统）下，以保证药品质量。医药用品安全直接关系着民生及社会稳定，因而对我国的物流供应链特别是冷链物流提出更高的要求。一般的，冷藏药品的温度要求是 2℃ ~8℃；加工药品温度要求是 8℃ ~15℃；冷冻药品温度要求是 −20℃，如常见的疫苗；深度冷冻药品的温度要求在 −70℃，这些药品基本上是药品的原液，比如赫赛汀是 2℃ ~8℃ 的储存状态，但它的原液储存在 −70℃ 环境中。

四、冷链物流的成本构成

冷链物流成本是指易腐产品从进入冷链系统到最终被消费掉的整个运动过程中，

每个物流环节所支出的人力、物力、财力的总和。从与主营业务关系的重要性角度可将其划分成主营业务支出和营运间接支出两个大类。在主营业务支出中，主要包含仓储成本、包装成本、运输成本、物流管理费用、建约成本；在营运间接成本中，主要包括资金占用成本、物流信息成本、保险和税收成本、物品损耗成本。这里我们主要对在主营业务支出中占比较大的几类成本进行分析。

（一）仓储成本

仓储成本是指物流过程中为完成货物储存而发生的物资消耗和人力资本。主要包括仓储设施的维修保养费、水电费、折旧费，仓储业务人员费用等。包装成本在整个物流系统中，无论产品存放在库房内还是运输途中，包装都会对货物起到区分和保护作用，因货物包装业务的完成而花费的相关费用，则是包装成本。包装成本主要包括包装设施折旧费、包装材料消耗，包装标记的设计、印刷等辅助费用，包装业务人员费用等。

（二）运输成本

运输环节是冷链物流运作过程中的一个重要的组成部分，为完成运输业务而发生的相应成本，即为运输成本。运输成本包含的内容比较广泛，主要可以分为两个部分：从产地到配送中所发生的运输费用，以及从配送中心到消费者所产生的配送费用。包括从事货物运输业务的人员费用、折旧费、租赁费、维修保养费、养路费、年检费、过路费、事故损失费、车辆包括其他运输工具的燃料费、相关税金等。

（三）物流管理成本

物流管理成本是指物流管理部门及在物流过程中发生的管理费用，具体包括办公费、差旅费、会议费、管理人员费用等。

（四）建约成本

在冷链物流过程中，由于货物的质量、数量或者是送货时间没有达到订货合约上的要求，而需冷链物流运营商支付的额外费用，即为建约成本。通常情况下，该成本主要与货物的质量有很大关系。

五、冷链物流发展意义及趋势

（一）冷链物流发展意义

1.冷链物流的发展是人民生命安全和节约社会资源的保障

我国是食品生产和消费大国，大众消费的食品安全和卫生一直都是值得特别关注的问题。由于冷链物流服务的主要对象为初级农产品、加工食品、药品，特别是生物制剂和血液制品以及部分危险化学品等，均直接关系人民生命安全和身体健康，因此，冷链物流在我国受到高度重视和大力发展。[①] 此外，冷链物流还可以降低产品的损耗，降低对环境的污染，是我国建设资源节约型和环境友好型社会的重要途径。

2.冷链物流是生鲜行业发展的重要基础

冷链物流是生鲜物品在加工、运输与配送、储存、销售等整个链条中保持物品鲜度和营养价值的重要基础。冷链物流一方面可以降低由于商品鲜度下降、变色、变质、腐烂等带来的损耗，降低经营成本，显著提高生鲜食品的附加值；另一方面，通过反季节销售，改变企业在采前和采后的投资比例，增加产品经济价值，提升产业竞争力。

3.冷链物流是物流体系中的一个重要组成部分

冷链物流的实施注重供应链管理思想的指导，要求综合考虑生产、运输、销售、经济和技术件等要素，协调相互间的关系，以确保冷链物品在整个供应链中保值增值，是物流体系中不可或缺的组成部分。

4.冷链物流可以丰富商品品种，提高产品品质

随着冷藏技术的发展，我国的快餐食品种类得以丰富，如传统的汤圆、水饺、包子等，以及近年来的菜肴式冷冻食品，更加注重食品的"色、香、味、型"，将中华传统美食延伸到冷冻冷藏食品，丰富了食品品种，提高了食品品质。而冷链物流的全程温控和严格的环境条件要求可以大大提高产品品质。以冷鲜肉为例，在制作过程中，要求在畜体屠宰后的24小时内将宰体温度降至0℃~4℃，然后在此温度下进行分割、剔骨、包装，并在储藏、运输直至到达最终消费者的冷藏箱或厨房的过程中温度要始终保持在0~4℃。这种肉在嫩度、口感、风味、营养、多汁性和安全性等方面都优于无任何冷却条件下加工的热鲜肉。

（二）冷链物流发展趋势

1.智能化

冷链物流系统将朝着智能化方向发展、在易腐货物的冷链物流系统广泛采取自动化技术、计算机技术、数字控制技术等新技术，提高设备可靠性和自动化水平。

采用新材料、新技术，提高冷链设施设备的性能，保持易腐货物原有质量的同时降低设备造价和运输成本。如隔热层采用的新型隔热材料（如聚氨酯、PEF隔热材

---

① 胡天石.冷链物流发展问题研究[J].北京工商大学学报（社会科学版），2010，25（04）：12-17.

料等），具有良好的隔热性能、化学稳定性能和机械性能。采用新制冷工艺提高冷链物流过程中温度控制的匀速性、准确性。目前在冷链运输中除机械制冷以外，还利用液化气体如液氮、液化二氧化碳、液化空气作为冷源制冷。在冷链基础设施和网络建设中，应用仓储管理系统、自动化冷库技术、预冷技术、无损检测与商品化处理技术和温度自动控制等先进技术。

2. 专业化

冷链相关产业将越来越多地选择专业化的第三方冷链物流服务。目前在美国、日本和欧洲等经济发达国家和地区，专业物流服务已形成规模，有利于制造商降低流通成本，提高运营效率，并将有限的资源和精力集中于自身的核心业务上。随着冷链物流系统的完善与发展，越来越多的易腐货物生产商都实行物流业务外包，希望得到专业化的第三方冷链物流服务。

专业化的第三方冷链物流企业能整合资源，整合物流网络，合理有效控制物流成本，减少易腐货物周转时间。先进的专业化冷链物流企业具备集约化、集团化、规模化的发展能力。通过建立冷冻冷藏产品加工配送中心，推进集约化共同配送。通过重点推进生鲜农副产品市场化运作等重点项目，促进冷链行业的发展。

3. 多元化

冷链物流企业将不断地提供多元化的增值服务。目前冷链物流企业基本上可以提供仓储、分拣、冷链运输、市内配送等服务。一些冷链物流企业提供的服务范围更加广泛，涉及采购、库存管理、数据分析等增值服务。

根据易腐货物冷链物流的要求，应充分发挥现有国家和部门相关检测机构的作用，补充和完善易腐货物的检测项目、检测内容。鼓励在大型超市、批发市场建立相应检测平台，为生鲜农产品类、食品类易腐货物提供快速检测服务。

4. 信息化

冷链物流信息化将成为冷链物流系统未来的发展趋势。目前很多冷链物流普及的国家，已经广泛采用无线互联网技术、条码技术、射频识别技术（RFID）、全球定位系统（GPS）、地理信息系统（GIS）以及在仓储、运输管理和基于互联网的通信方面的技术。先进的冷链企业为提高竞争力将会更加重视公司的冷链信息化建设，依托现代前沿网络技术——物联网技术，建立冷链追溯查询系统，构建易腐货物冷链物流信息备案制度。最终实现政府相关部门、冷链物流行业及物流企业对易腐货物冷链物流活动的检测、监督和控制。

先进的信息技术是冷链物流系统健康、有效发展的保证。通过信息化系统和网络交易平台，结合先进的物流技术如企业资源计划（Enterprise Resource Planning，ERP）、管理信息系统（Management Information System，MIS）、仓储管理系统、信息发布系统、搜索引擎，最大限度地提高冷链物流效率。以冷链物流中心为核心，结合城市配送运输，整合现有资源，将易腐货物的冷链供应商、生产商、承运人、消费者及相关的银行、海关、商检、保险等单位联结起来，形成有效的冷链物流运作体系，实现对易腐货物的资源共享、信息共享和全程监控，提高全社会整体冷链物流的运输效率。

5. 标准化

我国应尽快制定与国际接轨的冷链物流相关标准与指导准则，包括易腐货物的原料基地生产、预冷、加工、储运、储运温度控制、食品安全及检测、标签、环境及服务等一系列涵盖整个冷链物流节点的标准和良好操作规范。同时，以良好农业规范（Good Agricultural Practice，GAP）、良好兽医规范（Good Veterinarian Practice，GVP）、良好生产规范（Good Manufacturing Practice，GMP）、危害关键控制点分析（Hazard Analysis Critical Control Point，HACCP）、国际化标准组织（International Standardization Organization，ISO）为基本依据，制定易腐货物冷链物流全程质量与安全控制技术过程，实现"从田间到餐桌"的全程控制。

6. 绿色化

冷链物流的未来发展方向是使用清洁能源、保护环境的绿色物流。冷链运输的污染源具有流动、分散、种类多等特点，冷链运输产生的环境污染，如汽车尾气排放造成的大气污染，油船泄漏和垃圾排放等造成的重大水污染，以及冷链运输转运造成的噪声污染，是全球面临的重大环境问题。各国政府在交通量、交通流和污染发源等三个方面已经制定了相关政策，冷链运输日趋绿色化。

第二节　农产品冷链物流的基本理论

一、农产品冷链物流的内涵

从冷链物流的定义可知，冷链物流是一项具有较高技术含量要求的低温控制系统工程。由此可知，所谓农产品物流，即为冷链物流的一个分支，它是指为了避免可食用农产品的营养成分流失和腐烂变质等情况发生，进而人为采取的一种将其生产、储运、销售等环节始终置于特定低温环境下的一种供应链系统。而农产品冷链物流是指使肉、禽、水产、蔬菜、水果、蛋等鲜活农产品从产地采收（或屠宰、捕捞）后，在产品加工、储藏、运输、分销、零售等环节始终处于适宜的低温控制环境下，最大限度地保证产品品质和质量安全、减少损耗、防止污染的特殊供应链系统。农产品冷链物流是有农产品生产者（农民/生产基地）、农产品采购加工企业、农产品分销企业、农产品冷链物流活动主体构成的"从田间到餐桌"的网链状体系。农产品冷链物流过程包括农产品生产、加工、分销过程中的运输、储存、装卸、搬运、包装、配送、信息处理等环节。

由此可知，农产品在储藏时对环境的要求极高，需要在各个环节都在低温环境下进行，以确保农产品没有变质。这样一个以保证食物安全为目的，以防止污染为基础的特殊供应链就是农产品冷冻链。

我们需要以先进的科学技术，特别是现代冷冻链的制冷技术为导向，在学习传统冷冻工艺学，结合现代发展理念，推陈出新，掌握先进的制冷技术的同时，善于运用专门的生产设备，最终推算出最科学、最合理的储藏温度及流通时间。

二、农产品冷链物流的构成

农产品冷链物流整个运作过程大致可以分为五个方面，其中包括对原始农产品的初步加工、对农产品的冷冻储存、对农产品的冷藏运输与配送、对农产品的冷藏销售及冷链逆向物流。为了提高资源的利用效率，从原始农产品在产地的简单收集分类到农产品的冷藏加工，最后销售到终端消费者的整个过程，废弃物的回收利用始终贯穿过程的全部。

（一）冷冻加工

正如我们所知道的，冷冻加工对于初产品的低温环境要求十分严格。从预冷、冷却，再到结冰的整个过程，冷冻车间需要达到一定的冷冻标准，初产品的加工才能进行。因此，预冷和冷却效果对于初产品在整个冷冻链中保存的好坏有着决定性的作用。若初产品在冷冻物流的首要环节出现问题，那么后面的环节必然受到牵连。

（二）冷冻藏

通常所说的冷冻藏主要是指食品的冷却藏和冻结藏，除此之外，还包括一些蔬菜和水果等食品的气调藏。在低温状态下，食品表面的细菌和霉菌的生长速度放缓，从而达到了保存食物的目的。

（三）冷藏运输与配送

随着我国运输业的发展，冷冻物流所涉及的运输路程越来越长，涉及的配送区域也越来越广。若在运输途中，保存食品的环境温度出现大幅度的波动，那么就很容易造成食品污染。这也决定了冷链物流的运输工具必须能够保证在食物运输过程中保持严格的低温和温度的平稳。其中长途运输对此性能要求更高。

（四）冷冻销售

冷冻产品的销售需要生产者、经销商和零售商相互协调去完成。尽管今天，冷冻食物的销售途径各式各样，但随着自选超市的异军突起，这种自选模式逐渐取代了其他模式，成为当今冷链食物的主要销售途径。为了保证食品从运输源头到最终消费者手上能保持新鲜和安全，在农产品冷冻物流建设中就必须对生产、销售、经济、技术和环境等问题进行综合考虑，相互协调，取其平衡点，以求效益的最大化。

（五）冷链逆向物流

冷链逆向物流主要是指产品配送到终端消费者之后的后续问题，它可以分为两个方面，一方面是回收物流，另一方面是废弃物物流。回收物流主要针对食品在运输过程中所使用的包装容器，从终端消费者手中返回到生产商的这样一个实物流动过程；而废弃物物流主要针对冷冻物流在运输过程中出现的腐败食物或者其他失去经济意义的物品，它们都需要通过分类、加工运输到专门的处理场所进行处理。

三、农产品冷链物流的特征

（一）农产品冷链物流的安全首要性

易腐坏的农产品是农产品冷链物流的主要运输对象，中国是农业大国，自古就有"民以食为天"之说，因此人们对食品安全，特别是农产品的安全尤其重视。因此，食品安全在农产品冷链物流过程中显得极其重要。并且相关企业在运营时须充分考虑到生鲜易腐食品的特殊属性，注重食品的质量安全问题，进而达到物流成本与服务水平两者间的平衡，而不是一味地追求经济利益最大化。

（二）农产品冷链物流时间敏感性

保质期短是食品的另一个特殊属性，并且食品的质量在流通过程中逐渐损耗。在其他条件相同的情况下，易腐生鲜食品的品质取决于物流时间的长短，倘若超过一定的限度，其很有可能成为次品或不合格品，难以回收成本甚至损失客源。所以，农产品冷链物流时间的控制条件异常苛刻，应最大限度地增加其终端销售时间，减少流通时间。

（三）农产品冷链物流的高成本性

本身传统物流行业就是一个高成本行业，涉及各种软硬件管理。冷链物流相对于常温物流而言，在技术以及设备上有更高更先进的要求。因此，高成本性主要体现在购置设施设备成本高、能耗也较一般物流系统高。而硬件方面配套保障措施也是由易腐生鲜食品的质量安全需要所决定的。

第三节　一体化基础理论

一、一体化

一体化是指多个原来相互独立的主权实体通过某种方式逐步在同一体系下彼此包容，相互合作，组成一个统一的经济组织。分为横向一体化和纵向一体化两种。

（一）横向一体化

所谓横向一体化也叫水平一体化，其目的是扩大生产规模、降低生产成本，从而巩固企业的市场地位，增强本企业实力而与同行业中其他企业进行横向联合的一种企业的长远期战略。其实质是使分散的资本在同一产业和部门内进行集中，从而达到扩大生产规模、降低生产成本、巩固市场地位的目的。

横向一体化战略的优势主要为，企业如果采用的是横向一体化战略，则可以比较有效地实现企业的规模经济，实现资源整合和资本整合的目的。此外，企业也可通过收购或合并等方式，有效地与客户建立相对稳定的关系，得到本企业的忠诚顾客，从而遏制竞争对手扩张，维持本企业的行业地位和保证竞争优势。

（二）纵向一体化

纵向一体化也称垂直一体化，是指生产或经营过程相互衔接、联系紧密的企业实现一体化，是一种在产、供销的两种不同方向上扩大企业生产经营规模的增长方式，可分为前向一体化和后向一体化。

1. 纵向一体化的目的

使核心企业掌控市场竞争的主动权，从而使业务活动阶段的利润最大化，因此，控制原材料供应、产品制造、产品分销和销售的全过程是最有效的手段。纵向一体化是一套完整的价值传递的过程，在此过程中形成了一种典型的价值链系统。前向的一体化指的是企业的业务向消费它的产品或服务行业发展，是一种资源的综合利用行为；后向一体化指企业向为它目前的产品或服务提供作为原料的产品或服务的行业扩展。

2. 纵向一体化的优势

（1）经济性

纵向一体化战略可以使企业将外部的市场活动（如信息的获取、原料交易、加工程序等）内部化，节约成本，并获得稳定的供销关系，实现经济性。

（2）有利于技术创新

在通常情况下，纵向一体化可以使企业获得与销售产品密切相关的上游和下游产品的研发技术。有助于企业对基础经营技术的开拓与发展，比如汽车领域的零部件制造业发展前向一体化体系就是很好的例子。

（3）有利于供给需求关系

在纵向的产业链中上下游企业交易中存在一些不确定性带来的交易风险，诸如生产原料供应紧缺、总需求低迷等。而纵向一体化可以使这些问题得到解决，因为纵向一体化战略可以确保产品材料的及时供应，也可以通过保证畅通的产品输出渠道来解决需求低迷。当然交易的过程中做到内部转让价格与市场接轨是实现纵向一体化发展战略的前提。

（4）行业规范一体化价格消除恶性竞争

在交易过程中企业和顾客的价格谈判会影响到交易中的价格竞争。如果在某种情况下企业的投资收益超过了资本的机会成本（机会成本是指理论上可以获得的最大价值与实际选择所获得的价值的差值），在这种情况下形成的价格就有可能带来严重的价格恶性竞争。然而在实际中一些企业为了达到某些目的，诸如维护关系密切的顾客，在传统的交易环境下，很可能采取这种措施。而纵向一体化在很大程度上减弱了上下游企业的直接价格谈判，也就削弱了价格谈判能力。如后向一体化可以降低采购成本，前向一体化可以提高销售价格。这就削减了恶性价格竞争的空间。

（5）提高企业业务联合统一化规格

纵向一体化可以在企业内部控制的范围内为各生产和销售环节提供额外的价值，这在很大程度上提高了企业的核心竞争力。一般来说，葡萄酒厂都会拥有自己的葡萄生产基地，这也是对一体化战略的使用；此外，一些企业为自己销售的技术等比较复杂的产品（比如汽车行业）建立销售网点，开拓市场，这样做是为了获得后续的标准售后服务的额外利润。

（6）提升行业的准入门槛

实施纵向一体化战略对于企业的好处还有，可以最大限度控制企业的投入资源和销售渠道，从而提高行业的整个进入门槛，最大限度地提升新进入者的进入成本。提高准入门槛以后可以确保新进入企业的综合素质，阻止不良竞争者进入该经营领域，从而维护行业的健康发展。企业实施一体化战略可以在最大限度稳定原有经营业务的同时，为企业新业务的开拓提供更大的空间。另外，行业的竞争水平的提高，会使企业对价格的话语权和操控权有极大的提升，使企业的赢利能力进一步提升，可以为企业赢得更大的获利空间。

（7）提高投资回报率

企业自身实现纵向一体化，可以使企业避开所利用的供应商和经销商，而将这一部分的投资掌控在自己的手中，提高企业投资的回报率。随着企业自身纵向一体化的完成，使公司具有更强的竞争力，并且可以获得相应产品的竞争价格。

（8）增强企业免疫力

纵向一体化的企业能够在市场中获取更多的优质原材料以及稳定的客户群和销售机会；能够使企业在竞争的过程中获得防御的作用，增强企业自身的免疫力。因此，企业要巩固自己的行业地位，就可以通过实现企业的纵向一体化，防止被市场所排斥。

二、物流一体化

（一）物流一体化概念

物流一体化的概念在物流一体化发展过程中在不断变化，时至今日，物流一体化正在向物流网络一体化的阶段发展，对于现阶段物流一体化的概念不同国家的学者在认识上也存在很大的差异。

美国有学者认为，物流一体化是预测顾客的愿望和需求，获得满足顾客愿望和需求所必需的资金、物质、人员、技术和信息，优化实现顾客需求的商品或服务的生产交割网络，利用这些网络及时地实现顾客的要求的整个过程。

日本著名的物流专家阿保荣司认为，"物流过程是一个由生产到消费，而后再由消费到生产这样一个循环过程"。阿保荣司将废弃物流的研究明确纳入物流研究的范围，并提出了物质循环型社会的思想。

我国有些物流专家指出，物流一体化就是以物流系统为核心的由生产企业，经由物流企业、销售企业，直至消费者的供应链的整体化和系统化。即通过对物流的一体化管理，使产品在有效的价值链内迅速移动，使参与其中的各方企业都能获益，最终使整个社会获得明显的经济效益。

综上所述，本书对物流一体化的基本概念做如下阐述就是，以满足客户的愿望和需求，以物流系统为核心，有效地运用满足顾客愿望和需求的所必需的各种有效资源，优化生产和交割网络用较低的成本协调满足顾客需求的商品或服务，从而实现对整个物质循环运动的管理。

实际上，物流一体化是物流业发展的高级和成熟阶段。物流一体化的基本特征是物流业高度发达，物流系统完善，物流业成为社会生产链的领导者和协调者，能够为社会提供全方位的物流服务。物流一体化的实质是将原材料、半成品和产成品的生产、供应、销售结合成有机整体，实现流通与生产的纽带联系。其目标是应用系统科学的方法充分考虑整个物流过程的各种环境因素，对商品的实物活动过程进行整体规划和运行，实现整个系统的最优化。

（二）物流一体化的特点

在吸收了最新的物流研究成果提出了上面的物流一体化的概念后，对物流一体化的特点可以做出如下归纳：

1. 物流一体化是以顾客为中心，以满足顾客服务为导向的服务性过程

从物流一体化的发展可以看出，物流一体化的发展动因主要源于市场的竞争，也就是对顾客需要的满足。上述定义将服务物流包括在概念中，这是物流一体化概念的重要发展。

2. 物流管理范围进一步扩展

物流一体化的概念包括供应商和用户的物流管理功能，强调物流整体系统的优化，其中回收物流属于物流一体化中崭新的重要内容。管理范围的扩展是物流一体化概念的另一个重要扩展。

3. 物流一体化的概念吸收了循环物流的思想，强调废弃物流的管理

从宏观上看，本书提出的物流一体化概念是对生产、分配、交换和消费整个社会生产和再生产过程中物流的抽象和总结，它反映了可持续发展的物流观。

（三）物流一体化的意义

1. 物流一体化可以降低企业物流成本

物流活动往往是企业中劳动最密集的活动之一。物流一体化可以使开发可行的方法替代原有的劳动密集型作业成为可能。它在降低人工成本方面有非常明显的经济意义。

就物流成本来说，运输成本和库存保管成本在物流成本中占据绝大部分比例。通

过物流一体化可以实现对供应链上物流资源的整合，对其进行统一管理，统一行动，降低整个供应链的成本，提高企业的竞争力。

在物流的外部一体化管理中，发生交易关系的企业建立起长期稳固的关系，能在一定程度上减少谈判和履约费用。

2. 有利于提高整个物流系统的运作效率和顾客服务水平

物流一体化管理使整个产供销系统生产经营成本降低，产品得以以较低的价位销售给顾客，带给顾客较高的满意度。物流一体化管理为灵活、快速、优质的物流服务提供了保障。

通过对物流系统的构成要素统一管理，如采购、运输、配送、储存、包装、订单处理、库存控制等，更有效地提高整个系统的运作效率。

3. 易于形成协同竞争、共同发展的价值观，有利于强化核心竞争力

在快速多变的市场竞争中，单个企业依靠自己的资源进行自我调整的速度很难赶上市场变化的速度，因而企业必须将有限的资源集中在核心业务上、强化自身的核心能力，而将自身不具备核心能力的业务以合同的形式外包或以战略联盟或合作的形式交由外部组织承担。通过与外部组织共享信息、共担风险、共享收益将核心能力加以整合集成，从而以供应链的核心竞争力赢得竞争优势。

4. 物流一体化具有优化作用

物流一体化不仅可以优化社会资源的配制，还可以优化社会的整体经济运行环境，使市场真正活跃起来，使宏观调控更加有效和畅通。

物流一体化把生产与流通合成为经济利益共同体，可扭转生产行业与流通行业的利益对立状况，形成生产与流通的相互协调、自觉合作的利益机制，从经济利益上激发商品流通部门参与生产的积极性，使整个社会的经济运行环境得到优化。

三、冷链物流一体化

所谓"冷链物流一体化"就是以冷链物流系统为核心的由生产企业、经由冷链物流企业、销售企业直至消费者供应链的整体化和系统化。它是指冷链物流业发展的一个高级和成熟的阶段。只有当冷链物流业高度发达，冷链物流系统日趋完善，冷链物流业成为社会生产链条的领导者和协调者，才能够为社会提供全方位的物流服务。

第四节　国外农产品冷链物流一体化经验及借鉴

农产品冷链物流一体化是农产品物流发展到一定阶段的产物，是一个国家冷链物流水平的体现。本小节分析了美国、日本、加拿大和荷兰的农产品冷链物流一体化模式。

一、国外农产品冷链物流一体化发展

（一）美国农产品冷链物流发展

1. 农产品物流一体化模式完善

美国自然资源丰富，是世界农业生产大国和农产品出口大国，国内农业发展科技水平高，实现了农业现代化，农业劳动生产率高，农产品流通先进，在世界上呈现出规范化、专业化的特点。这都源于其先进的农产品物流模式[①]。

在美国的农产品物流模式中，市场的主体是农产品生产者和消费者，产品从农产品生产者通过批发商或者直销，将产品配送至超市连锁店、中小商店、餐饮企业等，直接到达消费者，流通环节少、效率高，一体化程度高，如图 2-1 所示。

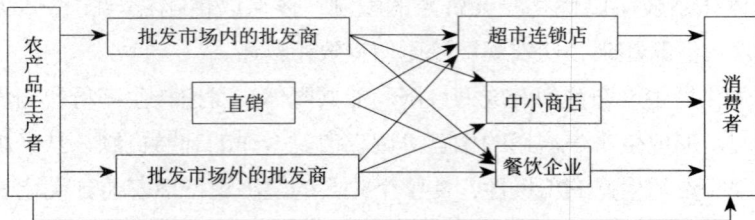

图 2-1　美国的农产品物流模式

2. 冷链基础设施完善，信息化水平高

美国主要依靠集装箱卡车和火车来完成农产品冷链运输，发达而便捷的公路和铁路运输网络是其冷链物流发达的重要原因。总部位于新泽西州纽瓦克市的普菲斯公司是全球食品温控仓储行业规模最大的公司之一，目前普菲斯公司在美国建造了 27 座冷库。此外，美国非常重视信息技术水平的建设，很多物流企业建立的自动化控制系

---

① 党辉，来燕，严军花.美国农产品物流模式及成功发展经验[J].世界农业,2014(04):161-164.

统，对冷藏车、冷藏仓库的温度进行实时监控，GPS、RFID 技术运用广泛，多种技术设备的运用和人员的高效率组合，确保了运输货物准时、高效、安全的运送。

3.冷链物流行业分工细致，组织化程度高

为提高农产品冷链物流的效率，美国建有许多专门为农产品交易服务的组织，如装卸运输公司、加工包装和分类配送中心以及银行、邮局等与之密切相关的机构，为农产品冷链物流提供了便捷的服务。还成立了冷链物流行业协会，为物流行业的发展提供了统一的标准，农产品物流组织化程度高；同时，美国的冷链物流行业分工细致、职责明确，如运输方只负责运输，装卸搬运方只负责装卸搬运，从管理学原理角度看，明确细致的分工促进了各个环节的专业化，运作效率高，且容易追查。

（二）日本农产品冷链物流发展

1.日本农产品物流模式分析

日本国土面积较小，自然资源匮乏，土地规模化和经营程度低，农业生产规模小，面临着"小生产与大市场"之间的矛盾，因此，日本的农产品流通模式以批发市场为核心，能有效解决农业的小规模生产和大市场之间的矛盾。日本农产品的物流模式主要有两种：一种是生产者—中央批发商—地方批发商—中间批发商—零售商—消费者，另一种是生产者—"直买所"等形式—消费者。其中，"直买所"模式产生于20世纪90年代，该流通模式大大减少了农产品流通环节，农产品流通效率大大提高，物流成本大幅降低，有效促进了日本农产品物流一体化的不断形成。

2.仓库自动化水平高，信息技术发达

日本是目前世界上自动化立体仓库应用最广泛的国家。日本建造的立体化仓库能实现存取货物的自动化，高程度的自动化节约了大量的人工成本，并且日本通过RFID、传感器等信息技术建立了农产品冷链物流供应链管理系统，对货物、冷藏运输车辆进行动态监控和跟踪，提高了物流效率。

3.冷链物流运输工具发达，物流运输网络完善

冷藏保鲜车作为冷链物流运输中的主要工具，是冷链物流运输过程中的关键。统计数据显示，日本的冷藏保鲜车保有量在12万辆左右，冷藏运输率在90%以上，运输过程中的产品腐损率在5%以下。日本在全国对农产品物流基础设施用地进行了统一规划，在各个城镇都预留农产品物流设施用地，这使得日本形成了完善的农产品物流交通运输网，比如新干线铁路运输网、高速公路运输网、航空运输网、海上运输网等。

（三）加拿大农产品冷链物流发展

1.农产品物流模式多元化

加拿大的冷链物流模式呈现出多元化的特点。既有产地加工企业模式，以国家铁路公司（CN）和最大产地加工企业 Melvin Farmsq 为主体；也有批发市场与配送中心模式，由北美最大农产品批发市场 OFTB 与最大配送中心 Sobeys 组成；还有第三方物流模式，如 Thomson Group 独立运作等。

2.完善的专业认证体系和市场准入制度

加拿大设立了食品检验局（CFIA），建立了完善的专业认证体系和市场准入制度，根据国际通行的危害分析与关键控制点（HACCP）原理制定了食品安全督促计划（FSEP）。该规划不但在肉类和家禽加工厂普遍实行，而且在乳品、蜂蜜、鸡蛋、蔬菜水果加工业内也广泛应用。CFIA 提供科学和技术支持的加拿大农场生产食品安全规划（COFFSP），基本建成了"从田间到餐桌"的整套食品安全质量监管体系。

3.实力强劲的物流企业和完善的物流网络

加拿大的农产品冷链物流实行物流外包模式，第三方物流企业发展迅速且大都为国际多式联运经营人，有较高的物流服务水平。物流企业能提供良好的运输、仓储、信息管理服务，并结合多种运输方式，形成了一套完整的物流服务体系和完善的物流网络，无论在国内农产品冷链物流运输中还是在国际市场上，都有一体化的服务方案，运输效率高、成本低。

（四）荷兰农产品冷链物流发展

1.建立农产品冷链物流电子化平台，提高信息化程度

为了满足消费者需求，荷兰积极发展农产品供应链。其中的一个方法是，在市场附近建立一个中转站，先将农产品集中到中转站，再进行配送。采用这种方式能保证货源的充足和配送及时，配送中心在收到货物时会进行分类、包装、储存等，并将这些产品运送到各个零售商。目前，荷兰花卉和园艺中心的新式电子、交换式信息和订货系统已经建立，并通过发展电子商务交易模式，为全球的客户提供服务。正在建立电子化的农产品交易市场，协调联运物流中心和农产品集成保鲜中心等，为满足欧洲市场的严苛条件，扩大了农产品交易市场，为进一步发展农产品物流提供了良好基础。

2.地理位置优越，基础设施先进

荷兰素有"欧洲门户"之称，面向北海，背靠欧洲大陆腹地，地理位置优越，发展对外贸易历史悠久，经过多年发展已成为欧洲的农产品配送中心。此外，荷兰的著

名世界贸易港口鹿特丹港的建立，也为荷兰发展冷链物流提供了良好的条件，为农产品的运送提供了便利。大型物流中心的建设，与各码头之间相连并建有运输通道，有先进的运输装卸设备和先进的信息技术，促进了冷链物流运输效率的提高。荷兰国内生产的农产品中，有58%以上是通过鹿特丹港和斯希波尔机场这两大物流终端，同时也是连接荷兰本土与欧洲各"门户"国家的两座重要桥梁，来完成通向欧洲各国甚至是通往全世界的农产品冷链物流任务。纵横交错和成熟发达的交通网络，造就了荷兰快捷、高效的农产品冷链物流体系，促使荷兰本土的生鲜农产品在全世界闻名遐迩，占据了全球近65%的花卉贸易份额。

3. 优惠的税收制度和严格的生产标准

在荷兰，不论什么行业都只需承担企业所得税的一个税种，且盈利在4万欧元以下不用缴纳所得税。荷兰同全世界近100个国家和地区签署了双边税收协定，企业通过海外控股公司投资则不需要单独和某个国家商讨双边税收优惠，在荷兰本国内的控股公司进行投资后所得的利润可享受零股息预提税。此外，荷兰还有严苛的产品生产检测标准，荷兰农业中最重要的乳制品生产标准远超过国际标准化组织（ISO）的相关标准。每一个产品生产出来后都会加印生产追溯码，随时可以查询产品的运输状况，消费者可通过追溯码进行倒序追查，食品质量安全得到有效保障。

4. 重视冷冻储藏行业的发展

荷兰负责运送生鲜、易腐和冷冻产品的企业，在储藏和配送过程中也普遍存在对先进的冷冻基础设施的要求。充分地利用这些冷冻设施可以在最大程度上提高冷链物流的工作效率，降低企业的物流费用，确保冷链农产品在储存与运输过程中的品质安全与稳定。

二、国外农产品冷链物流一体化发展的经验借鉴

（一）加大资金投入，加强基础设施建设

硬件设施建设是冷链物流一体化实现的关键，政府应加大财政投入，加大冷链物流基础设施建设力度，逐步形成农产品冷链物流网络，引进国外先进设备，增加冷藏保鲜车数量、冷库容量，提高生鲜农产品冷藏运输率，降低腐损率。

（二）加快信息技术研发，完善行业标准

冷链物流的实施离不开信息技术的支持，政府应加快信息技术的研发，发展先进物流技术如全球定位系统、无线射频识别技术等，加强物流信息追溯体系建设，为农产品的质量安全提供保障。此外，应尽快完善相关法律法规体系，建设完善的行业标

准，可参考国外发达国家如美国制定的《冷链质量标准》，建立严格的质量检测标准和完善的市场监控体系，逐步建立起冷链物流行业的法律法规体系和认证制度，规范市场秩序，保证农产品的质量安全。

（三）减少流通环节，发展直销模式

目前，中国的农产品流通模式存在流通环节过多、物流成本高、农产品腐损率高的问题，为解决这些问题应逐步优化供应链模式，减少供应链环节，规范市场秩序，加强对整个物流过程的监管。政府和企业应联合，共同促进直销模式的建成和发展，促进冷链物流一体化的逐步形成。

（五）扩大农产品交易方式，加快农产品流通

中国的农产品交易方式主要为农贸市场交易和批发市场交易，方式单一，应根据实际情况推广零售方式，发展拍卖和期货。尽快建立健全农产品电子化信息系统和交易平台，拓宽农产品销售渠道，对农产品生产者进行技术培训，对偏远地区加强网络和信息技术普及，为农产品交易方式的扩大提供平台，提高农产品的市场流通速度，减少流通成本，加快农产品物流一体化建设。

第五节　我国农产品冷链物流一体化模式研究

一、构建农产品冷链物流模式的基本框架

目前，国内外激烈的市场竞争以及消费需求的变化，既是机遇又是挑战，中国应根据所处的国内外实际情况，从战略高度重视农产品的物流，在现有农产品流通的基础上，通过资源整合，充分发挥自身的优势，以核心企业为主构筑农产品冷藏供应链，将农产品产前、产中和产后经济活动纳入供应链的体系中，在供应链的内部形成围绕现代物流供应链管理思想的、科学的运作机制，并以供应链为基本单元，在整个农产品物流过程中，推进现代化的农产品交易方式，采用先进的物流技术，构建有效的质量安全体系，搭建现代化的信息平台，逐步形成供应链与供应链之间竞争的、良性的、现代化的运营机制。积极创造有利于农业产业化发展的供应链利益共享机制，对整个供应链中各参与组织、部门之间的物流、信息流与资金流进行计划、协调和控制等，通过优化提高所有相关过程的速度和可靠性，提高组织的运作效率和效益。在供应链外部，通过加大宏观调控的力度，着力于场体系的培育，推动中国农产品流通

的良性发展，逐渐形成一些现代化程度高、辐射性强、功能齐全的国际性农产品物流中心，构建起一个柔性好、响应快、过程简洁、信息共享、运作效率高、用户满意度高的农产品冷链物流体系。

供应链是由一个或者一系列的组织或企业联结而成的，其中以生产商、供应商或零售商中的某一个企业为核心承担发起、领导和带动的作用。因此，当建立起一个以核心企业为中心的供应链系统，以核心企业与供应商，乃至一切向前的关系，以及核心企业与分销商和一切向后的关系形成了网链结构，各个环节之间结成一致联盟，这样的供应链才能成为一个价值增长链，才能使农产品在流通过程中不断地升值，使供应链真正起到增产、增收、增效的目的。

处于核心型供应链的各个企业形成一个不可分割的整体，用网络化形式将各个节点成员分别承担的职能协调起来，形成一个能快速适应市场，有效满足顾客需要的功能系统，使企业间达成有效合作，实现整体上的高效益和低成本。虽然有核心企业存在的供应链体系容易产生利益上的纷争，产生不平等合作等，但是核心企业的产生本质上是为了合作，是为了与自身链条上的企业达成一致，形成利益联盟，战胜其他供应链上的竞争对手，这些是围绕核心企业建立供应链的最本质的原因，因此在多条供应链中，各自形成每条供应链的核心企业，围绕核心企业进行竞争，能够提高整体效率，增强整条供应链价值，而避免被市场淘汰。就此供应链管理也发挥了实质性的作用，缓和了各企业之间的冲突和矛盾，平衡了各个企业利益与供应链整体利益，使各个企业由以往的竞争关系转变成合作互利的关系，这有助于合作协议的生成，对整个供应链运作效率的提升有很好的促进作用，同时对冷链物流费用和交易成本都有很好的抑制作用。

（一）核心企业在农产品冷链物流中的作用

农产品冷链物流成功的关键是通过链条上企业之间的合作，以及链条与链条之的合作，为消费者提供最好的产品和服务。农产品供应链上的核心企业作为整条链的管理者，其协调能力很大程度上决定了供应链运作的好坏，以及整个供应链竞争力的大小。在这个链条上的企业必须保持长期的合作关系而并非一次性的交易，才能保证链条的正常和长期运作。核心企业除了充当本链条的管理者之外，还要能够保持企业之间的信任，保持企业之间或链条之间交易关系稳定。通过突出核心企业的管理地位，使供应链上的核心企业与上下游企业由传统竞争关系转变为合作关系，组成供应链联合体，与其他供应链相竞争，最终实现整体利益最大化。综上所述，冷链物流中的核心企业的作用突出衣现在以下几个方面。

1. 核心企业是农产品冷链物流的"调度中心"

在具体运作中，核心企业协调能力的大小，在很大程度上影响冷链物流的运作效率，以及整体竞争力。核心企业处于供应流和销售流的中转位置，对农产品的集散以及配送进行统一的调度，保证了冷链上各个环节物流的及时性和准确性，同时保障了库存的良好存量，使冷链物流的成本得到有效的控制。同时，通过合理有效地管理和优化供应链，协调控制农产品物流，可降低农产品冷链物流过程中的损耗，降低企业运营成本，提高效率，使供应链上的节点企业都能受益。供应链上的核心企业在信息流和物流方面所起的核心作用，不仅会影响到该企业的运营，也会影响整个供应链。

2. 核心企业是冷链物流上农产品质量的"保证中心"

核心企业通过自己的质量保证能力影响整个供应链上的其他企业，同时，通过农业科技服务，推广先进生产技术和方法以及管理技术，并通过有效开发和管理，形成农产品品牌经营，树立品牌在消费者中的质量信誉，进一步开拓市场，实施全过程质量管理和控制，使农产品在从田间到餐桌的这一过程始终处于一种透明和可控状态，有效地保证和提高农产品质量。

3. 核心企业是冷链物流中的信息"交换中心"

来自下游（零售市场）的需求信息和来自上游（产地市场）的供给信息都将汇总到核心企业。汇总信息经过核心企业处理生成各类信息再传送到供应链的相关节点，于是，核心企业就成了供应链上的信息"交换中心"。通过核心企业把农产品市场需求信息准确及时地传达到供应链中的相关节点，统筹指导农户的生产，提高农产品生产的计划性，减少农民的市场风险，同时，通过对市场需求信息的调查与分析，对基地、专业合作社或农户下订单，形成真正意义上的订单农业，降低农户生产的机会成本，提高农民的收入。由于供应链的运作效果在很大程度上依赖于供应链上的信息交换质量，要想通过信息共享达到物流顺畅、产品增值的目的，就必须提高供应链上的信息交换质量，在这方面，核心企业至关重要。

（二）成为核心企业的必备条件

核心企业是整条供应链得以维持的中坚力量，是供应链中各种游戏规则的制定者，具有提高供应链的能力。作为供应链的领航者，核心企业必备的条件如下：

1. 核心企业应具有一定的规模，在本行业中具有一定的影响力

企业要想在某个领域保持优势，就必须在此领域迅速做大，实现规模经营。当一个企业成为某领域的领头羊的时候，即使投资回报率相同，也能较易获得更大的收益。具有一定规模的企业对市场具有高度的敏感，能对市场需求做出敏锐的判断。供

应链管理的一个主要目标就是把握快速变化的市场机会，因此，要求各个伙伴企业，尤其是核心企业具有较高的敏捷性，对来自供应链核心企业或其他伙伴企业的服务请求具有一定的快速反应能力。核心企业的规模如果较小会直接导致供应链的不稳定，核心企业必须能以自身的势力为其他战略伙伴带来更多利润，使其他企业认为加入这个供应链是有利可图的，这样才能使供应链不断延伸和发展。

2. 核心企业能为供应链贡献核心能力

整条供应链的发展由整个成员企业所拥有的与众不同的整体资源决定。作为资源要素其中任何一个都可以成为企业的核心能力，并成为企业赢得利润的途径，包括资本、知识、时间、行业经验、制度、技术、品牌、网络等。实践证明，核心能力是企业维持竞争优势的源泉。核心企业应贡献自己的核心能力，为供应链、顾客创造独特的价值，为供应链赢得和保持竞争优势做出特殊的贡献。核心企业是否能在供应链系统内发挥自己的能力，带动供应链整体运营效率的提高，以最低的成本、最短的生产周期生产出市场需要的产品，是评判核心企业是否具有竞争能力的标准之一。

3. 核心企业应具有较强的农产品开发、生产能力，营销能力或畅通的流通网络

农产品开发、生产能力，营销能力或畅通的流通网络是涉农企业综合实力的重要体现。作为核心企业，应该能够以消费需求为导向，以生产基地建设为基础，以标准化生产、质量管理为抓手，以品牌经营为核心，不断推出高附加值农产品新品种，不断引导顾客产生新的消费热点，推进农工产品生产（加工）标准化、品牌化，不断延续其在市场上发展的能力。随着农产品市场竞争加剧，尤其随着众多生鲜超市和专卖店在国内的兴起，作为核心企业，还必须有畅通的流通网络，能对终端进行控制。

4. 核心企业要有较高的商业信誉和行业权威

核心企业需要通过自己良好的口碑和信誉，在整个供应链中做到合理把握核心优势，与其他战略伙伴建立共同承担风险和利益的协作关系，使合作方之间能充分信任，克服因信任问题而导致协作伙伴间的不和谐现象。可见，核心企业的商业信誉和行业权威，乃至于由此而产生的号召力对于形成本链条的竞争力是一个关键因素，它能很好地使核心企业与战略伙伴协作，有效地提高本链条的整体竞争能力。

二、我国农产品冷链物流的主要模式

农产品冷链物流的效率取决于供应链成员间的有效衔接。整个农产品冷链物流模式是在市场机制的作用下，由农产品供给方、中介组织、加工经销企业、消费者形成的农工商相结合体系。因此，宜根据不同的农产品经营主体，选择多样化的冷链物流

模式。

在农产品的供应链管理中，其核心目的就是实现供应链成员的互生共赢，农产品从生产领域到消费领域的流通过程中，供应链中存在一个核心企业负责供应链的管理和组织工作，由核心企业把农产品的生产和销售有效地结合起来。根据我国的现行农产品冷链物流的实际，在充分考虑中国农产品流通发展的各种因素的基础上，结合构建基于供应链管理的农产品冷链物流模式的基本思想，目前基于供应链管理的农产品冷链物流的主要运作模式有以下几种。

（一）以大型加工企业为主导的农产品冷链物流模式

农产品加工业是农业产业化发展的核心，是延长农业产业链的关键环节。目前，农产品加工业已成为国民经济发展中总量最大、发展最快、对"三农"带动最大的支柱型产业之一。伴随着农产品加工业的发展，农产品加工企业逐步从分散零乱向园区聚集、从家庭作坊向现代企业转变，加工产品也从低质普通型向优质品牌型转变。农产品加工企业具有较强的市场力量，以其为中心能够保证生产活动的稳定性，并对带动农业结构的调整、提高农民组织化、促进产品质量提高、吸纳劳动力、提高农业生产经营效率、促进农民增收等具有重要的推动作用。因此，农产品加工企业可以作为冷链物流里的核心企业去运作与管理农产品供应链。

在该模式中，大型农产品加工企业作为核心企业，根据自身的资源通过自检或联合建社区专卖店或直接进入超市，控制销售终端，组织农产品冷链物流，如图2-2所示。

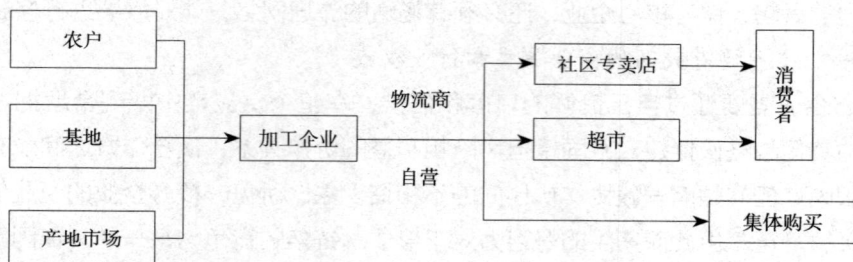

图2-2 以大型加工企业为主导的农产品冷链物流模式

（二）以大型农产品批发市场运营商为主导的农产品冷链物流模式

我国的农产品批发市场在改革开放后发生很大的变革，得到很大的发展，许多农产品批发市场进行运作制度改革，实行企业化运作。批发市场实现企业化运作，现代企业制度可以得到很好的运用，有利于批发市场成为自我发展、自负盈亏、自我经

营、自我约束的现代化产权组织。例如，改革原有的批发市场管理机构，建立现代化
的经营组织管理机构，遵循投资者和经营者相分离的原则，采取董事会领导下的中心
批发市场有限公司的形式进行经营。对农产品批发市场内部进行规范化管理的同时，
制定一系列规则，包括市场领导体制、内部管理体制、交易准则、信息工作规则、结
算规则等。在发展企业化的同时，很多批发市场运营商积极尝试走品牌经营的路子，
根据自身特点选择目标市场，进行市场定位，重新细分市场。在经营理念和服务方式
上实行差别化竞争，形成各自特色，重视品牌建设，运用先进的市场营销手段，树立
强劲的市场品牌，用良好的形象吸引顾客。

　　总之，经过多年的发展，成熟、规范的批发市场运营商在农产品流通中起到了重
要作用，能承担起冷链物流中核心企业的角色。他们不断进行制度创新、管理创新和
营销创新等，从而为批发市场的新发展找到很好的思路。

　　在该模式中，农产品供应链的核心企业由大型农产品批发市场运营商来担任，由
其来组织、控制、管理整个冷链物流的运作。大型农产品批发市场运营商通过向前一
体化将农产品的生产、集散、批发环节连接起来，通过向后一体化将农产品的分销和
零售环节连接起来，形成农产品的生产、收购、加工、销售、储存保鲜、配送以及提
供市场信息等一体化的冷链物流模式，即由农户或生产基地、批发市场运营商、零售
商和消费者共同组成的供应链，如图 2-3 所示。

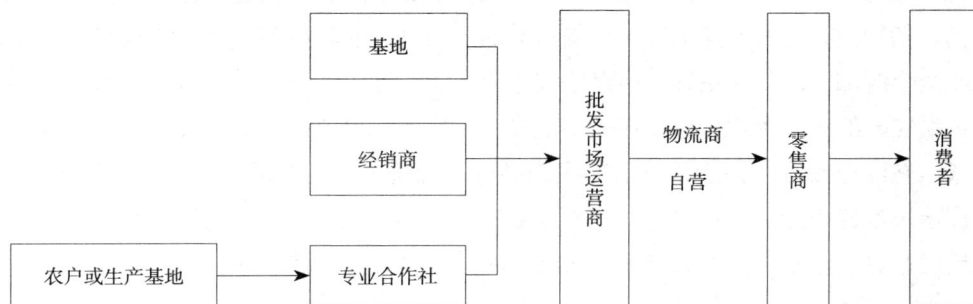

图 2-3　以大型农产品批发市场运营商为主导的农产品冷链物流模式

　　在这种模式中，批发市场一方面是供应链的信息交换中心，来自下游的需求信
息通过不同渠道被传递到批发市场，经过批发市场的处理后，分解的需求信息被发送
给上游的供应商。以此类推，从相反方向传递而来的信息从上游企业传递给中游的批
发市场，经过批发市场处理后，再反馈给下游的企业。另一方面，批发市场又作为农
产品供应链上的物流集散调度中心，向供应商发出的农产品需求指令，如销售商发出

供货指令，以保证各个节点都能在正确的时间，得到确切品种和数量的农产品，不会形成缺货或库存积压，把对冷链物流总成本的影响降到最低程度。在农产品批发市场中，消费者需求拉动着整个市场的增长，运营商基于市场占有和利润的考虑，会从服务改进方面不断拓展，丰富服务的相关功能，建成综合一体化的物流服务体系，在该体系中，农产品批发、仓储、冷藏、分拣、加工、包装、配送作为一个整体进行运营。作为冷链物流中的核心企业对整个供应链进行管理，建立起风险与收益共同处理的合作机制。

（三）以连锁超市为主导的农产品冷链物流模式

伴随着现代化生活节奏的加快、生活消费水平的提高，以及对农产品安全的关注程度上升，消费者越来越多地通过超市购买各类农产品。超市以其商品标准化、加工化和包装化经营所具有的优势在生鲜农产品流通中受到越来越广泛的重视。在国内各大城市，生鲜农产品亦广泛地进入大型超市的生鲜区，从而促进了以连锁超市为主导的农产品冷链物流的产生。农产品不同于其他商品，其易腐性的特点对时效性、安全性提出了更高的要求。要求农产品冷链物流能保证农产品以最短时间到达消费者手中，保证农产品在流通中的质量安全，降低农产品流通中的损失，而以连锁超市为主导的农产品冷链物流模式能实现上述要求。因为，连锁超市具有比较雄厚的资金实力、良好的品牌和信誉优势、比较完善的物流配送系统、较高的信息化程度、较强的市场开拓能力、良好的购物环境、交货准时、较好的便利性等优势，能吸引供应链其他成员企业加入以其为主导的冷链物流中来。实践证明，以连锁超市为主体的农产品冷藏供应链的流程最短，但运作效率最高，是现代化供应链管理中最先进、最有效的模式。在以连锁超市为运作核心的农产品冷链物流中，连锁超市直接与消费者接触，掌握市场信息也是最为及时的，对市场的反应也因此最为迅速，能够根据消费者的消费反馈意见调整农产品的调度，协调相关农产品供应链的涉入环节，在冷链物流系统中建立可行的互利共赢机制，协调农产品的生产和流通，也可以通过建立自己的物流配送中心来对农产品进行配送，以满足顾客消费需求。在以消费者为主导的市场需求刺激下，中国的农产品供应链正逐渐由批发市场模式向超市模式转变。

在该模式中，连锁超市以市场需求为中心，向农产品流通上游延伸，通过投资兴建基地或与农产品经销商、加工企业联合，与大规模具有稳定货源和基地的农产品生产商建立长期合作关系，并通过自建产品物流配送中心，或者采用第三方物流企业的服务，向超市门店配送生鲜农产品，如图2-4所示。

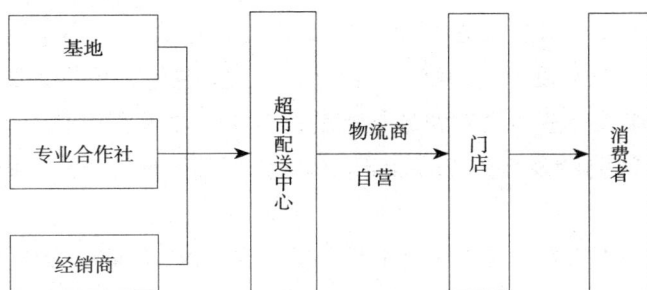

图 2-4　以连锁超市为主导的农产品冷链物流模式

以连锁超市为核心的农产品冷链物流模式对农产品质量具有很好的保障作用，对产品、管理的标准化运作起到很好的促进作用，同时能比较有效地实现店铺库存的良好运作，减少库存损失。由于该模式具有一定的规模优势，对农产品流通效率的提高比较有利，使农产品能够在流通过程中保持低温状态，便于超市品牌的创立，将是农产品冷链物流长期运行的一种主流模式。

（四）农产品冷链物流的农超对接联盟模式

所谓的农超对接，就是把超市和生产者之间的一些低效环节缩减，即超市不经过批发商、经纪人、批发市场等中间环节，直接从农民、农业专业合作社和种植龙头企业等生产者处采购农产品。冷链物流的核心就是要保证食品的安全，基于此，再结合我国当前农村的发展状况和相关政策，把农超对接这种较新的模式应用在冷链物流之中，具有一定的可行性。构建出的模式如图 2-5 所示。

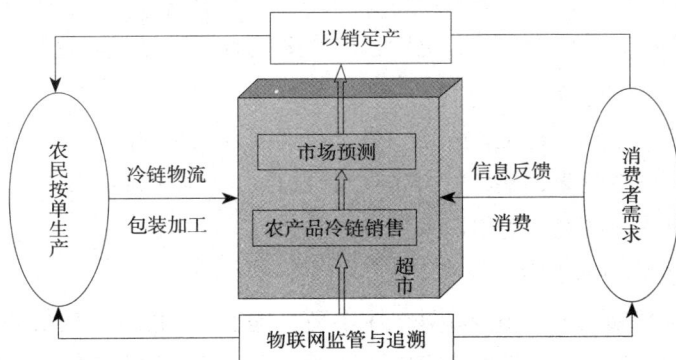

图 2-5　农产品冷链物流的农超对接联盟模式

2008 年，商务部和农业部开始推行农超对接这种新型的运作模式，目的就是保障消费者的食品安全，增加消费者和生产者的利益。在农超对接模式中，超市销售的农产品价格比传统以批发市场为核心的流通模式更为便宜，价格大概低 10%~15%。在 2010 年中国连锁经营协会对农超对接的调查中，加入农超对接的超市的农产品采购价格比传统收购商高 2.75%，而终端销售价格却比传统流通的同类商品平均低 11.57%。

从流通渠道方面来看，农超对接本质上是一种流通主体间的合作关系。而在合作关系中，联盟关系具有很大的优越性。冷链物流的农超对接联盟主要内涵是发展企业的核心业务，提升企业的核心竞争力，同时与其他企业形成战略合作的关系，优势互补，从而使联盟企业的竞争能力增加，获得更大的收益。在每个战略联盟中，都有一个处于主导地位的核心企业，其他企业围绕着核心企业展开战略实施。随着社会生产分工的深化和信息技术的普遍应用，冷链物流实行农超对接联盟的优势不断地显现出来，成为中国冷链物流发展的主流趋势。它既可以降低企业纵向一体化所产生的部门之间的管理费用，又可以使商品流通中的相关费用得到有效的控制，属于一种中间性组织。

在冷链物流的农超对接联盟模式中，通常可以根据当地具体的情况来确定联盟的主体。通常有这几种联盟主体可供选择：

1. 超市合作社

这种对接模式中超市起到核心的作用，分散的农产品可通过超市直接销售到消费者手里，减少了一些不必要的中间环节，整个交易成本得到有利控制，同时农产品的质量也得到很好的保证。如湖北的中百超市，通过与湖北的一些农业生产基地建立合作关系，使这些基地供应农产品，借助超市的影响力进行农产品销售。

2. 超市专业合作联社

这种模式相对于第一种更为先进。由于我国很多地区的合作社还处于规模小、资金少和管理水平低的阶段，把这些合作社联合起来，集中他们的资源，成立专业合作联社，能使冷链物流的农超对接更为顺畅。

3. 超市批发市场合作社

一般采取这种模式的超市规模处于中小型，超市还不能建立自身的基地和配送中心，超市只能和合作社所在地的批发市场建立合作关系，长期采购所需的农产品，减少了中间成本。

4. 联合直采

大型超市和供销合作社之间形成合作关系，共同选择合适的生产基地和农业专业合作社，供销合作社利用自身的管控优势，对农产品的生产和运输质量进行监督和管理，而大型超市只对农产品的销售负责。

5. 超市直营

这种模式中，专业购销合作社在超市里设立农产品的销售柜台，对农产品进行直销。专业购销合作社可以依靠自身的实力选择认可的生产基地生产存在市场潜力的农产品，根据市场需求的变化进行农产品的采摘，由农民直接送到购销合作社的配货中心，配货中心再及时有效地配送到超市的直营柜台。

（五）我国农产品冷链物流创新模式——农产品冷链物流一体化

根据我国农产品冷链物流的市场状况分析，以及我国现阶段食品安全问题频发的现状，提出一种新型的模式——实施以物联网为基础的多方联动的农产品冷链物流一体化。

1. 以物联网为基础

依托网络通信、系统集成及数据库应用等技术，以 RFID 为信息载体，建立一套信息化系统，实现从原材料的获取（果蔬的采摘、收获，牲畜的屠宰等）、收获后的预冷、生产加工、包装、运输到销售一直到终端消费的每个环节进行全程记录，保证生产、加工、销售全过程的每一个参与者都可以向上游或下游追溯查询。同时，检测和监管部门等可以借助这个平台实现对整个农产品冷链各个环节的有效监控，并及时准确地进行数据记录和统计。

消费者也能够利用这个系统对购买的农产品信息进行全程追溯。

2. 多方联动：政府为核心，企业为主体，农户为根本

以政府为核心，以物联网为基础，建立省、市、县三级上下贯通的通信平台，实现数据交换和信息共享，优化配置冷链物流资源，为建立冷链物流产品监控和追溯系统奠定基础。提高政府监管部门的冷链信息采集和处理能力，完善相关法律法规，提高行业监管和质量保证水平。

对自主建立冷链基础设施，引进物联网技术的大型企业提供政策和技术支持。选择一些优秀的中小企业进行资金帮扶、技术支持和政策鼓励，建立一批示范企业。

鼓励农户和企业在种植前签订标准化的收购合同，同时企业要派技术顾问对农户进行定期的田间检查和技术指导。收获时按照合同标准，合格产品直销大型超市，不符合标准（如农药残留超标）的将会遭到拒收。这样既可以保证企业保质保量地收购农产品，也可以保证农产品的销路畅通。

三、我国农产品冷链物流模式发展趋势

为了使冷链基础设施更为健全，农产品冷链物流发展更加规范、更具规模，国家陆续出台相关政策助推冷链物流产业新发展，各地也先后出台相关政策加速当地冷链物流发展。从产业层面看，果蔬、肉类、水产品等需要冷链物流服务的相关产业在迅速增长，规模化趋势明显，冷链物流需求激增；从资本层面来看，越来越多的产业基金项目相继成立，外部资本进入冷链市场，积极推动冷链物流特别是第三方冷链物流市场的整合。在此基础上，冷链物流企业数量增加，冷链市场不断扩大，我国农产品冷链物流模式呈现出规范化、网络化、智能化的发展趋势，新零售也在这种线上服务、线下体验以及现代物流的深度融合中产生和发展起来。

（一）规范化

由于农产品冷链物流的发展直接关系到消费者的食品安全问题，国家更是相继出台系列关于促进冷链物流发展的法律法规，使得企业在追逐经济效益的同时，必须关注与社会效益、生态效益等的统一。通过加大对冷藏运输设备的投入，加快对冷链运输技术的研发，弥补软硬件设施上的不足，保证运输过程中农产品的品质，提升冷链物流运作效率，形成从产地采摘到销售终端的全程保持低温状态的完整链条，在一定区域或范围内，集中分散而同质的客户，形成规模优势，提高运营效率，逐步实现自营和第三方冷链物流的规模发展，达到真正意义上迈入正轨。

（二）网络化

物流企业降本增效、转型升级需要健全的网络。在农产品冷链物流模式中，特别是互用冷链物流模式，企业间在分工合作和共同配合的过程中，往往会出现信息不对称现象，构建网络化体系就成了必然趋势，这能够极大便利生产、流通和消费。通过信息网络平台，为客户提供全程化透明的监管服务，实现物流企业各部门之间信息数据的交换与共享；通过质量追溯网络平台，为消费者提供安全放心的农产品，管理产品信息，控制全程质量；通过产业网络合作平台，冷链物流企业之间可以实现信息与资源的共享，进行深度沟通与合作。最终实现政府相关部门、物流行业及冷链物流企业对农产品冷链物流活动的检测、控制和监督。

（三）智能化

智能农产品冷链是指在农产品冷链物流过程中运用物联网的标识、识别、传输、应用技术，使在特定温度条件下的农产品标识更智能、农产品交易更智能、农产品支持更智能、农产品"物配"更智能、农产品交易环境更智能、农产品消费更智能、农

产品再生资源回收更智能。有机食品、绿色食品、无公害食品、地理标志产品带动农产品使用电子标签，增强产品的技术含量；现金、现场、现货基础上的电子交易，如网上农店、"电子菜箱"，使交易更加智能化；智能交易方式，如网上支付、移动支付、线下支付等，提高了结算的速度；多种技术应用在农产品冷链物流过程，尤其是物联网技术，不仅被应用于智能冷库管理，而且被应用于交易环境过程中；更有一些农产品可以在智能商店、智能餐厅消费。

我国目前的农产品冷链物流模式以企业自营和外包第三方为主，自营冷链物流的比重开始下降，第三方冷链物流的比重逐步上升，越来越重视冷链物流的专业性和规模化，其他冷链物流模式蓬勃向上，企业联盟模式尤其是供应链联盟模式将得到更多的发展。

四、我国农产品冷链物流模式选择

农产品主要包括果蔬等初级农产品、水产品、肉类和乳制品这几大种类，企业在考虑自身冷链物流能力、对企业的重要性以及竞争优势的同时，也需要基于农产品的性质、种类特点等，来选择适合该农产品的冷链物流模式。

（一）果蔬的冷链物流模式

我国是农业大国，果蔬产业作为农村经济支柱产业，生产总值占据第二、第三位。近年来，我国果蔬产业更是发展迅速，2016年水果产量2.83亿吨，蔬菜产量约为80005万吨，均居世界前列。但是，由于果蔬的易腐性和易损性、采摘后寿命短，产业基础薄弱、设施落后，农民组织化程度低，如果在流通过程中加工处理不及时不到位，果蔬就很容易衰老或者变质，造成严重腐损，优质率低。这就要求果蔬从采摘后到销售末端的各个环节始终处于低温状态，以形成一条完整的冷链，即田间采摘—产地预冷—分选清洗—杀菌消毒—分级包装—冷藏运输—冷藏批发—超市冷柜—最终消费者，使得其损耗率仅为1%~2%，如图2-6所示。

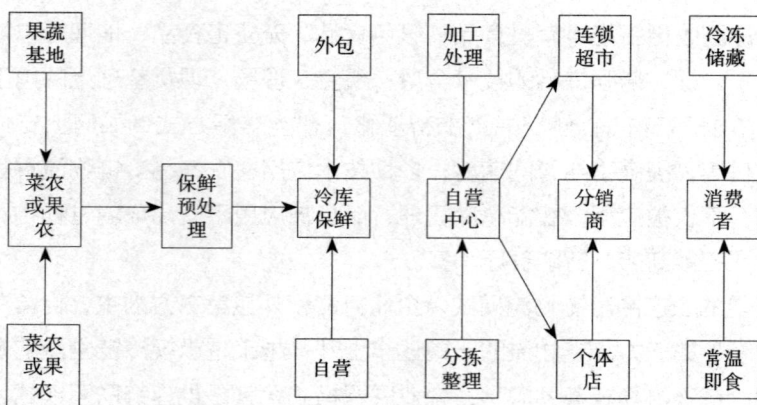

图 2-6　果蔬的冷链物流模式

我国果蔬等初级农产品的产地主要分布在远离城区的农村地区，广大农户作为生产者和供应商，往往地域分散、规模较小，主要目的是卖出产品、获取收益，并不关心冷链物流程度，更别说自建冷链系统，所以不可能采用自营冷链物流模式，大部分比较适合外包冷链物流模式，委托给专业第三方冷链物流企业处理，小部分可以通过农超对接的方式进行自营物流配送。

（二）水产品的冷链物流模式

从长期来看，我国水产品消费一直处于稳步上升阶段，产地集中分布在沿海一带，除了藻类以外的水产品都具有易腐性和鲜味性的特征，这就要求在运输过程中必须做好保温措施。

冷链水产品由于具有季节性与周期性，需要在物流中保持快速运转，必须加强建设水产品冷链物流中心，推进构建水产品冷链物流体系，其中必不可少的设施是水产品冷库。水产品冷链物流中心主要集中分配配送水产品，有着功能齐全的冷链物流运作设施：水产品养殖基地、渔货市场、深层加工厂、水产物流中心、码头渔港补给设备、海洋研发中心、住宅区等。目前，多数冷冻冷藏食品、水产品加工企业和屠宰厂为了保持供应、生产与销售环节的平衡，都各自建立了自己的冷库，如图 2-7 所示。

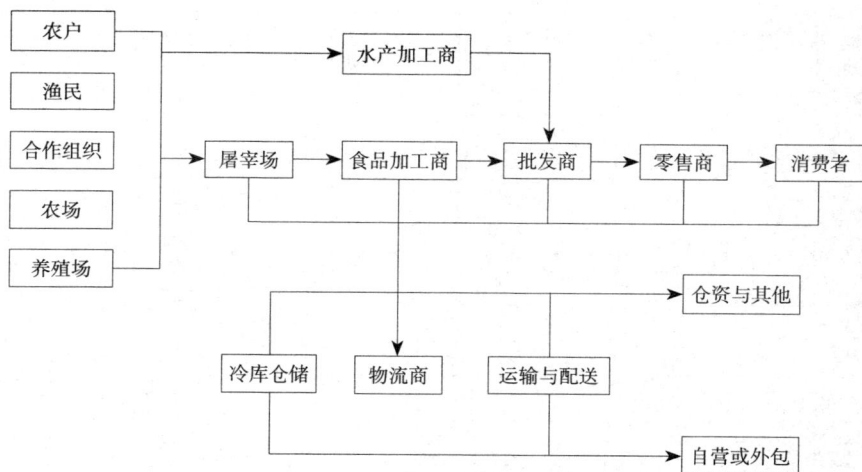

图 2-7　水产品的冷链物流模式

　　当前，我国更多的水产品冷链是由集团进行配置或者企业独自配置的，表现出构建的初步性、片段性、分散性特点，水产品企业可以选择自营冷链物流模式或者互用冷链物流模式，降低流通环节产品的腐败损失率，保证水产品的品质。

（三）肉类及乳制品的冷链物流模式

　　肉类市场上主要有热鲜肉、冷冻肉和冷却肉。热鲜肉未经处理，卫生方面很难符合要求；冷冻肉在卫生健康方面达标了，却不是原来的味道了；相比之下，安全卫生、方便切割、肉嫩味美的冷却肉将成为人们主要的肉类消费对象。在保证全程低温的条件下，冷却肉严格要求每个环节，屠宰后经过充分冷却、排酸处理、分割剔骨、包装冷藏、运输配送、验收保鲜、商品包装直到陈列销售[①]。

　　乳制品冷链物流是各个环节都处于适宜的低温环境下，以鲜奶和酸奶为代表的乳制品经过基地采购、生产加工、包装储存、运输配送、销售直到消费等环节，要求防止乳制品变质和污染，保证乳制品的质量安全。在乳制品冷链物流运作过程中，物流可以外包，也可以自营，在供应链管理上，通过上游加工企业全程监控与分散农户小规模生产的合作经营，下游全程监控运输配送，乳制品冷链物流的温度与时间管理水平得到有效的提高，如图 2-8 所示。

---

① 　孙小婷 . 中国冷链物流模式选择与发展对策研究 [D]. 哈尔滨：东北农业大学，2011.

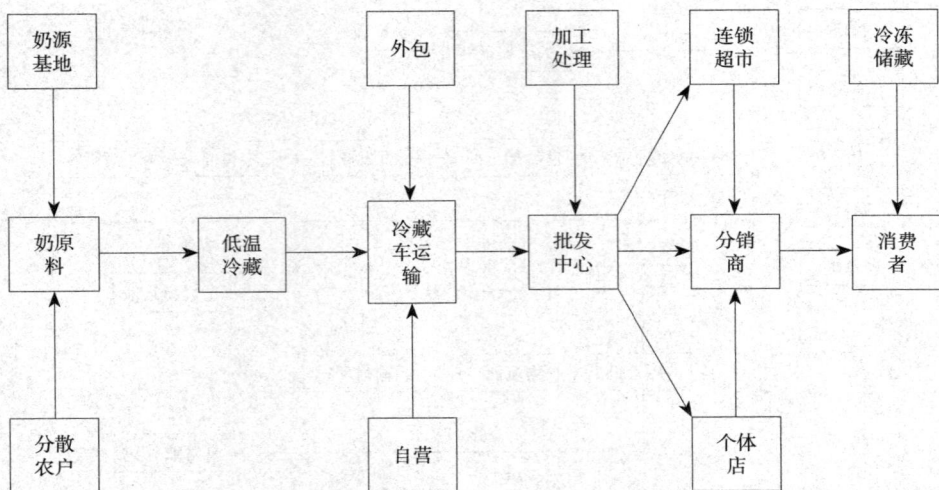

图 2-8　乳制品的冷链物流模式

肉类和乳制品对冷链技术的要求都比较高，冷链服务直接影响产品品质，已有一些规模大、实力强的生产加工型企业，比如光明乳业，通过自营冷链物流模式来满足自身对产品的冷链需求，具备相对完整的冷链系统和产业链条，而对于条件一般的生产加工型企业，由于同样把冷链物流放在企业发展战略的重要位置上，通常会选择互用冷链物流模式，与第三方冷链物流企业结成联盟，从而提高企业效率。

第三章 冷链物流大数据中心设计与构建

第一节 构建冷链物流大数据的需求分析

一、冷链物流大数据构建背景

（一）我国冷链物流市场的基本情况

近年来，生鲜电商的普及率迅速上升，以天猫生鲜、顺丰优选、京东物流等为代表的冷链和仓储供应链系统趋于完善，消费者对生鲜食品的网购习惯开始逐渐养成，渗透率也在不断提升。生鲜食品和农产品在冷链中占绝大部分，医药和化工类占比较小。根据艾瑞咨询公司发布的《2018 年中国生鲜电商行业消费洞察报告》，2017 年我国的生鲜电商交易额约 1391.3 亿元，同比去年实现 59.7% 以上的增幅，远远快于电子商务产业的平均发展增速，预计 2020 年将超过 3000 亿元，其中冷链部分占比约 30%，规模将超过 1000 亿元。

从经济层面上分析，冷链市场已经爆发。据中国物流与采购联合会冷链物流专业委员会（物联冷链委）曾预测，2018 年我国冷链物流需求总量将达到 1.8 亿吨，比上年增长 3300 万吨，同比增长 22.1%。冷链物流市场规模达到 3035 亿元，比上年增长 485 亿元，同比增幅 19%。冷链物流企业在面临巨大的发展机遇的同时，受制于居高不下的仓储和运输成本，发展一直很迟缓。冷链仓库的建设需要高投入，后续运营成本也难以降低。第一物流网统计数据显示：建设一座中型冷库成本至少 2000 万元，每平方米冷库月耗电至少 20 元；冷链物流成本相比普通物流高出 40%~60%。冷链是生鲜电商的核心竞争力，但高额的投入成本导致盈利空间几乎为零。第一物流网在 2014 年对全国 4000 多家生鲜电商进行综合调查后发现，99% 的商家都处于亏损的困境。

国家发改委在第十届中国冷链产业年会上指出：超过九成的冷链物流运输尚未配

备定位、温度监控等信息化设备，仓储管理、运输管理、订单管理等信息化系统尚未大范围普及，冷链物流企业缺乏覆盖冷链物流全过程的信息化监控手段，存在着大量"断链"的隐患。由于技术装备的限制，冷链物流的"最后一公里"问题未能得到有效解决，以"冰袋和塑料泡沫箱"为代表的传统手段仍然占据着主流。

近年来我国冷链物流行业的发展开始加快。企业已经深刻认识到对于非冷链运输带来的损耗，不仅会导致成本提升，而且在严重时导致运送货品质量问题。伴随仓储和运输等基础设施的进一步完善，冷链物流得以快速发展。通过对冷链市场成熟的国家进行分析，当人均GDP超过4000美元时，冷链物流行业开始爆发并进入快速增长期，然而我国人均GDP在2013年就已超过6000美元大关。从2008年至2014年，我国拥有的冷库储存容量复合增长率为35%，在2015年冷链市场规模起过1583亿元，这一数值将持续上升，并在2020年达到3479亿元，复合增长率为17.1%。

冷链的商业模式已经越来越明显，市场格局在一定程度上开始定型。中国物流与采购联合会冷链委员会的研究报告指出，目前我国冷链服务提供商共有六种运营模式，包括运输型、仓储型、分级配送型、综合型、交易型和供应链型。冷链市场主要竞争者来自转型后的传统物流企业，也有企业自营的冷链运输部门或者下级公司，最有竞争实力的是专业级冷链服务商，以及国外冷链巨头与国内企业合作成立的合资企业。

导致冷链运营成本居高不下的原因有四方面，分别是预冷环节缺失、经营分散、运输网络落后，以及缺乏有效信息管理系统。目前国内冷链物流的利润率仅为8%，而发达国家的这一数字介于20%和30%，因此我国的冷链市场具有很大发展空间。没有经过预冷环节的果蔬在市场流通时的损失率超过25%，极大地抬高了冷链成本；分散经营提高了冷库空置率，进一步抬高冷链成本；由于运输网络不发达，各地的物流集散中心没有合理地布局，高额的运输成本更是抬高冷链成本。此外，我国物流企业普遍缺乏先进的管理信息系统，难以实现库存数据和销售数据的预警，企业采购时缺少参考数据，加大了仓储成本和保存期损耗。

（二）冷链物流的运营情况分析

冷链物流的运营包含贯穿上游、中间环节和下游的多个相互关联且相互制约环节。在具备普通物流共性的基础上，冷链物流增加了其自身独有的特殊性，形成完整的冷冻冷藏链，从而能够有效地控制从起始点到消费点的货物质量和工作效率，最终形成经济发展中不可缺少的冷链物流产业链。

冷链物流的环节除了供应环节外，还包括冷冻加工、冷冻储藏、冷藏运输和冷藏销售四部分，各部分的相互关联如图 3-1 所示。

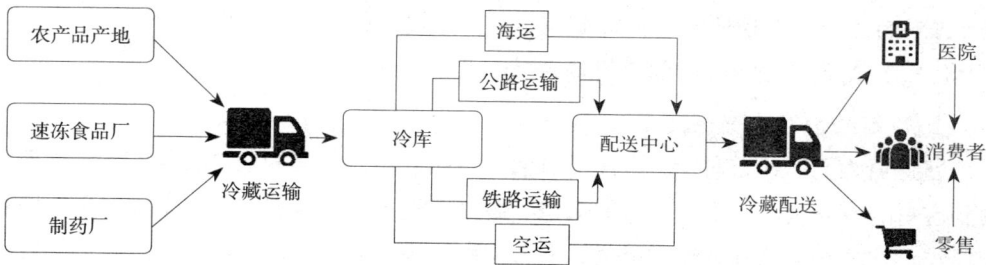

图 3-1 冷链物流各环节的关系

1.冷冻加工

该环节包括肉禽类、鱼类和蛋类的冷却与冷冻，以及在低温状态下的加工作业过程，也包括蔬菜的预冷、各种速冻食物和奶制品的低温加工等。在这个环节上主要涉及冷链装备室冷却、冻结装置和速冻装置。

2.冷冻储藏

该环节包括食品的冷却储藏和冻结储藏，以及水果、蔬菜等食品的气调储藏。它保证食品在储藏和加工过程中的低温环境。在此环节主要涉及各类冷藏库、加工间、冷藏柜、冷冻柜及家用冰箱等。

3.冷藏运输

该环节包括食品的短、中、长途运输及配送等。涉及铁路冷藏车、冷藏汽车、冷藏船、冷藏集装箱等低温运输工具。在冷藏运输过程中，温度波动是引起食品品质下降的主要原因之一，所以运输工具应具有良好的性能，远途运输尤其重要。

4.冷冻销售

该环节包括各种冷链食品进入批发零售环节的冷冻冷藏和销售，它由生产厂家、批发商和零售商共同完成。随着大中城市各类连锁超市的快速发展，各类连锁超市正在成为冷链食品的主要销售渠道，在这些零售终端，大量使用了冷藏、冷冻陈列柜和储藏库，成为完整的食品冷链中不可或缺的重要环节。

在运营环节上，虽然部分畜禽、水产品、牛奶、生鲜果蔬等易腐产品纷纷实现了低温环境加工运输，但是冷链销售比率很低，且连续化程度低，经常出现断链、解冻、反复冷冻的现象。很大一部分的食品没有在冷链环境销售，大量的肉类、牛奶、豆制品、蔬菜、水果还以城镇农贸市场上"一辆菜车，一杆秤""一个肉案，一把刀"的传统模式销售，很大一部分生鲜食品在流通过程中腐烂变质，使得整个流通中农产品损耗高，物流成本居高不下，导致物流成本约占到食品总成本的 70% 以上，远远高于国际标准。而按照国际标准物流成本应占到食品总成本的 50% 以下。

（三）我国冷链物流现存问题分析

1.冷链物流观念尚未建立

普通百姓仍然缺乏对于冷链产品价值的认知，使得严格的冷链服务不能在市场中得到应有的价值认可；中国特色的消费习惯并不支持冷链发展；恶性市场竞争环境对规范经营造成伤害的问题没有解决；地方保护、利益分割、执法和监督不力等问题造成的物流企业效率低、成本上升等问题，还没有得到有效解决。

冷链物流在我国发展缓慢，缘于需求者缺乏低温物流意识。这是由我国经济发展的状况和国情决定的，我国人口基数大，经济发展相对落后，而且地方发展不均衡，而冷链物流的成本较高，大多数人不能接受或适应这种运输方式，甚至认为是一种资源浪费。这是由于低温食品产业在我国刚刚兴起，加上一些需要进行低温物流的产品大多是农业产品，而在我国传统的观念里需要低温储藏的只有冰激凌、酸奶、雪糕之类的冷饮食品。由于缺乏低温储藏的意识和基础设施条件，造成我国大多需要进行低温处理的产品从生产加工的源头就没有进行低温处理，此外，低温物流的成本较高，大多数人为了节约眼前的成本，使整个供应链上都缺乏低温处理，结果适得其反，在我国物流也被定位为"昂贵、耗损惊人，无利可图、容易造成食物中毒"的形象。此外，由于冷链物流在我国刚刚起步，商品流通环节的各企业及人员对低温物流认识不足，且关于冷链物流的理论研究及供应管理的思想落后于物流发展现状，加上供应链企业低温处理设备普遍都比较陈旧、落后。冷藏设备缺乏、专业知识及专业人才不足、冷链物流观念在我国尚未建立使得低温物流的发展受到严重阻碍。

2.基础设施设备不足

目前，我国 85% 左右的水果、蔬菜、禽肉、水产品、牛奶和豆制品是在没有冷链保证的情况下用普通卡车运输的，运输这些易腐食品时大多在上面盖一块帆布或塑料布，有时棉被还成了最好的保温材料。

造成这种情况的一个原因是冷链成本高，另一个直接原因是目前中国冷链设施和冷链装备严重不足，不能满足冷链物流发展的需求。我国原有设施设备陈旧，发展和分布不均衡，无法为易腐食品流通系统提供低温保障。

（1）汽车冷藏车辆

目前中国的保温冷藏车辆约有 4 万辆，而美国的保温冷藏车约有 30 万辆、日本的冷藏车保有量约有 17 万辆，而这些发达国家的人口基数远小于我国。冷藏保温汽车占货运汽车的比例仅为 0.3% 左右，这一比例仅是发达国家的 10% 左右。国内冷藏车市场非常不乐观，冷藏车行业自在我国发展以来，基本没有经历过大幅度的增长，目前国内冷藏车的年需求量在 8000 多台，其中一半是保温车，真正配备制冷机的车辆不足 5000 台，技术水平也没有得到根本性改变，目前仍以欧洲技术为主，对于一个发展中的农业大国，冷藏车数量不足无疑成为冷链物流发展的瓶颈和制约因素。

（2）铁路冷藏车辆

据《中国交通年鉴》提供的一组数据显示，截至 2010 年底，铁路冷藏车有 7492 辆，占运行车辆的 1.34%；我国铁路冷藏运输量仅占易腐货物运输量的 25%，不到铁路运输总量的 1%；而这些多为国外淘汰的机械式速冻车辆和加冰冷藏车。规范的保温式的保鲜冷藏车缺乏。国务院出台《研究部署进一步促进蔬菜生产保障市场供应和价格基本稳定的政策措施》，强调加快实施《农产品冷链物流发展规划》，加强产地蔬菜预冷设施、批发市场冷藏设施、大城市蔬菜低温配送中心建设，并且明确指出"加强产销地铁路专用线、铁路冷藏运输车辆及场站设施建设，促进大批量、长距离蔬菜的铁路运输"。国家的强力支持及扶持使中国的冷链物流产业将得到很大的提升。

（3）冷库容量

目前中国冷库总容量不足 1000 多万立方米，大多以 20 世纪六七十年代建造的仓储型冷库为主，很难满足现代城市配送的要求。很多冷库只限于肉类、鱼类的冷冻储藏。因为冷冻保鲜能力不足，农民种的菜无法预冷，无法运到更远的地方，产地市场趋于饱和，价格上不去，暂时卖不出去无法储藏，遇到雨天卖不了就烂掉了。造成价格的季节性波动，引起"菜贱伤农，果贱伤农"的现象。农产品价格的剧烈波动已成为各方关注的焦点，我国冷藏库容量近年来增长较快，但与发达国家相比，仍有很大的差距，按冷库冷藏容量，原国有企业的占总容量的 2/3，以大中型冷库为主，库龄多在 30 年左右。我国的各类冷藏库，不论规模大小或功能如何，以往均按土建工程的模式建造，到目前这种模式仍占主导地位，这种建筑结构不合理，不适用现代冷链运作模式，必须进行冷库资源的整合改建与新冷库的建设。制约我国冷库建设最根本的原因在于标准陈旧，我国冷库建设标准仍旧停留在过去国有冷库建设阶段，原有标准和现有需求之间存在一定冲突，没有跟上冷库现有的发展步伐。冷库建设成本很高，从上述情况来看，中国目前的冷链设施和冷链装备不足，原有设施设备陈旧，发展和分布不均衡，无法为易腐食品流通系统地提供低温保障。由此产生两个直接后果，一是易腐食品特别是初级农产品的大量损耗，二是食品安全方面存在巨大隐患。

3. 冷冻食品生产没有统一的行业标准和规范

随冷鲜食品消费需求市场的不断扩大，以及大量物流企业纷纷加速进入，给冷链物流业的发展带来了很大机遇。虽然目前社会对于冷链物流行业关注度较高，但各方面大多数还停留在宏观的表面层面，仍然没有落实到具体产品的标准制定。冷链物流是以保证易腐食品品质为目的，以保持低温环境为核心要求的供应链系统，所以它比一般常温物流系统的要求更高，更复杂，是个庞大的系统，各环节都需要有统一的规范和标准来引导，这就要求尽快制定冷链物流行业相关的规范与标准。目前我国冷链物流行业标准缺失，没有国家或行业的专项明细标准，只有一些大型的食品生产加工企业自己制定了一些标准，然而在监管上仍有空白。众多企业亟待"国家标准"的出台。目前针对冷链物流行业的标准制定问题，农业农村部、商务部等各部委相关法规中均有体现，但并没有形成体系。从而造成了一些技术参数有矛盾、重合的现象。没有统一的行业标准和规范可遵循，虽然近几年相继颁布了《冷冻食品的包装、标志、运输和储存》《易腐食品机动车辆冷藏运输要求》，并且都是对行业影响巨大的导向性文件和政策，尤其是最近颁布的《农产品冷链物流发展规划》，但具体的执行标准和硬性文件法规还有不少空白和漏洞，这是一个基础薄弱行业起步一定会遇到的问题，而随着时间和经验的累积，相信会逐渐完善。

4. 人力资源匮乏

我国食品行业的飞速发展促使冷链物流行业迅速发展起来，但行业快速发展和现有人才培养出现脱节，"无人可用"是很多冷链物流企业人的心声，培养专业化的冷链物流人才成为众人所盼。冷库涉及一些化学知识，如氟制冷、氨制冷。因此，冷链物流人才必须具备一定的化学常识。再者，冷库里有压缩机等设备，因此还需要有一定的电学常识。关于制冷机的结构、工艺、原理等专业知识是冷链物流人才必须要掌握的。冷链物流人才稀缺，目前为止没有专门培养冷链物流人才的学校，很多院校设置的多是制冷暖通和物流专业，范围比较广，没有细化，更没有专门的冷链物流专业学科，且一些理论知识都是 20 世纪 90 年代的内容，时代性并不强。冷链物流企业的人才成长模式大多是"师傅带徒弟"，很多企业的很多员工都是边学边实践的。

5. 第三方冷链物流企业发展滞后

在我国尚没有一家专业的全国性的第三方低温物流公司，现有冷链物流企业大多数是中小企业，实力较弱，经营规模较小，没有统一的服务标准。具备一定规模和资源整合能力、行业推动能力的大型冷链物流企业很少且处于起步的初级阶段，很多服务模式不规范。大多数低温产品的生产商、运输商、仓储商、销售商规模普遍较小，技术设备落后，不具备速冻条件，且产品品种门类少严重影响了速冻食品技术装备的发展和质量的提高。就水产速冻食品而言，供货企业集团仅三四家下属企业且技术力量分散、劳动生产率低、缺乏品牌意识，产品多以中、低档为主。

我国易腐食品除了外贸出口的部分以外，大部分在国内流通的易腐生鲜食品的物流配送业务都是由生产商和经销商完成的，第三方食品冷链物流企业发展非常滞后，而且第三方物流服务水平远不能满足客户需求，缺乏具有一定规模及有影响力的、全国性的、综合性的、设施优良、技术水平先进、服务规范的第三方冷藏物流公司。目前大多数的冷藏物流供应商只能提供冷藏运输服务，而冷藏运输和冷链物流存在很大的差别，冷藏运输并非真正意义上的冷藏物流服务。和普通的第三方物流相比较，冷藏物流除了要考虑服务价格和分销渠道控制因素以外，生产商更多地要考虑控制产品和服务的质量。然而，国内现在很少有供应商能够保证对整个供应链的温度控制，这就使得国内大多数冷藏食品的生产厂家无法把整个冷藏物流业务外包，只能是自营冷藏物流，即使外包，也是将区域性部分配送和短途冷藏运输外包。这在很大程度上也阻碍了第三方冷藏物流的发展。现在许多积极进入冷链市场的企业无法在国内销售上得到第三方冷藏物流的支持，结果造成了冷藏食品的区域性过剩。大大挫伤了这些生产商的积极性，影响了市场的健康发展。同时，服务网络和信息系统不够健全，大大影响了食品物流的在途质量、准确性和及时性。

6.冷链物流体系上下游缺乏整体规划和整合

由于中国农业的产业化程度和产供销一体化水平不高，从农业的初级产品来看。虽然产销量巨大。但在初级农产品和易腐食品供应链上，既缺乏综合性专业人才，也缺乏供应链上下游之间的整体规划与协调，因此在局部发展中存在失衡和无法配套的现象，整体发展规划的欠缺影响了冷链的资源整合以及行业的发展。上下游整合冷链物流的服务体系尚未完全建立。

7.信息化水平低

国内冷链物流企业信息化程度偏低主要是受到冷链发展阶段的影响，企业仍处在硬件投入阶段，信息化意识不强，缺乏对于信息化建设的统一规划。信息化建设一定要有统一的规划，统一的标准，建立统一的平台，只有如此才能做到透明化、可视化。

二、构建冷链物流大数据的重点需求

（一）服务对象和质量要求

冷链物流大数据中心所服务的对象是我国范围内与冷链物流运输有关的企业和

个人，其中包含电商销售者、冷链物流公司、消费者等。数据来源通过 RFID、条形码、电子标签、GPS 或者北斗卫星等技术对货物状态进行监测，是将传统的线下数据实现信息化，将整条冷链各个环节涉及的人员、车辆、货物、仓库、订单等相关信息数字化，赋予冷链物流数据高速流动的能力，为上层业务管理系统提供数据支撑。以冷链监测为重点，实现货物全程数据的可追溯，冷链物流大数据中心可为多级承运商提供数据采集、存储、备份和查询服务，结合高级数据分析功能实现可视化精细管理与质量控制。数据已经成为企业的重要资源和生产要素，通过信息技术转化为生产力，最终体现"信息是核心"的本质。

（二）大数据中心的功能定位

冷链物流大数据中心是客户关系管理、运营管理系统、数据分析、数据挖掘等高级应用的基础架构，负责提供大数据的基础功能，管理整个平台的软硬件资源和数据资产，并为业务应用提供数据交换服务和开发接口。因此在构建大数据中心时，需要从服务系统架构层面出发，充分考虑平台的这些重点需求，以及为了满足这些需求应具备的能力。冷链物流大数据中心在生产运营中的定位，如图 3-2 所示。

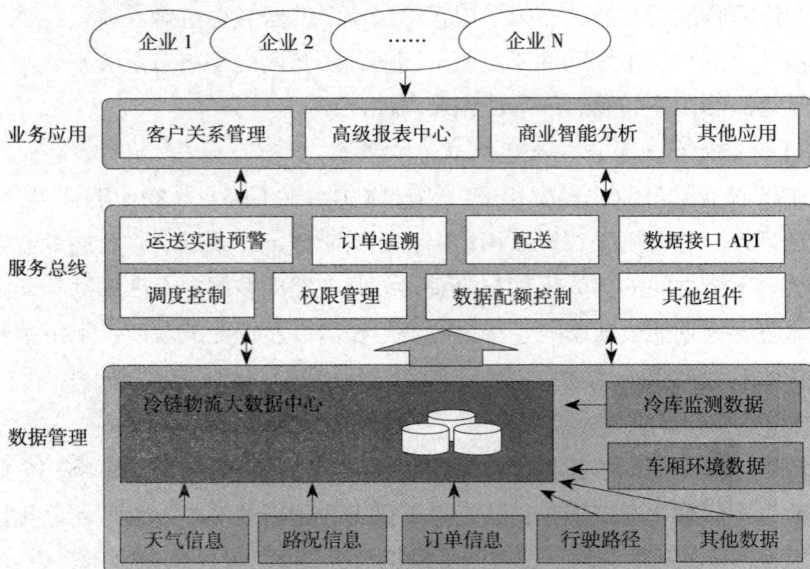

图 3-2　冷链物流大数据中心在生产运营中的定位

大数据的基础功能包含数据采集、数据存储运算和数据交互。冷链物流数据采集需包括来自订单、传感器、GPS 等基础数据、来自客户操作的二次解析数据以及来自外部的第三方数据。数据存储运算功能可根据数据类型及应用采用不同类型的数据库技术实现对不同价值、规模、时效性的数据差异化存储和运算。数据交互功能是实现不同形式的数据存储之间的数据交互。

无论大数据中心服务哪一个行业，都需要对平台的软件和硬件资源统一管理，包括诸如资源管理、负载管理、配额管理以及调度管理等。通过平台的管理工具，系统管理员可以根据企业用户平台资源和功能申请进行资源分配、监控、动态调整以及资源开销核算。

数据资产管理包括冷链物流数据质量管理和安全管理，提供跨租户、跨时间、跨平台、跨任务的数据质量监控与管理。数据安全管理对大数据平台的使用者进行相关的账号授权、鉴权等设置。

为了给上层业务系统提供高效、安全、规范的应用开发和数据调用接口，冷链物流大数据平台需要具有应用开放能力。通过开发者管理门户实现注册认证、资源申请、数据申请、开发上线功能的管理。统一调度平台需集成图形化的开发界面，通过统一封装的函数库提供类 SQL 的开发语言，以屏蔽底层差异性，降低业务人员的开发门槛，实现快速的业务开发。

三、冷链物流大数据的来源与质量要求

冷链配送是冷链物流过程中的一个十分重要的环节，运输过程中对货品的温湿度要求非常高。为了保证食品的质量，对于冷饮、肉制品、奶制品等必须在冷链和各个环节中都处于规定温度范围的低温环境中。对于医用血液、生物制剂和药品等，因为内部蛋白质具有不稳定性，使得这类产品非常容易受到环境温度变化带来的影响，最终导致药品、血液、疫苗等变质，更需要对温度进行严格的控制。

冷藏车厢内分为不同的温区，每个区域有着不同的温度控制要求，因而有大量可利用的数据产生。运输过程中车厢内的温湿度实时监控数据、车厢门的开关次数记录、车辆实时定位数据以及冷藏设备状态记录等，这些运输过程中产生的信息数据为优化冷链管理、保证冷藏设备和食品安全，实现全程可追溯都具有不可忽视的意义。为保证数据采集的质量，必须依靠先进的硬件和通信技术。

冷链各个环节产生的数据需要满足实时监测和预警机制的要求，在温湿度超出预设阈值后立刻通知负责人采取必要的纠正措施。因为冷链运输过程中的温度没有得到有效控制，发生了震惊全国的山西省"高温暴露疫苗"事件，造成重大的人身事故和经济损失。2012 年 9 月，因为冷链运输车厢温度不达标又没有得到及时监控，光明

乳业发生了"酸败门"事件，严重影响了企业形象。

冷链物流中的数据来源众多，特别是在配送环节中有大量数据产生，包括运输过程中车厢内的实时温湿度、车厢门开关次数、运送线路优化与调整、车辆 GPS 定位以及设备状态等。这些数据的相关记录必须遵守以下规定：

①符合危害分析与关键控制点（HACCP）体系的管理要求，食品、药品在原料采购环节就对内部温度严格检查，在仓储和运输过程中对温度进行严格的不间断监控。

②符合《疫苗流通和预防接种管理条例》管理规定：在疫苗、菌苗等生物制品从制药厂成品仓库发运，到给有关人群接种的冷链储运过程中，保留其所处环境温度的监测记录。

③符合《药品经营质量管理规范》（GSP）规定：运输冷藏、冷冻药品的冷藏车及车载冷藏箱、保温箱应当符合药品运输过程中对温度控制的要求。冷藏车具有自动调控温度、显示温度、存储和读取温度监测数据的功能；冷藏箱及保温箱具有外部显示和采集箱体内温度数据的功能。

只有高质量的数据才能帮助提高冷链管理绩效、保证冷藏设备和食品安全，也才能够实现全程追溯。然而这些数据的结构不一致、变化快且有效期短，如果不能实时地收集这些数据，那么蕴含在这些数据中的价值就会失效，变成低质量和失效的数据，导致客户满意度下降、管理决策失误、效益降低等。为了能够将这些实时数据及时地保存，冷链物流需要建立高性能的大数据平台来储存数据，运用先进的数据采集和通信技术来保证数据的质量。

四、冷链物流大数据的处理需求

为了实现可追溯的全景冷链，需要实时展示的数据包括：仓储信息、干线运输、配送过程、环境监控、警告信息、客户满意度等方面。商户和客户都可以实时掌握运输过程的环境状况，避免商品质量受到影响。以拥有 50 辆冷藏集装箱运输车辆的大型物流公司为例，每 5 分钟采集一次车辆状态与位置、车厢内至少 3 个温区的温湿度、车厢开关门等数据，12 小时内的数据总量就会超过十万条。这些数据中包含了大量重复、冗余信息，为了能够从这些高密度、低价值的海量数据中及时有效地筛选出有价值的部分，并根据这些数据对货品的质量状态进行实时监控，需要系统具有极高的吞吐量、实时处理能力以及可靠性，每一条数据都必须进行处理。

冷链运输过程中采集的数据不仅需要实时展示，还需要将所有数据进行统一存储，为客户、供应商和承运商的业务管理与商业分析系统提供数据调用接口，实现管理分析、市场预测以及经营决策。分析每日运营产生的大量数据是提升冷链物流企业核心竞争力的重要途径。对于数据的存储和归档，必须通过建立一体化的数据中心和信息管理系统，建设操作简便、安全稳定、实时自动更新、准确分析、可持续的集中化管理平台。

在采用统一的大数据中心为冷链物流企业服务时，还需要考虑到不同用户间的信息化水平差异所带来的需求差异，以及对个性化需求的响应。针对不同规模和不同发展阶段的冷链物流企业，在计算和存储需求上以服务差异化和资源复用来实现个性化和低成本，提供多租户数据隔离、私有云对接和组件开发接口等功能。

从冷链物流数据库到数据仓库，是将事务型数据转变到分析型数据，常规的业务需求包括：数据分析的主题、数据的维度，以及数据的历史变化和可能的未来趋势等。在冷链物流大数据平台中，对数据分析的需求进一步深化，系统在执行查询操作时能够快速响应多个条件组件查询和模糊查询，在搜索时也能够对非结构化数据的搜索结果进行自动排序，数据统计结果需要反映出数据变化，还能支持多种不同的数据挖掘算法和机器学习训练集等。

无论是冷链物流企业还是客户都需要对某一特定时间段的历史数据进行查询，比如某一笔订单从开始至售后的全生命周期。在处理大量数据时，应使用大数据框架和分析算法，加快数据导入导出、格式转换以及和各种分析工具对接。另外，对于在线数据的处理应区分为批处理和流处理两类，在批处理时应按照先存储后分析的顺序，流处理顺序则与之相反。针对冷链物流大数据的处理需求，大数据中心需要设计对应的数据存储，能够快速地将数据传输至对应的存储点并进行适当的结构转换，迅速响应因各种变化而带来的业务需求。

五、冷链物流大数据计算资源需求

冷链物流的海量数据每天都会飞速增长，大数据中心的计算和存储容量将面临巨大的压力；为了给多元化的上层业务应用系统提供数据支持，大数据中心的资源管理也将更加复杂。冷链物流大数据中心需要整合行业信息资源，充分利用数据中心、大数据、虚拟化、云计算和物联网等信息技术，构建数据采集、上传、存储、备份、调用等功能的基础架构。整个系统能够提供足够的数据处理能力，既能满足各项业务系统对数据的调用需求，也能够为更高层次的商业智能分析提供数据支撑服务。

由于冷链物流大数据中心同时服务于我国多家企业，系统需要实现多租户数据隔离，为不同企业的相似业务需求提供差异化服务。为了响应不同用户的个性化需求，并且不给用户带来额外的使用负担，因此系统不同组件与其功能和结构之间必须采用开放的松耦合模式，通过建立统一的数据交互总线与接口协议将各组件按需进行自由组合，快速形成定制化系统。

第二节　冷链物流大数据管理框架

冷链物流大数据中心项目的基本组成包括众多互联的物联网设备、高速发送和接收的数据，以及存储大数据所必需的系统平台等。这些海量的冷链物流数据在收集被实时处理和分析后，最终帮助冷链物流公司管理层做出正确的决策。该项目是一个复杂的信息技术项目，为了部署和配置物联网和大数据技术，方案的选型、实施、培训等多个阶段，都需要投入大量的人力和财力，必须通过良好的项目管理来保证资源组织、优化和项目目标的实现。

遵循成熟的项目管理方法论并充分利用项目管理工具和技术，既能够保障项目的顺利推进，也能确保冷链物流大数据中心满足冷链物流公司的实际业务需求。通过参考美国项目管理协会（PMI）发布的《项目管理知识体系指南》第 6 版和英国政府商务部发布的《受控环境下的项目管理》第 2 版，根据两种项目管理方法的框架和模型，研究了如何利用两种框架和模型来解决大型管理问题，另外，结合目前主流的两种数据挖掘模型 CRISP-DM（数据挖掘的跨行业标准流程）和 SEMMA（样本、探索、修改、模型、评估），充分考虑到大数据的"4V"特征，设计了以下框架作为冷链物流大数据中心的项目管理结构。该框架共分为三个项目阶段：战略规划、架构设计和技术实现，如图 3-3 所示。

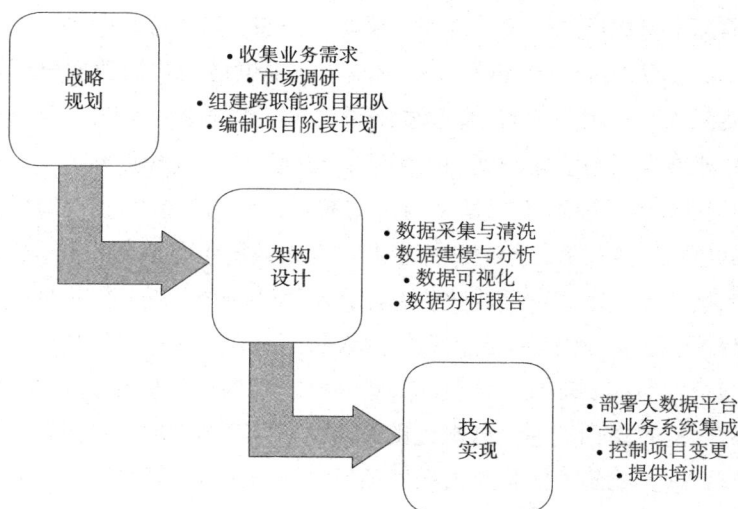

图 3-3 冷链物流大数据管理框架

一、战略规划

战略规划是通过对冷链物流公司的当前业务需求进行收集和分析，结合企业的战略目标对大数据项目进行评估，为数据定量建模和分析奠定基础。具体的工作内容包括识别和收集冷链物流公司在冷链物流业务方面的需求，通过市场调研对每一项可能的解决方案进行详细研究，运用头脑风暴等多种项目管理工具和技术进行评估，将可能采用的解决方案进行概念化，最终形成包含商业论证、范围说明书、进度安排、资源分配和验收标准的项目计划书。

（一）收集业务需求

正确地理解冷链物流公司在冷链物流业务方面的工作流程和面临的挑战，这对于项目实施所带来的收益、项目的成功与否至关重要。由于大数据自身的特性，在大数据类型的项目中需要应对海量的数据集，但是并不是所有的海量数据都需要收集和处理。冷链物流大数据项目团队需要分析确定蕴藏着一定价值的数据，在收集和处理之后能够有利于数据分析，而不是给大数据平台增加资源负担。举例来说，哪几项数据在组合之后能够识别出客户关系的变化；或者冷链运送途中，可以利用哪些数据来降低成本但又不影响服务质量。在规划阶段，把注意力集中在业务目标之上，将有助于企业对分析进行精准的定位，在此基础之上我们可以也应该了解哪些数据能够满足这些业务目标。在极个别大数据项目案例中，会尽可能地使用所有数据，但冷链物流大数据平台只需要海量数据的订单、合同、采购、仓储、运送等几个子集。

冷链物流大数据中心平台将为冷链物流企业提供自助式的数据分析和可视化工具，平台需要深入了解用户的需求。大数据中心平台需要具备较高的扩展性，以应对不同的冷链物流数据类型，但与此同时仍然具备友好的交互操作性能。在设计和实施过程中，项目团队需要注意不同类型用户的需求，包括冷链物流管理层、销售、仓储、司乘、信息技术人员等。冷链物流企业作为大数据中心平台的直接用户，对于系统可操作性的接受度决定了项目成败。例如：冷链物流企业的部门经理仅需要访问大数据中心平台提供的多项报表，而信息技术人员则需要一些高级的数据查询功能。

冷链物流行业发展的动向、企业高级管理层的指示，以及各个业务部门的意见都有助于业务需求的收集和整理，这也是正确识别项目干系人的必经过程。收集整理后的业务需求将直接影响到冷链物流大数据项目的目标设置，以及干系人对大数据项目的期望收益值。除此之外，在进行大数据中心软硬件评选的时候，需要考虑的一个关键因素是如何在快速变化的业务环境中满足迭代开发的要求。大数据中心只有不断地完善数据分析系统来满足变化的冷链物流业务需求，才能在长时间内体现其价值。

（二）市场调研

开展市场调研活动的目的是研究类似大数据中心是如何应对发展挑战，以及采用哪些技术解决方案，以及进一步了解冷链物流公司内现有的信息技术系统和数据分析技术的应用状态。

通过研究市场上可参照的行业信息技术系统或数据分析解决方案，筛选出潜在的供应商、技术方案、成功案例、项目实施周期等。市场调研从项目团队外部获取知识和经验教训，避免局限于团队内部有限的知识和经验，从而降低项目风险。

（三）跨职能部门项目团队

大数据项目具有很大的复杂性，项目团队必须积极应对才能保证项目的成功。为了实现大数据项目的目标，将冷链物流大数据中心项目的收益最大化，帮助冷链物流企业最终获得正确的分析结果，应当让所有与业务流程和数据相关的人员参与到项目中，组建一支跨职能部门的项目团队。成员有不同的管理级别且来自不同的业务部门，包括冷链物流企业内部信息化建设团队成员、冷链物流业务流程专家、企业高层决策者和外部数据建模人员、数据科学家、大数据系统架构师等。

冷链物流公司的各个业务部门对大数据中心项目充满了不同的期望，数据建模人员将这些需求作为数据预测模型的有效输入。数据专家进行分析，为项目管理委员会提供重要的决策建议。现有信息化团队则为提供大数据项目所必需的信息技术基础提供支撑保障。

（四）项目阶段管理计划

在确定了冷链物流大数据中心的业务需求、完成大数据方案筛选并组建了跨职能部门的项目管理团队后，相关技术人员就可以对项目各阶段的任务进行分解，并评估对应的复杂度，本着分工协作和最大化工作效率的原则，制定合理的项目阶段计划。参照项目管理知识体系，一份合理的项目进度计划应当包括执行过程中的重要任务列表、时间安排、人员分工和项目里程碑等内容。

由于大数据项目的复杂性较高，项目阶段计划具有一定的灵活性，便于应对项目执行过程中随时可能出现的变更。项目管理团队始终着眼于冷链物流大数据中心的构建和交付，并根据实际情况合理地调整项目阶段计划。

二、大数据技术架构设计

与传统的信息系统建设项目相比，大数据项目实施的最大不同在于数据分析阶段需要进行非常复杂的数据建模工作，满足同时处理结构化数据和非结构化数据的需要。项目团队需要使用数据可视化技术来生成具有创新性的数据可视化结果，并帮助冷链物流管理层洞察数据的价值。

（一）数据采集与存储

通过对冷链物流企业现有管理信息系统进行检查和分析，找出所有类型的业务数据。对于客户文件、订单合同、供应商合作资料、视频采集文件、媒体报道等各种非结构化数据，通常会在数据分析过程中提供重要的历史依据，可以很好地为结构化数据报表增加洞察力。由于冷链物流公司的非结构化数据包含来自多个社交媒体的信息，如微博、微信、电子邮件、客户满意度调查等，这些数据中包括许多无关和重复数据，因此需要使用数据清洗工具进行过滤。在冷链物流非结构化数据中，需要通过文本标记和注释来创建元数据（例如：什么产品、哪个客户、哪个位置）。随后，这些元数据就可以作为结构化数据的分析维度，从而帮助整合冷链物流的结构化和非结构化数据。

（二）数据分析与建模

对于已经收集到的冷链物流数据，使用数据定量分析技术来提取其中蕴藏的价值，可以较好地找出预测发展趋势以及造成这种趋势根本原因的数据。与此同时，还可以利用数据预测建模技术来预测发展趋势。至于使用哪一种类型的数据定量建模，其选择因素包括冷链物流运营过程中对数据计算的复杂性，以及在不同时期对解决的业务问题的需求层次。

冷链物流的结构化数据可以通过多种统计方法来分析，如传统的回归、判别、双因子分析等，以及近年来日渐成熟的决策树、神经网络、聚类、向量机、粗糙集等机器学习技术。而对于冷链物流的非结构化数据分析，则需要利用文本挖掘技术来标记各部分的权重值及其相互依赖关系，还需要提取与决策相关的重要术语和对冷链物流业务发展相关的交差分析。

（三）数据可视化

使用数据可视化工具将冷链物流大数据转化为简单易读的图表，助力冷链物流管理层洞察运营效率提升点、成本节约点、风险控制点，甚至市场商机等。

人们已经习惯于使用二维表格来作为展示数据的最自然方式，但是表格的局限在于难以检测出大量数据中的类似条目和异常条目，数据可视化技术就能很好地解决这个难题。根据冷链物流业务需求，在项目中对通用的数据可视化工具进行适当自定义配置，辅以定制开发的额外功能模块就是有效方法之一。

面对海量的冷链物流结构化和非结构化数据，项目实施过程中采用两种类型的数据可视化技术：内容地形图和小部件。内容地形图包含热点图、专题图等，将不同类型的数据展示在电子地图上，并允许用户与该数据进行交互操作以检测异常。小部件则将冷链物流运营过程中的各个交互式链接以可视化的形式呈现，形成全景冷链监控系统；同时也可以展示一些非结构化数据中的视频和图像等内容。

（四）数据分析报告

为了洞察冷链物流大数据的规律和趋势及其背后的潜在影响因子而进行数据分析，最后的一个逻辑步骤即是生成数据分析报告，这非常利于应对将来可能发生的冷链物流业务场景。此步骤的最终目标是将从数据分析中得出的结果进行转化，成为对冷链物流业务发展有价值的决策依据。

（五）数据治理

数据治理是为了保证在冷链各个环节中采集到的数据的质量、安全和可用性。由于冷链各环节地理位置极大分散、物联网设备在采集过程中的误差、网络传输延迟等多种不稳定因素会对数据质量带来不同程度的影响，因此需要通过技术和管理措施来提升数据的质量。

冷链物流大数据中心的设计不仅需要能够切实满足平台长远发展的需要，更需要符合国家对数据安全和治理的相关法律法规的要求。冷链物流大数据中心从顶层设计、构建实现，以及上线运营的整个项目管理过程中，大数据治理是基础，大数据存储技术是承载，大数据分析是手段，大数据应用是项目的最终目标。冷链物流企业的竞争力越来越依赖于数据和技术，企业高层管理人员更是以此来增强自身的市场洞察力。要做出正确的决策，冷链物流企业需要依据高质量的数据分析结果而不是直觉进行判断。坚持"用数据决策、用数据管理、用数据说话、用数据创新"的治理机制，从冷链物流大数据中心的战略部署、宏观政策、开放共享、服务应用、数据安全等多个角度，充分学习国内外类似项目的经验教训和启示。

三、技术实现

技术实现是冷链物流大数据中心项目的最后一个阶段，在这一阶段依据项目方案设计文档，部署数据建模、数据分析和数据可视化工具等大数据功能组件。高性能的软硬件基础架构、可靠的数据传输载体、高效的系统模块和良好设计的冷链物流业务流程，是实施冷链物流大数据项目的绝对必要条件。

许多行业大数据项目中的开发工作出现了较高程度的持续反复，调查结果显示项目成员和业务部门的沟通出现了较大问题。数据分析专家在技术实施阶段需要运用复杂的高级算法工具，与冷链物流企业相对应的业务部门协同工作，确保最基本的数据查询结果具有较高的准确性，以减少后期开发的工作量。在冷链物流大数据中心的实施过程中，编制完善的项目沟通计划，有助于大数据中心项目团队与冷链物流企业保持紧密沟通，保障项目的顺利进行。

在技术实现过程中，除了技术人员肩负的开发工作之外，大数据中心项目管理团队还需要密切关注项目变更。根据冷链物流行业发展需求和冷链物流企业内部业务流程建立的日常数据查询固然重要，但它只是整个冷链物流大数据的最基础部分。随着来自众多冷链物流企业的数据集增长，以及冷链物流企业对大数据分析的不断熟悉，他们对大数据中心提供的系统功能也会提出越来越高的要求。大数据中心项目团队在技术实现过程中，必须能够迅速应对并满足新增加的业务要求。

大数据中心的各个功能模块作为新开发的信息化系统，需要与现有的管理信息系统同步工作，还必须在系统集成过程中进行仔细和详尽的测试，尽可能多地找出并修复技术问题。在完成系统集成任务后，大数据中心平台即可上线，并向冷链物流企业内部的信息系统管理人员提供培训，以便尽快开始使用大数据系统，尽早提高业务绩效，享受大数据带来的收益。

第三节　冷链物流大数据中心架构设计

一、设计理念与原则

冷链物流大数据中心的业务系统流程需要提供最佳秩序的共享服务，能够快速响应不同租户的相似需求，提供差异化、高质量与高效率的共享服务，一方面能够为供需双方提供交易、交流等多种便利，另一方面降低双方的运营成本，促进双方进一步合作、资源流动和共享等。优秀的服务流程设计不仅能为供需双方创造更多的价值，也能为冷链物流企业的创新和发展做出贡献。通过科学有效的服务流程，使有限的计算资源发挥更大的作用，冷链企业的生产效率更高、服务质量更好、品牌效应更佳。

（一）新型的非关系型数据库设计模式

传统企业的数据分析处理主要以关系型数据库为基础，在面临"大数据"分析瓶颈和实时数据分析的挑战时，大数据中心需要突破现有的设计原则。大型企业拥有很多历史数据，内部数据库设计人员的观念和工作流程也以关系型数据库为核心，因此不少开发人员在处理文档、图片等非结构化数据时，仍然坚持将这些文件序列化为二进制文件后存入关系型数据库。在大数据平台之上，系统需要对多种不同格式的数据混合存储，传统的关系型数据库设计原则已经无法适应新的需求，新型的非关系型数据库设计模式主要有以下三种。

1. 文档数据库

采用 XML 和类 JSON 的数据结构，提供嵌入或文档引用两种方式来为两个不同的文档对象建立关系。

2. 列簇数据库

以高性能查询为设计核心，提供宽行和窄行设计决策。

3. 索引数据库

以快速搜索为设计核心，优化每个字段内容的处理结果。

（二）技术架构层面遵循的原则

"二八原则"同样适用于大数据，即 20% 的数据发挥着 80% 的业务价值；80% 的数据请求只针对 20% 的数据。在大数据平台设计与构建中应用"二八原则"时，应将 20% 有价值的数据以结构化的形式存储在关系型数据库中，提供给业务人员进行查询和分析，另外，80% 的数据则以非结构化、原始形式存储在相对廉价的 Hadoop 等平台上，供有一定数据挖掘技术的专业人员进行数据处理。经过加工后的数据以数据集市或数据模型的形式存储在非关系型数据库中。

为了满足冷链物流的特殊需求，充分发挥大数据平台的技术优势，整个大数据中心的设计以提供基础资源管理、大数据交换、数据资产管理、应用开发接口、数据调用接口和持续运营为职责。在技术架构层面遵循四大设计原则：

一是提供大数据平台最基本的数据采集、数据存储、数据运算和数据交互功能的基础服务能力。

二是提供对大数据平台的计算资源管理，如软硬件、系统负载、配额等。

三是提供多租户、跨任务、跨时间的数据质量和数据安全管理，即对数据资产的管理能力。

四是大数据平台提供开发接口和数据调用接口，便于与内部业务系统对接。

二、技术架构设计

按照"统一存储，统一处理，分离采集"的原则构建统一的多租户融合的企业级大数据中心，形成共享、按需服务的大数据良性生态圈，对内对外均可提供数据采集、数据存储、数据处理和应用接口服务。通过在线监测冷链运输货物的仓储和运输过程，根据预设阈值提供异常状态预警。将大数据平台数据接口与企业业务管理系统集成后，为企业提供物流订单管理、人员与车辆管理、司机配送优化、消费者订单跟踪及追溯等功能。根据大数据的不同技术角度，设计给上层业务管理系统的数据接口，冷链物流大数据中心的架构分层设计如图 3-4 所示。需要注意的是，我们在研究时关注点为冷链物流大数据中心的软件和硬件架构，不涉及数据中心运营所必需的供电和制冷等基础设施。

（一）计算资源层

计算资源层提供大数据平台运行所必需的硬件和软件，采用 X86 架构服务器和 GNU/Linux 操作系统组成计算集群，其中一台服务器作为主节点（Master），管理其他所有提供数据处理和存储的从节点（Slave）服务器。

数据应用层	查询、统计、报表、挖掘等				冷链物流企业或第三方应用程序
	设备适配 订单管理 环境监测			其他……	

数据接口服务层	数据查询	数据访问网关	数据分析工具	分布式缓存

数据处理与存储层	提取/准备/加载（ETL）		静态数据处理		流数据处理
	数据仓库	运行库	工作流	非关系型数据库	分布式存储

采集与分发层	分布与同步	二次解析	批量抽取	实时抽取

数据资源层	配送订单状态	车辆配送状态	交通路况	天气信息	系统日志
	车辆行驶状态	冷库环境监测数据	车厢环境监测数据	其他数据	

计算资源层	服务器集群	网络设备	互联网连接	数据备份设备

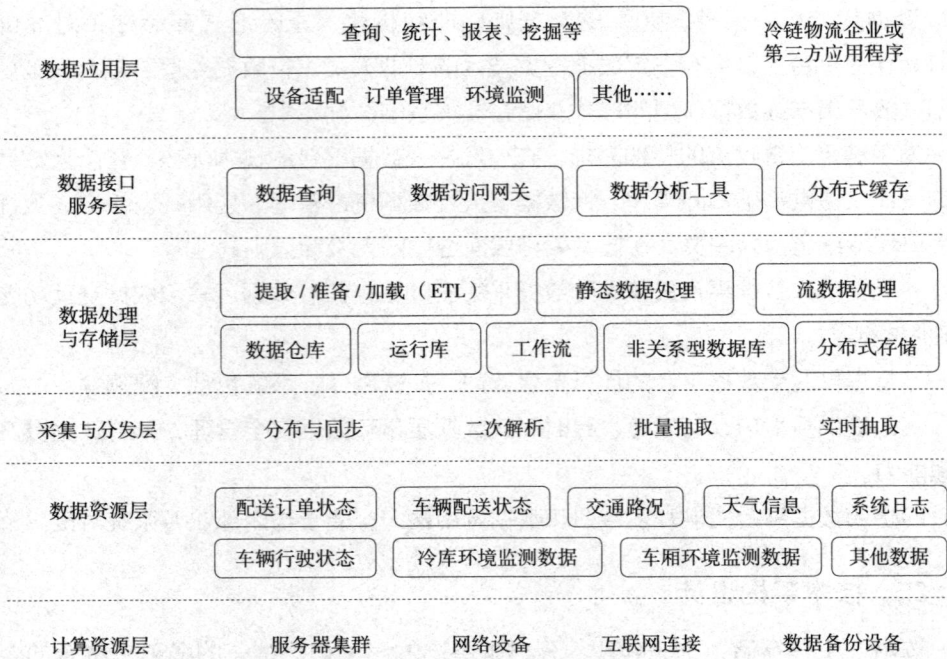

图 3-4　冷链物流大数据中心的架构分层设计

（二）数据资源层

冷链物流整个周期中的监测数据是数据源层的核心部分，一方面面向各类环境感知设备提供标准的数据接口，实时接入包括冷库环境、车辆行驶状态及厢体环境监测数据，结合农产品安全储运知识库提供实时分析预警服务；另一方面，数据中心通过把握数据的方向性和交互性特征，形成以数据订阅分发为主线的组件间数据网络结构，为第三方系统或内部组件提供双向业务数据交换通道，实现对订单信息、车辆配送信息、交通路网信息等数据的综合管理。数据中心以用户身份标识码及订单编号建立数据索引，为业务层组件的数据请求提供快速响应。数据资源层是获取冷链物流数据的源头，需要从冷链物流的各个环节采集数据。

为保证农产品的品质，在完成采摘加工流程后需要立即进入冷库进行冷藏。通常冷库的温度控制在 0~10℃范围内，有利于降低果蔬的呼吸强度，减缓水分的蒸发，控制乙烯和微生物繁殖的速度，从而延长农产品的保质期。此过程中可以提供的数据有产品品名、产地、包装时间、包装和加工过程中的相关温湿度信息、入库时间、订单信息、出库时间、派送信息等。在仓储过程中，不同的农产品在不同的保存条件下，保质期也有着巨大差别，表3-1为多种农产品在常温、常规冷藏、真冷预冷等环境中的保质期数据。

表3-1 农产品在不同保存环境中的保质期对比

农产品	常温（天）	常规冷藏（天）	真空预冷（天）	真空预冷 + 气调包装（天）
草莓	1~2	5~7	9	15
荷兰豆	1~2	4~7	30	38
芋头	1~2	6	25	32
菠菜	2~3	7~10	40	50
芹菜	2~3	8	40	54
蘑菇	0~1	2~3	10	16
包心菜	2~3	8	39	50

冷链物流配送运输共有三个阶段：首先是农产品或药品在经过包装加工流程后入库的交接过程，需要记录货品入库时所在的环境信息和质量状态；然后是冷藏储存过程，对环境温度的要求在0~18℃左右；最后是订单派送过程，包含车辆的基本信息、出入时间、冷藏车厢的开关门次数与时间、行驶线路、客户签收时货品的温湿度等信息。车厢内的温度和湿度直接影响着农产品或药品的质量，也是冷链大数据来源中最为核心和关键的部分。

（三）采集与分发层

冷藏运输及配送是整个冷链中对环境条件要求最苛刻的环节，也是最容易出现问题的环节。无论是农副产品，还是药品的运输及配送，都需要将温度保持在2℃~8℃范围内。经过对我国多家大型冷链物流公司进行调研分析，造成损耗的主要原因是硬件设施落后，以及缺乏有效的质量监控管理措施。在冷链仓储和运送过程中，对于冷库和冷藏车厢的温度、湿度的测量标准严格遵守以下规范性文件：《冷库设计规范》（GB 50072—2017）、《冷链物流分类与基本要求》（GB/T 28577—2012）、《食品冷链物流追溯管理要求》（GB/T 28843—2012）、《农产品冷链流通监控平台建设规范（试行）》和《食品冷冻与冷藏工艺》。

在仓储过程中，通过在冷库出入口处安装RFID智能读取器，不仅可以节省出入库作业时间，提高作业效率，还能很好地避免人工出入库的错误。另外，使用动态感知技术，可以实现自动统计仓库中的所有货物，动态地绘制 3D 虚拟仓库。在冷链运输环节，利用物联网、GPS、北斗卫星、3G/4G 通信网络等技术，对冷链物流的实时海量数据进行采集并上传至大数据中心，并进行流式挖掘日志信息，达到动态提醒与预警，从而良好地控制和追踪配送质量和安全性。消费者和冷链物流企业管理人员不但可以及时了解运送状态，还可以设置温湿度数据的监控范围，当车厢内的温/湿度超过此阈值时，大数据平台将触发告警信息。在配备了远程控制设备的冷藏车厢内，大数据平台将发出温湿度调整指令，合理控制车厢内的温湿度，从而避免货品在运送过程中发生品质变化。

冷链物流大数据涉及复杂的数据来源，不仅包括食品与药品安全所必需的污染物监测和温湿度等结构化数据，还包括与环境污染相关的遥感和舆情等非结构化数据。从冷链加工环节开始，每一条成功采集的数据都会提交至大数据平台的其中一个节点，结合分布式处理框架实现大规模高并发提交海量数据，也可以同时接收人工输入单条或多条数据。在数据采集与分发层需要对采集到数据进行预处理，按照预先定义的数据文件结构格式化，以及二次解析和抽取处理，才可以展现给最终用户，用于监测运输过程中货品的质量，因此需要提供高难度的数据实时化功能。

数据分发是一种以数据为中心的分布式实时通信中间件技术规范，采用发布和订阅体系架构，通过定义网络环境下的数据内容、交互行为和服务质量要求，从而保障数据的实时、高效且灵活地分发。数据分发非常适合冷链物流中的传感器网络和运送调度场景，能够满足大数据平台的分布式实时通信和系统开发需求。

在大数据采集与分发层，配置数据抽取模块，提供在线实时和离线批量处理两种方式从数据资源层采集数据。对于采集到的 XML、JSON 等格式的数据文件需要进行二次解析后才能存储于数据库中。从数据资源层获取的数据还需要分类，然后分发至上层做进一步数据处理并进行存储。大数据采集与分发层的另一个重要功能是协调各数据处理和存储模块之间的数据同步，确保数据的准确性。

（四）数据处理与存储层

对于冷链物流大数据的处理是将海量数据转变为价值的过程，实现通过数据洞察业务的目标。通过运用高效的流程和数据整理组件，建立实体识别来填充数据分析所需的上下文实体，并且配备不同工作流和算法的分析引擎来处理和执行数据分析任务，建立各种统计模型并通过持续验证来提高准确性。

本层运用的数据处理工具和技术较多，主要依托 YARM 实现大数据平台中的计算资源管理、分配和访问控制，利用 Map Reduce 和 Hive 完成海量物流数据的批量处理和加工，提供 Storm 来满足实时数据处理的要求，还配备 SQL 声明式编程语言、Pig 过程化编程语言、Flume 海量日志处理、Sqoop 数据传递工具、Kafka 分布式消息系统、Oozie 工作流引擎等。基于 Hive 数据仓库架构的 ETL（Extract 提取、Transform 转换、Load 加载）技术可将冷链物流数据来源层中的分散异构数据抽取至临时中间层，进行提取、清洗、转换、业务含义转换等操作，然后输入冷链物流数据仓库，为联机分析处理和数据挖掘提供基础数据。另外，在本层还提供丰富的运行库，用于支持数据挖掘和机器学习算法。

冷链物流大数据仓库总体框架由数据层和逻辑层共同组成，如图 3-5 所示。数据层建立在 Hadoop 框架之中，包括 Sqoop（SQL-to-Hadoop）、Hive、MapReduce 和 HDFS 组件。Sqoop 用于将 Hadoop 与关系型数据库中的数据相互转移，负责数据在关系型数据库和 HDFS 中相互传输。

海量数据通过 ETL 方式进入数据层，以文件形式存储于 HDFS 之中，并作为逻辑层输入数据源。逻辑层对数据仓库中的海量数据进行预处理，通常使用 Python 脚本获取远程映射数据，然后根据实际业务需求进行数据查询和分析，执行结果可以导出至 My SQL 等关系型数据库中，供企业运营参考使用。部署 Hive 数据仓库不需要昂贵的大型服务器，可以采用普通 X86 架构服务器组成高性能集群，满足冷链物流对数据仓库的各项需求。

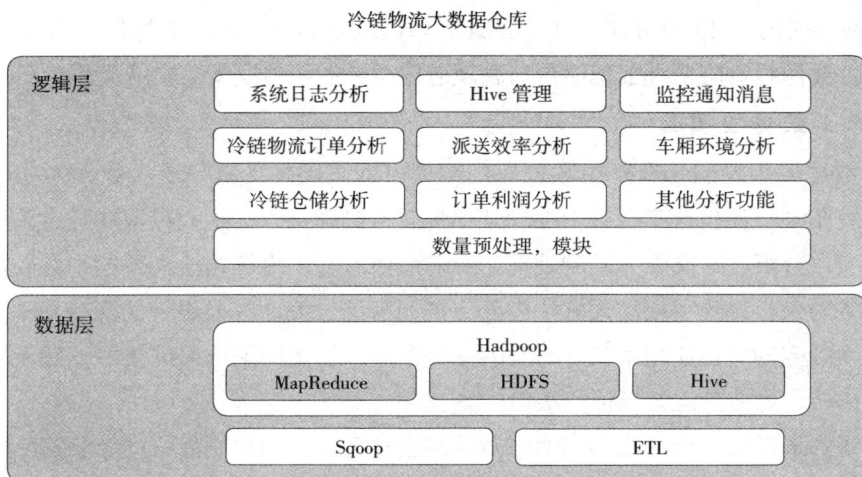

图 3-5　冷链物流大数据仓库架构设计

经过大数据处理后的分析结果需要及时存储，在服务器操作系统基础之上部署

HDFS 分布式文件系统，达到大数据持久化处理的效果。冷链物流中的海量数据以结构化数据为主，包括订单信息、货品信息、仓储和运送环境数据、人员和车辆信息、客户反馈等。在传统物流管理系统中，这些数据都存储于关系型数据库中。应用 Hadoop 大数据框架来处理结构化数据时，利用 JDBC/ODBC 接口进行二次开发，然后使用 Hive 数据仓库平台提供的类似于 SQL 的查询语言 HQL，将自定义查询转化为 Map Reduce 程序任务运行，然后将处理后的数据存储至大数据文件系统。

以上设计同时满足了结构化和非结构化数据的存储需求，充分发挥关系型数据库和非关系型数据库的各自优势，也能相互弥补缺陷，同时配置分布搜索和分布式缓存，实现灵活高效的大数据存储平台。由于冷链物流大数据的容量增长是没有止境的，为了满足业务的需求，大数据中心需要不断地增加计算存储空间。采用分布式数据存储技术，使用经济的普通服务器不但可以满足大数据对存储容量和存储性能的需求，还可以通过启用重复数据删除和自动精简配置技术，释放冗余的存储空间，降低大数据中心的投资和运营成本。

（五）数据接口服务层

大数据平台基于 Web Service、JDBC/ODBC、定制 API、公共 API 等多种技术途径对外提供数据服务，实现大数据平台能力的可输出、可应用和数据访问总线。利用高级数据分析和数据挖掘工具，将冷链物流数据仓库中的历史数据进行调用处理，各业务系统可以通过 JSON、XML、Web Service、REST 等标准数据交换方式访问。数据服务层是大数据平台与高层应用系统的中转枢纽。

（六）数据应用层

大数据应用的展示全部由数据应用层提供，该层是冷链物流大数据中心最顶层的集成发布中心，包含了所有内部和外部的业务管理系统，是大数据在经过采集、清洗、转义、分析、存储等一系列处理之后的最终展现。冷链物流大数据中心以提供大数据服务为核心，除了大数据软件内部提供的查询、统计、报表、挖掘等基础工具之外，还为冷链物流企业和第三方研发的业务管理系统提供系统集成接口，最大限度地将大数据转化为业务运营指标和决策依据。

除了数据展示以外，应用层通过对从事生鲜蔬果、肉类、海鲜类等多家冷链物流企业的业务分析，根据运营的共性需求，提供物联网设备适配、冷链物流订单管理、仓储和运送监测、车辆跟踪、全景冷链、调度优化等通用模块。

冷链物流企业可以根据业务发展需要选择与适配相关的模块，也可以定制适用于自身业务的应用系统，然后与大数据中心对接。各模块功能描述如下：

1. 物联网设备适配

为冷链物流企业提供多种环境感知设备接入服务，企业自备的传感器等物联网感知设备可以按照标准通信协议接入大数据中心，获取温湿度等环境信息。

2. 冷链物流订单管理

为初创和成长型冷链物流企业提供订单管理系统，将订单信息与运送过程中的环境监控数据进行智能匹配，降低企业自建系统的运营成本，提高企业信息化建设水平。

3. 仓储和运送监测

从冷链加工完成后进入冷库仓储，然后派送至客户的全过程都可以实现 7×24 小时不间断监控，当货物所处的温湿度环境信息超过储存要求时，系统自动向管理人员发送报警信息。

4. 车辆跟踪

通过将大数据平台中的 GPS 数据转义为地理位置，并与电子地图结合，实时展现车辆的行驶路线以及厢体内的温湿度等信息，根据运送货物的安全储运模型实现运输监测预警。

5. 订单回放

订单贯穿冷链物流的整个生命周期，通过展现订单货物在不同冷链环节的位置、环境信息等，可以实现冷链物流订单的全程追溯，友好地展示配送起始地、路线、时长，以及配送过程中货物所处环境温湿度的变化等信息。

6. 调度优化

通过与城市交通路网数据对接，以最短时间、最短路径、最低费用等多种优化方式为司乘人员提供配送优化服务，提高配送效率。

三、物理架构设计

冷链物流大数据中心的物理架构与普通数据中心较为类似，采用集中部署，但硬件选择超融合技术，而不是传统的存储区域网络或者网络存储技术。图 3-6 为冷链物流大数据中心物理架构设计图，包括 Hadoop 集群、关系型数据库集群、万兆以太网络、超融合基础架构、数据备份设备和互联网接入共计六大组成部分。

Hadoop 集群由两台 Name Node 服务器构成，分别以主和从的方式工作，同时与多台承担数据存储角色的 Data Node 节点服务器连接。

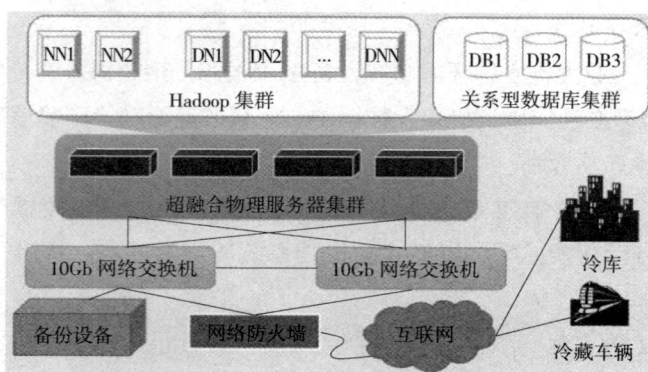

图 3-6　冷链物流大数据中心的物理架构

四、结构化数据存储设计

冷链物流的每个环节都有大量的结构化数据，其中运输过程中的环境监控信息最具有代表性。以下以订单派送过程的结构化数据为例，通过定性和定量分析的方法对冷链物流数据进行分类并设计数据存储系统。

（一）存储系统

在 HBase 中，系统数据库提供的映射表是稀疏、多维度且排序的映射表，适合长期存储海量非结构化和半结构化数据，具有很高的存储效率。针对冷链物流结构化数据的业务需求，该项目使用 Hive 数据仓库平台，利用简洁高效的 HQL 查询语言，将自定义查询转化为对应的 MapReduce 程序，然后在 Hadoop 框架上执行，从而实现数据的存储和查询。冷链物流结构化数据存储系统设计如图 3-7 所示。

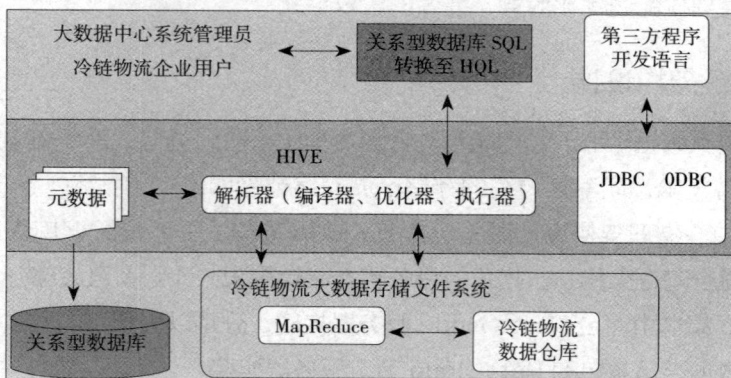

图 3-7　冷链物流结构化数据存储系统设计

在既有冷链物流信息管理系统中，对关系型数据库的操作均使用 SQL 语句，可以使用 Hive 编译器和优化器对其进行编译，转换为 MapReduce 执行程序，省去从零编写 HQL 语句的步骤。元数据包括表名、列、分区等属性，以及表数据所在文件目录。所有数据和文件均存储于 HDFS 文件系统中，为 MapReduce 进行数据查询和读写提供高效的平台。

（二）关系型数据库

冷链物流订单、仓储信息、车辆注册信息、货物出入库、货物运送过程中的监控信息是冷链物流的核心数据，保存于关系型数据库数据表，无须关注底层 HDFS 存储细节，针对冷链各环节都设计对应的数据表。以货品运送过程中的监控信息为例，通过传感器采集到货品编号、当前时间、GPS 位置、车辆编号、开关门次数、温度、湿度等数据，设计用于存储的数据表。

五、非结构化数据存储设计

在冷链物流大数据平台中，会存储大量的业务图片，如果采用单块机械硬盘进行存储，目前市面上 7200 转速（单位为转 / 分钟）规格的硬盘只能达到 22.3MB/s 的传输速度，当面临大批量图片文件读取和写入时，单硬盘的处理能力将无法提供足够的存储和查询速度。分布式存储技术极大地提高了文件系统的读写速度，而且增强了数据安全性，是应对冷链物流非结构化数据存储需求的最佳解决方案。

（一）存储系统

冷链物流仓储和运送过程中，不可避免地需要将签收单等纸质材料转变为图片文件，驾驶过程中还需要通过摄像头采集安全行驶视频。大数据中心将服务于众多冷链物流企业，此类映像文件的数量将不断增加，而且视频文件体积也较大。采用 HBase 存储这些文件，既能很好地保证数据的安全性，也可以提高数据查询和存储速度，而且对历史文件的操作也很快速。非结构化数据存储系统架构设计如图 3-8 所示。

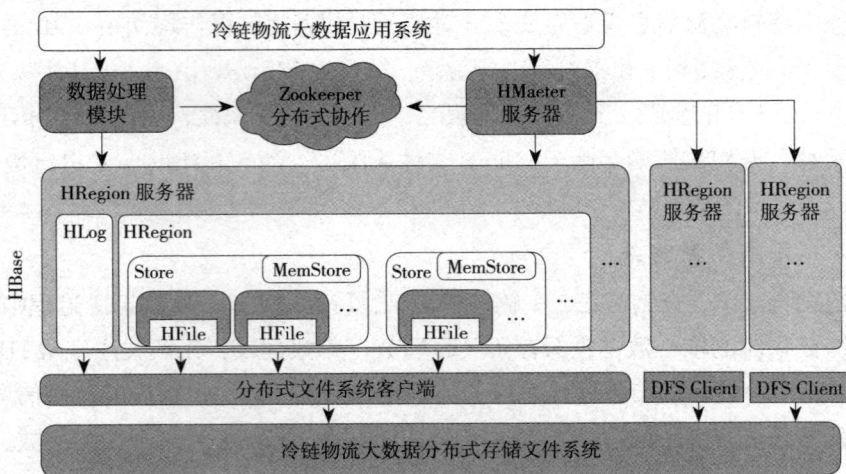

图 3-8 冷链物流非结构化数据存储系统架构设计

（二）存储表

针对冷链物流大数据平台的实际需求，在存储多媒体文件时，需要同时存储相关联的非结构化数据，包括货品的基本信息、订单基本信息、检验检疫报告结果等。HBase 提供的概念视图反映了数据之间的映射关系，可以通过单一主键定位单行数据，也可以通过主键与时间戳结合的方式对数据进行定位。在冷链物流大数据平台，数据库以客户 ID 作为关键字，时间戳采用写入数据库的时间，列成员依次是订单编号、订单内容、合同文件、签收单等。

六、冷链物流大数据治理设计

冷链物流大数据中心服务于各冷链物流企业，在数据治理过程中必须重点关注企业的战略需求、组织发展和业务流程需求，通过贯穿冷链物流大数据中心的战略、组织和服务流程，与冷链物流企业协同发展，形成长期的战略发展伙伴，促进大数据技术在冷链物流行业的良性发展。图 3-9 为冷链物流大数据治理的组织架构设计，其中企业数据治理委员会由冷链物流企业内各部门主管和信息技术部门主管共同组成，并由资深大数据专家提供咨询服务，围绕技术服务于业务的原则，实现业务部门和技术人员之间的充分沟通，在企业内部对数据战略达成共识。

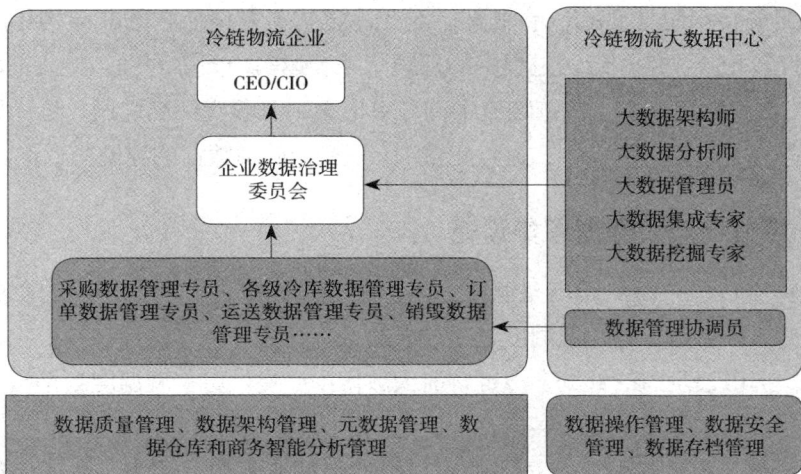

图 3-9　冷链物流大数据治理组织架构

　　冷链物流数据质量的高低直接影响大数据分析后的参考价值。冷链物流大数据中心需要与企业协同努力，加强对数据的管理和控制，保证数据的设计和需求一致。冷链物流数据质量管理与传统制造业的产品质量管理有一定程度的相似，通过在生产线各环节的质量管控来提高产品质量，冷链物流也应当在各个冷链环节提高数据质量。数据质量的管控需要形成标准规范，融入大数据中心平台的建设生命周期中，从而保障数据的标准化和规范化。

　　在冷链物流企业接入大数据中心的初期，注重以业务为导向的数据需求，并收集处理相关的数据问题，针对不同冷链物流企业的管理需求进行调整和优化，此阶段的冷链物流数据处理以功能和流程为中心。当冷链物流企业在大数据平台的应用达到一定级别后，开始使用大数据分析、大数据挖掘等高级服务时，应该更加关注高层次的数据架构、标准和质量控制，以及数据的生命周期，以不断提高大数据分析结果的实际价值。

第四节　冷链物流大数据中心构建

　　本小节将详细叙述如何利用开源技术构建大数据中心，包括系统搭建、开发和测试运行等内容。根据冷链物流大数据存储的业务需求，采用 Ubuntu Linux 操作系统，自定义安装和配置 Hadoop 框架。对于冷链物流各环节中的非结构化数据存储需求，以订单扫描文件、运送过程中的视频监控、运输合同等为例，将此类数据全部存放于 HBase 数据库中。冷链物流中的订单记录、温湿度环境记录、运送记录等结构化数据存入关系型数据库中，通过配置 Hive 操作此类数据的存储和查询。

一、冷链物流大数据采集设备

冷链物流数据采集的重点是温度，因为温度过高或过低都对货品的质量带来影响。要根据这种特点，构建温湿度记录仪以及采集标准。为了保证在冷链物流中实现温度监控，提供最及时的数据，冷链物流大数据中心提供可实现温度数据自动采集和存储，且非接触式的温湿度记录仪。

用于冷链物流的温湿度记录仪的逻辑组件包括温度数据采集、数据处理和数据存储，分别对应的硬件为一体化数字温湿度传感器、低功耗微控制器，以及数据存储器。根据冷藏运输车厢的长度安装适当数量的温湿度探头，10 米以下 3 个，10 米以上 4 个。选择适用于工业环境的单片机控制器，具备防拆卸和防破坏设计，内部集成 GPS 模块、六轴陀螺仪、TF 存储卡接口、SIM 卡以及备用电源。将温湿度记录仪安装在冷链运输车厢中后即可实时采集数据，记录车辆转弯、刹车、倾斜和位置信息，通过 3G/4G 移动数据网络发送至大数据中心。表 3-2 为温湿度记录仪的主要采集指标。

表 3-2 温湿度记录仪的主要采集指标

指标项	值
温度	工作范围：-40℃~80℃（精度 0.1℃） 温度误差范围：±0.5℃（-18℃~40℃） 防水等级：IP65 工作电压：3~36V
湿度	工作范围：0~100%（精度：1%） 湿度误差范围：3% 防水等级：IP65 工作电压：3~36V

冷链物流数据采集设备安装如图 3-10 所示。对于小于 10 米的车厢，在厢体内安装 3 个温湿度探头，分别位于冷风机回风口正下方、车厢正中央和车厢体后部距

后门 80 厘米处。超过 10 米的冷藏车厢则将正中央探头移至距车厢体前部 1/3 位置，另外在距车厢体前部 2/3 位置处增加一个探头。温湿度探头的高度以装货线为基准向上 3 厘米，并且在满载货物的状态下不得与厢体、保护线槽及货物等实体接触。冷藏车厢侧门和后门都需要安装门磁，用于记录车门开启和关闭状态。控制器与冷冻冷藏压缩机连接，根据压缩机电平信号判断是否开启。

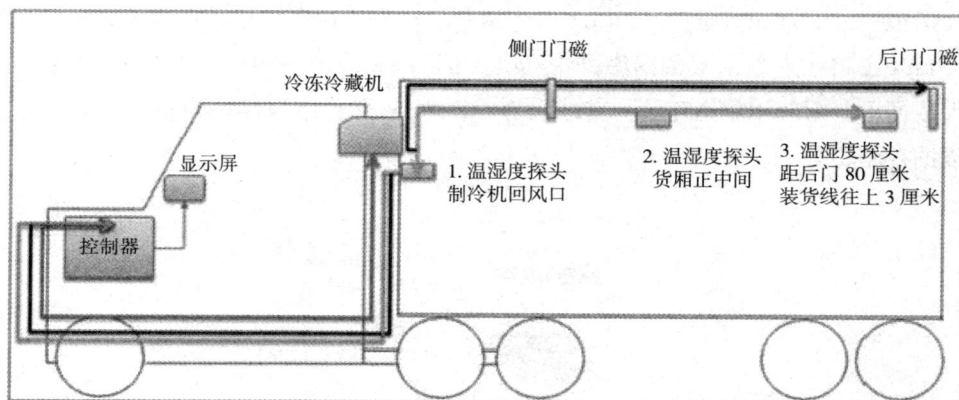

图 3-10　冷链物流数据采集设备安装位置图

二、监控数据的传输配置

冷链物流大数据平台为监控数据的上传、存储和管理提供计算资源。通过在冷链物流企业的冷库中部署安装数据采集一体化设备，为数据接入及末端传感器数据采集后的通信提供中继服务。

在部署数据采集一体化设备时，首先在大数据平台进行注册关联，然后设备通过 UDP 通信协议与大数据中心进行通信，默认配置每 30 秒向大数据平台上传采集到的数据，大数据平台根据内部算法检测数据的完整性，如果符合要求给向一体化设备发送确认信息，否则发送重传要求。等待和重传的频率设置为 3 秒，重传最多发送 3 次。在网络出现异常时，一体化设备将无法与大数据平台通信，此时将采集到的冷链物流数据存储于本地，待网络连接恢复后再重启传输流程。

三、大数据服务器集群

为满足大数据存储的业务需求，采用 Ubuntu Linux 操作系统，自定义安装和配置 Hadoop 框架。以开发和测试环境为例，使用一台配置 16GB 物理内存的工作站，运行 Virtual Box 软件创建一台虚拟服务器，命名为 HDmaster，其网络连接为桥接方式。然后安装 Ubuntu Linux 操作系统，安装过程中设置网卡配置静态 IP 地址 192.168.0.254，完成后关闭虚拟服务器。利用 Virtual Box 提供的虚拟机克隆功能，复制出另外两台虚拟服务器，分别命名为 HDslave1 和 HDslave2，并在启动后修改对应的主机名和 IP 地址，如图 3-11 所示。所有配置操作完成后，运行 sudo/etc/init.d/network restart 命令重新启动网络服务，确保配置生效。主节点 HDmaster 将在大数据服务器集群中同时承担 Name Node 和 Date Node 角色，负责大数据平台管理和数据存储，其他两台 HDslave 服务器只作为 Data Node 角色提供数据存储功能。

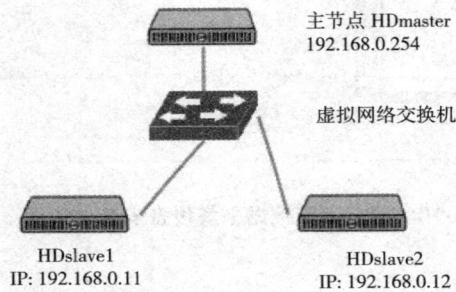

主节点 HDmaster
192.168.0.254

虚拟网络交换机

HDslave1
IP: 192.168.0.11

HDslave2
IP: 192.168.0.12

图 3-11 大数据中心开发与测试环境拓扑图

由于 Hadoop 大数据框架需要 JAVA 虚拟机才可以运行，因此在安装部署 Hadoop 之前，首先需要安装由 Oracle JAVA 开发组件，运行命令 apt install openjdk-8-jdk 完成后运行命令 java - version 检测安装结果，当出现有 java version 版本号时，表示 JAVA 已经安装成功。

从 Hadoop 官方网站下载安装程序文件，该项目采用稳定版本 2.8，运行命令 wget ttps://archive.apache.org/dist/hadoop/core/hadoop-2.8.0/hadoop-2.8.0.tar.gz。下载完成后首先对压缩文件进行解压缩操作，执行命令 tar xf hadoop-2.8.0.tar.gz，完成后会创建目录 hadoop-2.8.0，该目录中包含了所有 Hadoop 运行必需的文件。在主服务器 HDmaster 和所有从服务器 HDslave 上完成配置，然后在每台服务器上运行命令 hadoop version 验证安装配置结果，当出现 Hadoop 版本号和编译信息时即为成功标志。

　　Hadoop 框架的所有配置文件存放于子目录 etc/hadoop 中。在使用多台服务器的运行环境中，需要在每台服务器的 etc/hadoop 目录配置角色。首先在主节点 HDmaster 上的目录中创建 masters 文件，然后编辑 slaves 文件。由于各从节点服务器只承担 Data Node 角色，仅需要将从节点服务器 Hadoop 配置目录下的 slaves 文件内容设置为 slave 即可。

　　配置文件 core-site.xml 指明集群中哪一台服务器作为 Name Node 角色，包含了 Hadoop 核心进程相关的配置，如用于 HDFS 和 MapReduce 的输入和输出设置等。配置 HDFS 进程的文件是 hdfs-site.xml，包含首要 Name Node 角色服务器、次要 Name Node 角色服务器、Date Node 角色服务器，另外，该文件也包括在 HDFS 上存储数据副本的数量和磁盘文件块大小设置。在开发测试环境中，设置两份副本即可，但是在生产环境中应至少设置 3 份副本，以保证冷链物流大数据的安全性，防止单个节点出现硬件故障造成数据丢失。配置 dfs.permission 值为 true 可以开启文件权限验证，可以防止非授权用户访问，进一步加强数据安全性。在主节点 HDmaster 服务器上的配置如图 3-12 所示，从节点服务器 HDFS 设置与此类似，配置文件中所使用的文件目录需要在 Linux 文件系统使用 mkdir 命令进行创建。

```xml
<?xml version="1.0" encoding="UTF 8"?>
<?xml stylesheet type="text/xsl" href="configuration.xsl"?>

<configuration>
  <property>
    <name>dfs.replication</name>
    <value>2</value>
  </property>
  <property>
    <name>dfs.permissions</name>
    <value>false</value>
  </property>
  <property>
    <name>dfs.namenode.name.dir</name>
    <value>file:///home/gmichael/hadoop/namenode</value>
  </property>
  <property>
    <name>dfs.datanode.data.dir</name>
    <value>file:///home/gmichael/hadoop/datanode</value>
  </property>
</configuration>
```

图 3-12　Hadoop 集群主服务器 HDFS 设置

　　Hadoop 框架自第 2 版开始，将 MapReduce 升级至第 2 版本，采用了 Yarn 资源管理器，进一步提升了系统运行的稳定性和数据处理速度，但也对系统资源的消耗提出更高要求。mapred-site.xml 文件用于配置 Map Reduce，如同时运行的

JAVA 虚拟机数量，mApper 和 reducer 进程使用的物理内存大小，以及可使用的 CPU 内核数量等。在 Hadoop 安装文件中并未提供 mapred-site.xml 文件，但可以从模板文件中复制，执行命令 cp －v hadoop/etc/hadoop{mapred-site.xml{.template, }。为了给 MapReduce 程序中的 Map 任务分配更多的内存，需要在集群中所有服务器上修改 mapred-site.xml 文件中的 mapreduce.amp.memory.mb 值，以 MB 为单位，开发测试环境中设置为 2048。在生产环境中需要根据系统运行指标不断调整，才能满足实际需求。

四、结构化数据存储

冷链物流中的订单数据、温湿度环境数据、运送数据等结构化数据都可以使用 Hive 结构化数据表进行存储。冷链物流业务系统通过 JDBC 或者 ODBC 与 Hive 数据仓库连接后，首先检查对应的数据存储表是否已经存在，如果不存在则执行 HQL 命令 create table Table Name 新建数据表，表中各字段参数根据业务系统的实际需求进行设置，新建完成后的数据表还需要运行命令 alter table add partition 来增加分区。然后使用 load data 命令将冷链物流数据写入当前表的指定分区，此过程中将根据数据量决定是否添加新的分区。写入过程中可能会遇到对已存在分区进行操作的情况，这种情况下需要判断数据是否已经存在，以及是否需要对已经存在的数据进行修改。最后断开与数据仓库的连接。整个操作流程如图 3-13 所示。

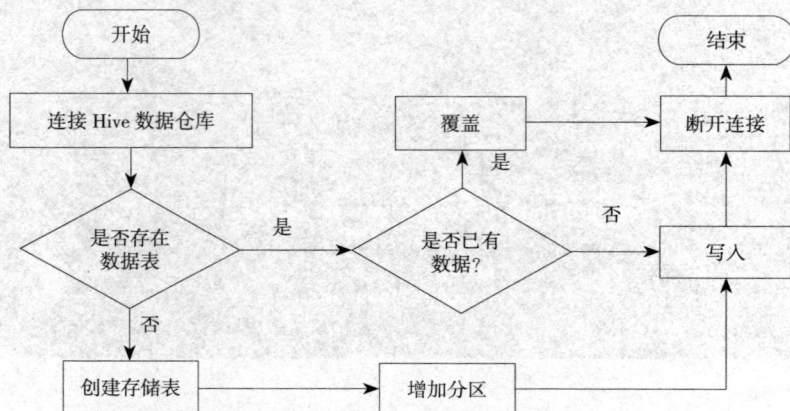

图 3-13　冷链物流结构化数据写入操作流程图

业务系统在执行结构化数据查询时，需要通过 Hive 读取 HDFS 中存储的数据。同数据写入操作一样，首先需要连接数据仓库，然后检查是否存在需要查询的数据表、分区以及数据本身，三者缺一不可，才能保证数据查询成功。

五、非结构化数据存储

冷链物流大数据的另一个重要组成部分是各链条中的多媒体文件，大数据平台提供快速存储和读取合同扫描件、产品检验检疫报告、派送过程中的视频录像、签收扫描、问题件照片和视频、理赔单据等非结构化数据文件。对于这类数据存储需求，将此类数据全部存放于 HBase 数据库中。

非结构化数据写入操作建立在灵活的 MapReduce 编程模型之上，在系统构建过程中实施了多种优化措施，有效地提高了数据读写速度，也改善了系统运行效率。首先使用 MapReduce 中的 HFile Output Format 生成 HBase 格式数据文件，并确定每一个文件属于 Region，采用 Hadoop Total Order Partitioner 类进行操作，通过分区操作对应表中的所有 Region。系统可以使用更少的时间来创建数据文件，特别是在多个用户录入数据时有很大的性能提升。然后使用 completebulkload 类对数据进行加载。

在与 HBase 数据库建立连接后，首先定位至需要查询的数据表，然后可以选择执行单条记录写入操作和批量操作。整个流程根据需要写入的数据量来优化读写方式和流程，有效地提高数据存储速度，如图 3-14 所示。

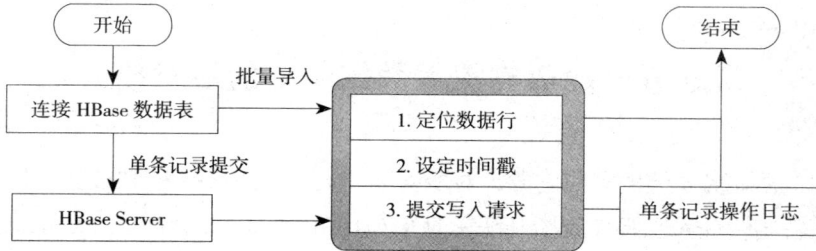

图 3-14　非结构化数据写入流程图

在执行单条记录写入操作时，系统将写入操作请求提交至 HBase Server，然后定位至需要插入的数据行并设定操作时间戳，然后执行数据库写入操作，无论是否操作成功都将事务写入数据库日志。当有多条记录需要写入时，为了避免逐条提交至 HBase Server 和多次写入日志文件而导致操作效率降低，直接执行定位行、设定时间戳和数据写入操作，完成之后再写入日志文件。

冷链物流订单合同等文件保存至大数据中心之后，客户可以通过前端网页随时查询，通常客户需要查看物品的检验检疫报告和签收单据，对 HBase 数据库的读取操作就能满足这些业务需求，数据批量读取操作流程如图 3-15 所示。

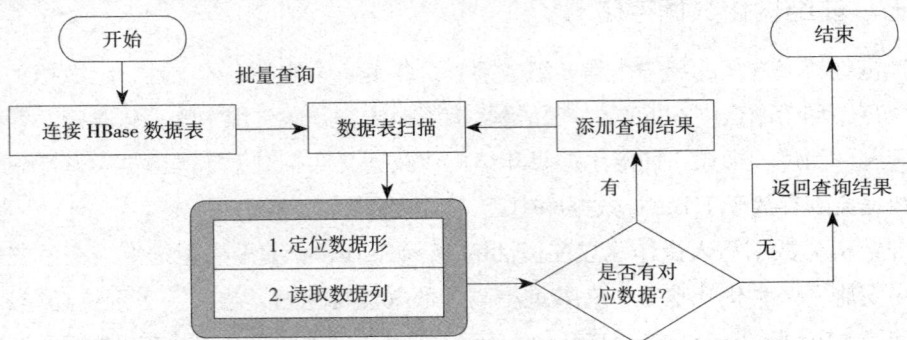

图 3-15 非结构化数据批量读取流程图

非结构化数据的读取操作与写入类似。通过定位对应的 HBase 数据表，对单条数据查询时定位至待读取的数据行，然后读取符合查询条件的数据列；在批量查询时先读取数据表扫描结果，然后循环执行需要读取的所有数据行，提取每一行中的数据列信息作为查询结果。结合冷链物流结构化数据查询结果，业务系统将查询返回的信息息展现给最终用户。

第五节 冷链物流大数据中心的运营模式

企业根据业务发展的实际需要，对多种不同运营方法进行甄别的范式即是运营模式。美国著名管理人士及作家斯莱沃斯基（Adrian J. Slywotzky）认为：运营模式由客户群选择、价值获取、战略控制和业务范围四个战略要素组成，各个要素有机联系并且拥有良性循环。美国学者加里·哈默尔（Gary Hamel）著有《领导企业变革》一书，他在书中指出运营模式由核心战略、战略资源、客户界面和价值网络四大部分组成，通过客户利益、资源配置和公司边界三个媒介要素与运营模式联结起来。除此之外，效率、独特性、一致性和利润助推因素共同组成支持要素，共同决定了企业运营模式的盈利能力。

大数据中心将带来严峻的运营考验，但是挑战也与机遇并存。充分利用高效的大数据信息分析能力，将帮助冷链物流企业在日益激烈的市场竞争中准确决策，深度挖据订单和数据价值。大数据中心通过将数据进行封装，才能为用户提供高附加值的数据分析服务，形成对外开放的商业产品。冷链物流大数据中心的运营模式由平台服务运营和收入运营组成，通过治理机制来保障大数据中心的数据质量和服务质量。

一、平台服务运营

大数据平台的服务能力是核心竞争力，也是经营利润大小的最直接影响因素，决定了大数据平台的持续盈利能力。冷链物流大数据平台提供的大数据存储、大数据处理、大数据分析和大数据应用接口即是服务，客户对这些服务的认可是大数据平台持续发展的保证。当前，亚马孙、阿里云、百度云等国内外云计算供应商所提供的通用大数据服务也各具特色。对于冷链物流大数据平台的服务，以下将从数据采集、数据存储与数据仓库、数据清洗和数据分析与挖掘四个方面进行分析。

（一）大数据采集服务

针对冷链物流行业的特殊性，大数据中心提供从货品生产包装环节至客户签收全程的数据采集服务。冷链物流大数据的采集存在多源异构需求，大数据中心提供的采集服务涵盖不同来源的内部和外部数据，同时支持结构化和非结构化等不同类型的数据采集。一方面在大数据平台最底层的数据来源和采集层，利用物联网技术，在冷链的各个链条环节安装温湿度传感器、GPS 或者北斗定位设备、RFID 标签、开关门检测器和摄像头等物联网设备，实现对外部数据的采集服务；另一方面通过接入物流企业内部运营管理系统，可以采集订单信息、客户关系管理、系统日志等内部数据。

为了满足不同规模的冷链物流企业对数据采集的量级差异需求，冷链物流大数据中心平台提供批量采集和近实时采集服务，可以支持批量和实时等多种采集方式，企业还可以选择离线导入的采集方式。通过大数据中心强大的计算能力提供技术保障，实现高速的采集能力和较低的采集延迟率。

（二）大数据存储与数据仓库服务

大数据存储是冷链大数据中心的核心组成部分，承载着数据处理、数据分析和数据应用等模块所使用的全部数据。基于大数据技术的商业智能分析、客户关系管理等顶层业务系统全都依赖于大数据的存储架构。冷链物流大数据平台提供的数据存储服务基于云计算技术实现，安全可靠性远高于传统的本地存储系统，用户可以根据数据量级选择不同的存储容量，具备极佳的扩展性。

冷链物流大数据中心提供整体性的云存储服务，实现包括数据采集、存储、处理和可视化在内的整个数据仓库服务，来满足业务管理系统和大数据存储方面的业务要求，其中包括对象、文件、块存储服务，以及大数据迁移服务。在大数据存储服务的技术应用方面，提供可以随时随地访问的对象存储 API、多种关系型数据库和非关系型数据库供用户选择。冷链物流大数据存储服务具有高性能、高可扩展性、易部署和易管理的优点，企业通过租用的方式使用服务，不再需要投入大量资金自建大数据平台。冷链物流企业可以利用大数据中心提供的存储服务轻松建立数据仓库，亦可将现有数据仓库从内部迁移到冷链物流大数据中心，极大地降低运营成本。

（三）大数据清洗服务

大数据是一种无形资产，其价值需要在经过数据清洗、数据分析、数据建模和数据可视化之后才能最大化。数据规模庞大、呈指数型增长、类型繁多、结构各异是冷链物流无法回避的现实。冷链物流企业迫切需要将海量且繁杂的大数据需要转化成有效的参考依据，挖掘大数据中蕴藏的价值，根据业务发展需求构建清洁、可靠的数据集，因而数据清洗服务在大数据平台的服务中尤为重要。冷链物流大数据中心根据行业的特殊性，提供针对冷链物流大数据设计的清洗、建模、分析和商业开发等服务，并为冷链物流行业提供后台数据整理、整合、聚合以及商业化应用服务，也可为大量的冷链物流数据交易提供支撑服务。

（四）大数据分析与挖掘服务

冷链物流大数据分析与挖掘服务是建立在数据存储和数据仓库基础之上的更高级别的应用服务，提供高效的查询、高可用的系统架构、简单易用的操作界面，能够帮助冷链物流企业以较低的成本实现大数据多维分析和报表查询功能。该服务不仅能够从关系型数据库、对象存储、数据仓库等导入海量的冷链物流数据，进行交互式数据分析，建立多维分析模型，并实时处理分析结果，还能兼容主流商业智能分析工具，通过可视化的方式帮助冷链物流企业分析和展示数据，快速洞察大数据的价值以辅助决策。

冷链物流大数据分析与挖掘服务提供高性能的查询引擎与列式存储，支持智能索引与向量执行，提供高度兼容 SQL、支持库内分析和窗口函数等高级分析功能的查询接口，以及机器学习模型等 API，供开发更多的数据分析和应用。大数据平台的直接用户可以使用零编码交互式操作，大数据分析服务可将分析结果以直观易懂的方式进行呈现，供冷链物流企业对大数据进行分析和挖掘。通过大数据分析服务提供的多个常用冷链物流数据分析模型，支持对大数据进行多维度、多级别颗粒度的复杂分析，可以让普通职员也能得到只有数据分析师才能得到的结果。冷链生产环节的员工可以得到生产包装的质量分析结果，仓储环节的员工可以及时了解到仓库管理及室内环境信息，司乘人员在运输和派送环节可以及时掌握路况和冷藏厢内环境状况，客户则可以全程掌握订单是否处于受控状态。冷链物流大数据分析服务可以让各环节参与人员都接触到相关数据并进行分析，有利于充分调动各环节的力量，实时了解其所负责环节的运行情况，在发生状况时及时定位问题所在并采取应急措施，防止冷链运送货品质量受损。

二、收入运营

大数据技术在各行各业的应用潜力巨大，但目前其商业模式还处于探索阶段。冷链物流大数据中心的盈利渠道主要来自冷链物流企业和平台自身的经营。

来自冷链物流企业的盈利主要包括：大数据技术应用咨询服务、大数据中心平台资源租用服务和大数据高级分析服务。对于小微型冷链物流企业，大数据中心可以技术咨询服务为切入点，不仅在冷链运输所需的基础技术设备上提供专业意见和建议，也将大数据技术的发展潜力和应用成效给予及时推荐，帮助企业强化技术驱动业务成长的意识。通过预先了解大中型冷链物流企业所面临的业务挑战，掌握其对技术支持方面的核心需求，提供基于云计算的冷链物流大数据中心与企业自建冷链物流大数据中心的综合比较，使得企业深刻明白行业大数据中心所具备的优势，如资源共享、专业技术实力等，从而引导企业转向行业大数据中心，减少企业内部数据中心的固定资产投入，也能极大地降低内部数据中心的运营支出。最终实现由分散的各冷链物流企业数据中心向行业数据中心转变，达到企业与大数据中心双赢的结果。

冷链物流大数据中心面向广大的冷链物流企业，需要在初期投入大量的基础建设资金，这种广泛性决定了平台与企业合作的必要性，对于取得良好的经营业绩有重要作用；在运营过程中还需要不断创新，客户对产品和服务质量的认可是生命线。除了平台提供的常规大数据服务以外，还可以根据大数据分析的结果，掌握行业中各冷链物流企业的发展动态和服务品质，即可以为货主、买主（医院、零售企业等）推荐高水准的冷链物流企业，也可以为冷链物流企业及时推送商业信息。

冷链物流大数据中心的运营和发展必须建立在清晰的盈利模式之上。除了冷链物流行业，大数据技术应用于其他行业的盈利模式也正在逐步探索中，并开始明朗化。随着大数据技术在冷链物流行业中的推广和应用，冷链物流大数据中心根据发展战略和核心优势将开发出新的盈利渠道，如商业广告、冷链物流数据集市等。

第四章　大数据时代农产品冷链物流现状与问题

第一节　新时代农产品冷链物流现状分析

现如今，冷链物流业呈现较快发展的势态。2019 年，我国冷链市场需求进一步扩大，基础设施规模进一步增加，设施建设更趋理性，冷链物流体系不断完善，冷链物流整体健康平稳，行业发展模式日趋多元化。

一、农产品冷链物流的需求现状

我国拥有极为丰富的农产品资源，是蔬菜、水果的生产大国，农产品冷链物流的市场需求呈现出逐年递增的趋势，带动整个冷链行业的大幅度上升。

从 2013 ～ 2017 年的数据来看，蔬菜的产量由 2013 年的 73511.99 万吨增加至 2017 年的 81141 万吨，增加量为 7629.01 万吨，增长率为 10.4%；水果的产量由 2013 年的 22748.1 万吨增加至 2017 年的 25241.9 万吨，增加量为 2493.8 万吨，增长率为 11.0%；其他农产品的产量虽然有升有降，不过整体水平保持良好。

2019 年曾预计，我国蔬菜消费量达到 53787 万吨；我国现在人均蔬菜占有量为 370 千克，据农业农村部测算，到 2020 年还要增加 30 千克，达到 400 千克。这都说明，在当前和未来一段时间内，我国蔬菜市场需求较为旺盛。蔬菜作为主要的冷链产品，必然会对冷链物流产生较大的需求效应。对于速冻食品，全球产量的平均增长速度只有 9%，而我国现在的递增速度就有 20%~30%，近 3 年来的增长速度高达 35%，远远高于全球平均水平。加之生鲜农产品年总产量约 7 亿吨，未来随着逐年上升的冷冻冷藏食品的需求，我国依然会保持对冷链物流的较高需求。

表 4-1　2012～2016 年我国主要农产品分类年产量（万吨）

年份	蔬菜	水果	水产品	肉类	乳制品	合计
2013 年	73512	22748.1	5744.1	7925	2698.03	112627.23
2014 年	76005	23302.6	6001.8	8707	2651.81	116668.21
2015 年	78526	24524.6	6210.9	8625	2782.5	120669
2016 年	79780	24405.2	6379.4	8540	2993.2	122097.8
2017 年	81141	25241.9	6445.3	8542	2935	124305.2

数据来源：中国物流与采购联合会冷链物流专业委员会，国家农产品现代物流工程技术研究中心．中国冷链物流发展报告 2019[M].北京：中国财富出版社，2019.

通过对主要农产品产量变化的研究，还可以看出各类农产品企业对冷链物流的需求状况呈现逐年上升的趋势。冷链企业通过整合并购和投资建设的方式扩大生产规模和企业数量，增加农产品的产出，并保有一定的增长速度，尤其是乳制品企业，增长速度达到 30%，如表 4-2 所示。

表 4-2　我国四类农产品企业 2017 年产量

农产品企业	规模数量（家）	年产量（万吨）	增长速度（%）
水产品企业	3000+	4400	4%
肉类食品厂	2500+	6000	5%
乳制品企业	1500+	800	30%
冷饮企业	4000+	150+	7%

数据来源：中国物流与采购联合会冷链物流专业委员会，国家农产品现代物流工程技术研究中心．中国冷链物流发展报告 2017[M].北京：中国财富出版社，2017.

从 2013 年到 2018 年，我国冷链物流需求总量呈现出逐年递增的趋势，由 2012 年的 7720 万吨增加至 2018 年的 18870 万吨，增加量为 11150 万吨，增长率高达 144.4%，增长速度惊人。2016 年，我国冷链物流总额达到 34000 亿元，冷链物流业总收入达到 2250 亿元，冷链物流市场需求达到 2200 亿元，都比 2015 年有所增长。我国冷链物流行业未来发展空间较大。

我国潜在的冷链市场需求吸引了大量国外冷链企业，他们陆续以独资、合资的形式，参与到我国冷链市场的拓展当中。如夏晖、美冷、太古、普菲斯、怡之航、雅玛多、日本中央鱼类株式会社等。

二、农产品冷链物流的供给情况

冷链物流作为我国增长速度较快的实体行业之一，带动了冷链物流设施设备的增长和冷链物流企业相关岗位的增加。

（一）冷库方面

全国冷库容量由 2016 年的 4200 万吨增加至 2017 年的 4750 万吨，增加量为 550 万吨，长率为 13.1%；与 2012 年的 2122 万吨相比，增加量为 2628 万吨，增长率高达 123.8%。但是，由于我国人口众多，基数强大，人均冷库拥有率仅为 0.1~0.3 立方米，低于大部分国家。

（二）冷藏车方面

我国冷藏车保有量由 2016 年的 115000 辆增长至 2017 年的 140000 辆，增长量为 25000 辆，增长率为 21.8%，与 2016 年的增长率 23.05% 基本持平，均小于 2012～2015 年的增长速度，整体呈现下降趋势。加之每万人冷藏车拥有量仅为 0.88 辆，这都显示出我国冷藏车的供给数量还远远不够，投入力度还有待加强。生鲜电商市场的新阶段和冷链零担市场的异军突起，又要求冷藏车更加多样和全能，为此必须加大对宅配型冷藏车、小型电动冷藏三轮车以及适用于干线冷链运输的大中型冷链车的投入使用。

（三）技术方面

我国的冷链物流技术还处在初级阶段，技术设备不健全，缺乏一定的自主研发。利用从国外引进的先进技术，冷链物流企业提高了运行效率，有了较快的发展。但是，企业间还没有全面建立起技术网络和信息系统平台，导致信息沟通不畅，物流运输盲目，发展质量得不到保障。

（四）主体方面

我国冷链物流企业数量有一定的增加，同时年营业额及吸纳就业人数均由增加。我国冷链服务能力的不断提升逐步得到国际认可，实力较强的物流企业开始介入百盛、家乐福、沃尔玛、索迪斯、快乐蜂、通用磨坊、联合利华等国际知名品牌的冷链物流业务。但是，冷链物流企业的专业化程度还不强，专业型人才依然是一个很大的缺口。

这几个方面表明，农产品冷链物流供给的数量和质量都还达不到日益增长的冷链需求，需要进行全面优化和改革。

第二节　大数据时代农产品冷链物流存在的问题

进入 21 世纪以来，在我国政府大力推动物流发展的情况下，物流业实现了超越式发展，但全社会物流仍是粗放发展，还未进入集约发展阶段，存在的问题也日益凸显。

一、我国的冷链物流系统还没成型

与发达国家相比，我国的冷链物流还存在着很大的差距，远远不能满足随着国内经济发展而不断增长的消费需求。目前，我国的许多农产品（大多数的肉类、80%的水产品、大量的牛奶和豆制品等）都不是通过冷链物流来进行运输和售卖的。速冻食品的生产和销售环节运用冷链比较好，但由于部分商品在一般的条件下进行零售和储存，使得冷链物流的供应链存在断裂的现象。

二、农产品冷链物流缺乏计划和整合

由于冷链物流在上下游之间缺乏计划和整合，使得物流的效益和效率从起始站到消费者不能得到很好的控制。在初级农产品和一些易腐食品的供应链里，供应链管理不仅缺乏全面的专业化，而且在供应链上下游之间也缺少计划和整合，同时在一些局部的发展过程中存在严重的失衡。整体的发展缺乏长远的计划，这直接影响到农产品冷链物流的资源整合和产业发展。

三、农产品冷链物流市场效率低下，第三方冷链物流发展缓慢

市场化程度指的是第三方冷链物流的参与度。当前我国冷链物流行业市场规模不大，行业集中度不高，市场化程度也不高。2016 年，我国冷链物流百强企业营业总收入 225 亿元，同比增长 29.3%，市场份额一直占整个冷链市场份额的 10% 左右。除了外贸出口外，我国大部分易腐商品由经销商完成国内销售部分的运输或物流配送业务，仍以自营物流为主，较少有第三方物流参与。

正如整个物流业一样，冷链物流需要联系多个部门，单靠企业的物流部门不可能

完成所有产品的运输任务，反而会影响农业及食品产业的发展。因此，有必要将物流管理业务委托给专业提供冷链物流服务的第三方企业。但我国第三方冷链物流由于数量少、规模小、过于分散、服务质量不高、组织协调不力，已经不适应当前冷链发展的要求。

虽然我国拥有几万家物流公司，但是只有少数几家能在全国范围内提供全程高质量、综合性的冷链服务，像双汇、夏晖这样有实力的物流企业很难得，而且专门从事冷链产品的物流服务的更是少之又少，完全满足不了日益增长的冷链市场的总体需求，因此第三方冷链物流发展十分滞后。冷链物流行业投资成本高、技术要求高、设备价值高的特点要求第三方冷链物流企业必须具有较为雄厚的经济实力，否则很难开展业务，这就让一些企业很难进入。

考虑到这些现存问题，如果冷链物流服务范围和质量得不到有效保障，企业即使有意愿委托，也会选择自行经营，这就导致建立在第三方冷链物流基础上的各种冷链物流模式也很难形成规模；如果冷链物流服务对象的质量得不到一定保证，企业规模的扩大也就无从谈起。

四、农产品冷链物流的硬件设施落后，技术水平低

冷链物流的硬件设施包括冷库、冷藏车及各种设备等。完善的硬件体系能够保证农产品的全程低温状态和物流的高效运作，这关系到我国冷链物流的发展质量和规模大小。

目前，我国果蔬冷链流通率仅为 10% 左右，果蔬损耗率却高达 30%。大部分初级农产品都是以原始状态投放市场的，且还是在没有冷链保证的情况下使用普通卡车运销的。为了方便省事，装车也直接就地进行，并没有选在冷库和保温的特定场所。这反映出我国冷链硬件装备数量少，冷链物流技术水平低，已有基础设施陈旧落后，更新不及时、分布不平衡的问题。这些问题使得我国农产品流通损耗率高，并直接影响到最终消费品的质量安全，且不能为易腐食品的正常流通系统地提供低温保障，使当前农产品冷链物流的需求无法得到满足和适应。

虽然我国冷库产业和冷库容量在全球的排名比较靠前，现有冷冻冷藏能力在总量上基本能够满足农产品冷藏的需求，但是仍然具有技术落后、功能单一、结构失衡的主要特点，冷藏运输率仅为 10%，人均冷库水平较低，与发达国家的冷藏能力还存在较大的差距。同时，我国冷库建设发展不均衡，预冷保鲜没有保障，容易产生不必要的损耗。2016 年，全国排前 10 名和前 30 名的冷链仓储运营商分别只占整个冷库

市场 10.5% 和 17.3% 的市场份额。冷链仓储市场较低的集中度使得规模效应的优化调度无法完成，这影响到行业整体的盈利水平。在冷库行业中，网点遍布全国、市场占有率领先的龙头企业还没有出现，很多证件资质不全、不再具备竞争优势的中小冷库企业即将面临淘汰或者被整合并购。

五、公众对食品产业抱否定态度

我国还没有制定出一套全面系统的质量标准和政策，用它来监督食品从生产、包装、储存、运输到销售过程（即从农场到餐桌过程）的安全。正由于我国缺乏相关的温度立法和食品卫生法律，且规章制度不能严格执行，从而使整个物流过程质量状况得不到有效控制和保障。我国的食物被认为昂贵且易消耗，对卖方没多大利益且时常造成买方的食物中毒。据统计，在中国，每年有将近万例食物中毒的报道，专家认为实际数据是报道的十倍以上。这些因素给我们国家的食品产业在国际市场的竞争带来负面作用，同时，使消费者对食品产业缺乏信心与信任。

六、冷链物流行业标准缺失，监管不到位

冷链物流具有复杂性和系统性，鲜活农产品只有具备较高的组织协调性，才能保质、保量地从产地送到消费者手中。所以，为了保证 3T 原则（指时间、温度和产品耐藏性）贯彻在冷链的各个环节，用统一的行业标准和规范来引导就显得必不可少。

目前，我国冷链物流行业还处在初级发展阶段，尚未形成完整独立的冷链物流体系。针对农产品冷链物流的发展问题，尽管国家政府和有关机构已经出台了较多的产业规划和扶持政策，但是很多企业并没有严格按照国家标准去执行。它们自律性差，为了获得高额的经济利益，更是使用非冷藏车来运输产品，还对冷链的环节进行恶意"断链"，导致企业间的恶性竞争，从而接连引起市场内的非正常波动。这反映出冷链物流标准体系建设存在很多漏洞，行业内部对涉及冷链的环节缺乏全面性、统一性、操作性、针对性和适用性的标准，以至于对冷链物流各环节的管理和操作都缺少明确的依据，影响了信息的有效获取和利用，行业发展难。

另外，即使具备了相对完善的冷链标准，为了更好地将其加以实施和推广，相关部门必须对冷链各环节的标准执行情况进行有效监管。虽然我国制定了一系列法律法规和标准，出台了一系列的政策文件来规范冷链物流的运作，但是关注点不够聚焦，具体细则不够专项，没有对企业自身制定的标准实行强制要求，对它们缺少必要的约束。这反映出国家冷链物流监管体系不健全，建设进程及速度都有待提高。

总之，国内冷链物流缺少统一的行业标准，标准化建设迟缓，监管协调机制不完善，冷链物流安全体系基础薄弱，市场诚信体系尚未建立，通过企业的自我规范和监管是不完全靠得住的。

七、冷链物流人才短缺，冷链物流理念欠缺

人才是发展的第一动力，企业要想做大、做好，人才资源是关键。在冷链市场需求不断扩大、冷链行业快速发展的形势下，冷链物流人才就显得难能可贵和至关重要。

我国综合物流企业已超过 30 万家，从业人员已超过 3000 万人，然而，从总体来看，冷链行业的企业和从业人员数量仍然非常少，虽然许多先进的冷链系统已经建立起来，但大部分都处于被闲置的状态，并没有得到有效运用，现有的企业和人员数量不足以支撑和服务我国巨大的食品市场需求。同时，冷链行业的企业和从业人员质量也不高，冷链物流行业的企业经营也不够规范，从业人员整体学历较低，一线操作员工多为初中、高中毕业生，大专、本科乃至研究生等学历的人员偏少，基层与管理层之间断档现象严重。

相比普通的常温物流，冷链物流涉及食品、制冷、物流等多个专业，会更多地与跨国企业进行业务合作，这就需要熟练掌握基础理论知识和实际操作能力的复合型人才，特别是国际性双语人才，因此，冷链物流行业对从业人员的要求就变得更高了。而我国冷链物流从业人员中，复合型人才很少，大多数来自普通的常温物流，他们惯用老方法、旧思维，缺少一定的实践能力，跟不上冷链发展的高要求，整体综合实力较弱。冷链物流人才越来越稀缺，越来越难招，人才的流动性也会越来越大。

由于冷链物流投入成本大，回报周期长，价格相对偏高，大多数人的思想又比较保守，消费习惯也很难有所改变，再加上他们欠缺相应的冷链物流理念，对冷链保鲜没有严格要求，即使有要求也不了解相关的冷链物流信息，往往倾向于对廉价的常规产品的消费，这更是阻碍了冷链物流行业的发展。

第三节 大数据时代制约农产品冷链物流发展的主要因素

一、经济因素

（一）农产品冷链物流发展起步较晚

新中国成立之初的经济发展水平十分有限，人们的生活条件和消费水平严重滞后于欧美发达国家。处于温饱边缘的广大居民连基本的口粮需求都难以保证，更不要说对食品在储存、加工和运输上有任何的要求。在此种背景下，我国农产品的冷链物流行业可以说是起步很晚。另外，除此历史原因外，我国的经济和社会发展现状也在一定程度上制约了农产品冷链物流的发展。我国地大物博，资源丰富，但尚有占全部人口约70%的农村人口。多数的农村居民仍采取自给自足的小规模家庭经营方式，对食品的供给一般是为了满足自身需要之用。"流通"的概念在多数农村地区尚无从谈起，即使部分农村地区存在农产品流通，也仅限于自产自销的小规模经营，以及在当地的农产品批发市场进行小批量交易，我们几乎看不到大规模的农产品流通存在。因此，从整体上来看，农村经济发展水平落后以及农村人口素质不高等因素对农产品冷链物流乃至整个物流产业的发展都有一定的制约作用。

（二）农产品冷链物流的资金投入不足

我国目前对农产品冷链物流的资金投入力度十分有限，与欧美发达国家的差距较大。例如，美国在农业资金分配上将30%的资金用于生产，将70%的资金用于农产品的保鲜；荷兰和意大利农产品的保鲜率已达到60%；日本的农产品保鲜率也超过了70%。农产品的产后价值与采收时的原始价值之比，比例越大，说明农产品的品质保持越完整，价值增值越多，如美国为3.7：1，日本为2.2：1，我国仅为1.38：1。

二、人员因素

（一）农产品冷链物流的人才缺乏

目前我国尚缺乏一些有影响力的冷链物流管理方面的专家，有少部分从事农产品冷链物流研究的学者也是之前接触过物流经营活动，后来临时改行成为农产品冷链物流领域的研究人员，他们大都缺乏从事农产品冷链物流的经营背景和实践经历；而一些有过冷藏、冷冻仓储相关从业经历的人员，又缺乏对物流专业理论知识的系统学习和研究。由于整个农产品冷链物流行业起步较晚、基础较薄弱，与之相关的理论体系也没有真正建立起来，因此，理论学者也只能是摸索着前进，逐步从实践中填补和完善该领域的理论空白。

（二）消费者误区

消费者原有的消费习惯短时期内很难改变，这主要体现在：首先，城镇居民家庭的消费者大多习惯于从附近农贸市场的早市上购买粮、肉、蛋、奶、果蔬等日常所需食品，而不经常去超市和大卖场进行采购，这样，无形中就少了一部分农产品冷链物流的终端消费者；其次，目前一些超市和大卖场用于冷藏食品销售的低温陈列柜等设施使用不规范，对待售产品没有按照种类、生产日期等进行细分就直接摆放在冷柜中进行销售。当消费者无意中购买了质量有问题的冷藏食品之后，他们可能会认为这是在产品生产或销售环节产生的问题，从而对冷藏食品品质的可靠性产生顾虑，潜在地减少对冷藏食品的购买。

三、硬件因素

（一）运输设备

当前我国的公路汽车运输工具中，有约 70% 的比例是敞篷式卡车，余下的才是密封的厢式货车，而其中配备了制冷设备和保温容器的冷藏车辆更是不到车辆总数的 10%；除此之外，现有的冷藏运输基础设施过于陈旧，人们使用的大多是机械式的速冻车皮，具有现代化特点的冷藏车辆数量远远不能满足市场需求；在制冷技术和工艺方面也严重滞后，缺乏完善的低温控制设施和食品保鲜运输车厢。

（二）储藏设备

20 世纪 80 年代，我国斥巨资相继修建了 100 多座气调储藏库，同时从国外引进了一批较为先进的、具备相当规模水平的农产品加工生产线，它们主要被用于农产品的储存和加工。但由于当时的经济基础较为薄弱，多数农产品加工企业的规模较小，生产力水平不高，导致了这些储藏库和生产线设备的利用率较低，少量的加工产成品质量也不符合要求，产品加工废弃物无法得到综合利用。企业陷入了高成本、低效益的恶性循环。

（三）超市规模

在我国，超市和大卖场的销售模式是近几年才开始发展起来的，目前在各大、中型城市中方兴未艾。但在数量众多的超市中，专门经营冷链农产品的生鲜超市却不多见。小型超市的经营范围基本上是日用百货，从事冷链食品销售的很少；有些大型超市经营的产品种类虽涉及生鲜冷链食品，但在超市卖场中给予的空间有限，与国外发达国家城市中同等规模的超市相比差距甚远。同时在国内各个大城市中，从事生鲜、冷链食品经营的大型超市也是比较少见的。

综上所述，当前我国缺乏先进的冷链物流基础设施和专业设备，现有的运输、储藏设备陈旧、滞后，区域产业分布不均衡，难以为生鲜农产品的流通过程提供系统的低温保障。此现状将直接导致两种后果：第一，初级农产品，尤其是生鲜易腐农产品在运输和储存过程中的质量损耗率较高，物流成本在整个产品成本中的比重过高（目前我国的这一比例约为70%），这与国际上规定的易腐产品物流成本在产品成本中的占比不能超过50%的标准相比还有相当的差距；第二，产品在物流过程中产生的品质损耗和腐败变质现象，除了会带来企业经济上的损失外，更重要的是可能会产生食品安全方面的巨大隐患，最终危及消费者的利益和人身健康。

四、软件因素

（一）科学水平滞后

我国目前多数从事冷藏、冷冻食品加工的企业所采用的制冷技术，相对发达国家仍处在一个较为滞后的水平上。国内企业一直沿用以往传统的制冷工艺和技术方法，这仅相当于发达国家20世纪80年代的技术水准，无论是在冷冻、冷藏质量监控、产品卫生管理和包装技术方面，还是在作业车间的环境（温度、洁净度）控制方面，我国都较目前的国际标准相差甚远。

（二）信息化程度较低

国内的农产品冷链物流的信息化建设仍不完善，缺乏一个覆盖全面、功能健全的物流信息网络，并且用于支撑网络平台建设的设备配置也不够齐全。由于缺乏一个有效的信息网络来提供及时、准确的市场信息，冷链农产品的生产和流通存在很大的盲目性和风险性。从宏观上来讲，国内还没有建立起一个统一完整的、能够服务于农产品市场的信息管理系统，仅有少部分由第三方设计和提供的用于企业财务管理或库存控制之用的软件，且功能较为单一和局限；从微观上来讲，信息化程度在企业内部各部门之间，以及企业和企业之间的差异较大。许多企业在观念上尚缺乏运用先进的信息技术来促进自身发展的意识，忽略了信息化管理对企业经营的重要性，仅有个别企业意识到了这一点，建立了自己的产品信息发布网站。可见，由于农产品供应链上的企业缺少这样一个必要的信息交换平台来进行咨询上的交流，使得本应拥有多边共赢局面的供应链企业之间缺乏了必要的沟通和了解，从而产生了不必要的交易成本，最终将抑制农产品冷链物流的进一步发展。

五、管理因素

（一）缺乏成熟、完善的农产品冷链物流体系

在农产品冷链物流体系较完善的欧美等发达国家，农产品的配送与运输过程是：统一使用具有冷藏设备的运输工具，并且全程辅以电子数据交换（EDI）等高科技信息技术进行管理，采取公路、铁路和水路等多式联运方式，从而建立起一条涵盖生产、加工、运输及销售等一系列环节的生鲜农产品冷冻冷藏链。这样的配送与运输大大提高了食品的冷冻冷藏运输率和农产品的运输品质完好率。相比较而言，我国农产品冷链物流起步较晚，目前尚未建立起一个完整、独立的农产品冷链物流体系，在这方面，我国与国外的发展水平尚有一定的差距。据统计，目前我国每年的蔬菜产量、水果产量以及全部农副产品的流通量十分巨大，位居全球前列。尽管如此，由于冷链物流体系的滞后，大量农产品无法实现全程冷链流通。比如，从农田产出到产地批发市场阶段根本无法做到预冷处理，在初级加工和分拣分级工程中也没有低温制冷环境的保证，再加上原始、滞后的储存和运输方式带来的质量损耗，每年至少有 8000 万吨的生鲜果蔬类食品因腐败而被浪费。冷链物流产业的发展水平远远滞后于食品产业的发展，使得目前约有 80%~90% 的肉类、水产品、奶制品等生鲜食品仍采用普通的常温储存、加工和流通的方式，而在这种常温状态下的果蔬损耗率约在 20%~30%，禽蛋类 15%，粮油类 15%，肉类 3%，加之食品自身的等级差异、流通及加工中的部分质量损失，每年由此产生的经济损失可达上千亿元。

另外，由于缺乏完善的冷链物流体系，生鲜农产品从生产的起点至消费的终点的整个流通过程，产品储藏的效率水平无法得到有效控制和整合。对处在供应链末端位置的生鲜连锁超市而言，上游的供应主体始终处于不稳定状态，同时超市在对生鲜产品进行经营管理的过程中，会更倾向于注重生鲜冷冻产品的加工和销售过程本身，从而忽略了对上游供应企业冷冻冷藏产品的采购环境和配送过程的考察。

（二）农产品冷链物流的市场化、专业化程度不高

我国农产品冷链物流市场尚不健全，冷链物流企业目前介入的也十分有限。生鲜易腐类农产品除了有对外出口需求的那部分外，绝大多数在国内市场流通和销售的产品，其物流配送业务基本都是靠产品本身的生产商或经销商来承担的。可以说，滞后

的冷链物流服务网络和缺失的信息管理系统，在很大程度上影响了农产品和生鲜食品物流配送的准确性和及时性，使得产品的冷链物流成本居高不下，同时产品在运输途中的质量也难以保证。尽管目前国内的物流公司有数千家，但其中尚无一家专业的冷链物流服务企业能够提供网络覆盖全国的物流服务，因此农产品冷藏保鲜的冷链物流产业的未来发展潜力巨大。

（三）冷冻冷藏食品的配送成本高、运输效率低

1.冷链物流配送成本居高不下的主要原因

第一，运输道路基础设施条件差，运输过程中所遇到的设卡和收费现象频繁，使得冷链农产品的物流成本较高。第二，冷链物流各环节之间缺乏统一性和协调性，使得物流过程不通畅，产品运输成本增加。第三，物流费用中的人工成本不仅包括配送人员的工资，还包括各个物流配送点上应付的租金、仓储费用和人工费用；当物流配送的规模较小时，上述固定成本在分摊后就会显得相对较高。第四，有时为保证及时送货，各个物流配送点都会保有一部分库存产品。从整体上来看，物流企业的总库存量就会相对较多，会占用一部分资金，由此带来企业的流动性问题。据统计，目前未经加工的蔬菜在经过了从生产者、产地经销商、批发商、市场中间商、超市或连锁店等流通环节后，最终到达消费者手中，价格会随之增长 3~10 倍。随着产品的经营管理费用、分装费用的增加，质量损耗也会有所增加，对那些以蔬菜配送为主营业务的企业来讲，余下的利润十分有限，这些企业时常处于保本甚至亏损的状态，经营效益并不乐观。

2.冷冻冷藏产品的储藏、运输效率较低的主要体现

一方面，冷藏冷冻产品在进行装卸作业时一般是在露天环境下操作的，而并非严格按照国际标准在冷库或低温环境下操作的；另一方面，冷链物流各业务环节信息传递不畅通、缺乏有效沟通，储存、装卸、配送等环节的衔接不够紧密，导致冷冻冷藏产品在配送、运输过程中发生无谓耽搁，增加了企业的运输成本和风险。据统计，在我国公路运输的货物当中，针对生鲜冷冻产品的冷链运输在货物运输总量中所占的比例仅为 20%，余下的 80% 均采用普通货物车辆运输货物，如肉类、蔬菜、水果和水产品等。就整体运输方式而言，食品冷藏运输率较高的是欧、美、日等发达国家，约在 80%~90%，苏联和东欧国家约为 50%，中国目前仅为 10% 左右。

由此可见，一方面，我国冷冻冷藏产品的运输率较低，冷链物流服务有效供给不足，生鲜冷冻产品的物流损耗率高，使得仅物流成本这一项就占到整个产品总成本的 70% 左右；另一方面，随着人们生活水平的提高，消费者对禽肉、蔬果、水产品等

生鲜食品的需求无论从数量上还是质量上都有了显著的提高。农产品冷链物流产业供需不对称的现状，对我国冷冻冷藏业积极提高运输效率，努力实现运输及仓储操作的现代化提出了迫切的要求。

（四）冷链农产品供应链的上下游企业间缺乏统一的协调和整合

目前，我国的农业产业化程度和产供销一体化水平相对不高，在初级农产品方面主要体现为：尽管农产品的产销数量很大，但涉及流通环节，在初级农产品和生鲜食品的供应链方面，既缺少掌握农产品冷链物流专业知识的综合型人才，又无法使产品供应链上下游企业间的合作达成统一的规划和协调，最终农产品在供销过程中会产生供需失衡和资源不匹配现象。例如，在冷库设施的建设中存在的只注重肉类冷库建设，而忽视果蔬类产品的冷库配套设施建设；只注重大中型冷库的建设项目，而忽视了产品终端的批发零售冷库设施建设。农产品冷链物流在整体规划和协调方面的缺陷，对整个行业内的资源配置和利用，以及行业未来的全面发展均会产生不利的影响。

第四节　大数据时代农产品冷链物流一体化建设策略

一、利用大数据优势，提升农产品冷链物流水平

农产品冷链物流应利用大数据时代带来的信息高度共享、传播迅速等特点，综合考虑生产、运输、销售、经济和技术性等各个要素，并协调好各要素间的关系，以确保易腐、生鲜食品在加工、运输和销售过程中保值、增值；积极推动建设水果尤其是地方特产从产地到全国城市的冷链物流体系，解决农民销售难的问题。比如，日本借助信息技术建立了虚拟的果蔬冷链物流供应链管理系统，做到了全过程动态监控生鲜农产品的生产、运输、仓储、销售等环节，从而可以在全国范围内实时传递上述环节物流信息，有力提升了农产品冷链物流整体水平。

二、大力培育物流龙头企业，推动供应链的不断优化

各国的物流发展实践表明，物流龙头企业是有效提升各国农产品冷链物流发展的重要推动器。因此，我们要充分发挥市场机制，促进不同运输方式间的竞争，加强监管与调控，出台有利的扶持措施，组建一批具有示范性的设施先进、管理规范、网络

健全、全程可控的一体化冷链物流企业。

三、重视顶层设计，保证冷链物流与相关行业协调发展

生鲜农产品具有时效性，这需要供应链环节具有更高的组织协调性。在大数据时代，冷链物流的健康发展离不开农业农村部门、交通运输部门、质检部门、IT界等的合作与协调，因此，需要统筹规划和管理，并且建立政府、行业协会和龙头企业间的联动机制，制定和实施科学、有效的宏观政策。例如，美国政府放松对运输业的管制后，极大地促进了各种运输方式和企业间的竞争和发展。

四、加强软硬件建设，实现信息一体化，积极推进现代技术在冷链物流中的应用

为推动农产品冷链物流的快速发展，相关部门应出台积极的鼓励性政策，如设立专项基金，加大对冷链物流的科技投入，促进企业在生产、加工、运输、仓储、销售等环节的技术改造与升级，引导冷链物流业的一体化发展。企业要加强硬件与软件建设，采用真空预冷技术、车辆温度自动控制技术、GPS和自动识别等提升冷链设施设备现代化水平，通过网络平台和信息技术实现对货物的全程监控和资源、信息共享，提高全社会的冷链处理效率。

五、建立农产品物流联运机制，增强整体规划性

随着全球贸易的发展，人们对冷藏运输在时间和效率上的要求日益提高。多式联运的模式应运而生，它对加快货物周转速度、降低商品运输成本、推动经济和贸易快速发展有着十分重要的作用。而冷藏集装箱的出现和大规模的利用及其相关信息技术的应用，为多式联运的顺利和快速开展提供了必要的物质保障。建立完整的多式联运体系，需要在现有的冷藏运输的基础上加快拓展和完善水路运输、公路运输和铁路运输的联运信息网络。另外，在运输过程中，冷藏运输车辆要考核监督由于装卸所产生的停时、中时，应制定在途时间的考核标准并严格执行，以最大限度地减少运输时间，提升运输效率。

对冷冻冷藏食品来说，保持其品质的新鲜是销售的关键，这就要求冷链食品应当迅速和及时地进入消费环节，并且要尽可能地减少在流通过程中的环节，以保证冷链食品质量的稳定性和食用的安全性。然而，现实中的农产品在生产和流通时往往具有分散性，使得生鲜农产品的销售环节增多，流通的链条相对也较长。生鲜农产品供

应链管理恰恰是为了解决农产品的集散问题，其最终经营目标是实现生鲜农产品在品种、数量、质量和价格等方面最大可能地满足消费者的需求。出于此种考虑，超市、大卖场、便利店等销售终端应直接到农产品的生产基地或产地批发市场来统一集中采购冷链农产品，这样可以有效地精简流通过程、降低物流成本；必要时，销售终端应当建立有效、长期的购买渠道。

作为一个复杂的系统工程，又由于跨行业、多部门的有机融合的特点，农产品冷藏供应链体系的构建无法仅仅依靠某一行业或某一经济主体来完成，而是需要通过政府部门、行业组织以及企业主体协调沟通，建立起有效的互联机制来完成。因此，体系构建必须从我国现有的国情出发，同时还有借鉴发达国家的发展经验。一方面，政府部门应对冷链物流行业的发展给予必要的扶持并制定相关政策，如优先优惠贷款政策、税收政策，以及针对由于非冷链导致的易腐食品的垃圾回收收取高额环保费用等，同时积极引导企业进行正确的行业规划。另一方面，行业组织应积极发挥其沟通协调的功能，制定和实施冷链物流行业的整体规划和指导规范；建立和完善冷链食品的质量生产和检测标准以及农产品冷链的基本行业标准，并将其放到食品市场准入制度（如 HACCP 控制等）中去，以保障冷链食品质量的安全；绝不放松对冷链农产品的监管，加强对生鲜食品在各个冷链流通环节中的监测。

六、积极推动共同配送模式，促进一体化农产品冷链物流的发展

共同配送模式是发达国家普遍采用的一种先进的物流方式。企业通过不断地有效整合自有资源和社会资源，建立合理的冷链物流配送网络，实现农产品物流在共同配送节点企业间的无缝衔接。这种方式不仅能提高物流运作效率和降低企业物流成本，还可减少对环境的污染，同时能改善城市交通运输状况。

总之，随着物流业的快速发展，以信息技术、物流技术和管理技术为基础的一体化物流模式能极大降低物流成本，降低农产品流通中的损耗和变质，实现对农产品从种植、生产加工，到销售过程中的追溯和监控，从而保证食品卫生和安全，最终提升农产品的竞争力。

第五节 新时代农产品冷链物流案例分析

一、生鲜农产品电商冷链物流案例——以易果生鲜为例

（一）易果生鲜概况

易果生鲜于 2005 年在上海正式成立。它的成立标志着中国第一家生鲜电商企业的诞生。自此，2005 年被称为中国生鲜电商的元年。作为中国规模最大的中高端生鲜食材电子商务平台，易果生鲜从成立之初就开始致力于向对生活品质具有高关注度的中国都市家庭提供来自全球的精选高质量食材。易果生鲜始终秉承"如珍视家人一般珍惜顾客"的创业初心，以"简单、美味、安心"为理念，以"尊重食材，以原色、原味、原生"为原则，为每一个消费者提供生鲜类食材的一站式购物服务。

目前，易果生鲜有 3000 余名员工，全程冷链物流运输生鲜食材覆盖全国 27 个省份的大、中、小 310 个主要城市，为中国近 500 万家庭用户和 1000 多家企业用户提供服务。在食材采购上，易果生鲜坚持全球精心选择，原产地优质采购，食材来自全球 7 大产区，包括中国、新西兰、挪威、西班牙、法罗群岛、阿拉斯加、乌拉圭等 23 个国家和 147 个产地。在产品类别上，作为提供一站式服务的生鲜电商平台，易果生鲜拥有水果、蔬菜、水产、肉类、甜点、禽蛋、粮油、饮料、酒类共 9 大品类的生鲜食材，包括 4000 个以上的产品种类。在销售渠道上，易果生鲜建立了包括自身 PC 端与 App 客户端的官网平台、天猫的易果旗舰店、天猫超市每日鲜以及企业四大主要销售渠道和其他分散渠道，形成了全方位覆盖的销售网络。

现阶段，易果生鲜所经营的主要内容由三个部分构成：一是供应链的管理，指如何在世界范围内为来自不同地区的不同消费者精选优质商品，以及供应商选择、采购时间、价格、品控、交付时间等；二是物流，冷链物流是生鲜电商行业的关键环节之一，它直接影响产品的新鲜度和及时性，目前第三方物流难以实现易果生鲜的配送要求；三是渠道管理与市场营销，易果生鲜渠道分为天猫超市生鲜板块、易果官网、App 几个主要集中渠道，还包括下厨房等手机应用上的多种分散渠道，各个渠道用户的需求具有很大的差异，需要相关人员专门进行针对性的具体运营与维护，开展与之匹配的营销活动。

易果生鲜的发展之路经历了多次转折与跨越。

2008 年，成立三年时间的易果生鲜开始拓展北京市场，以"小分队"模式进入北京。

2009 年，易果生鲜从最初只有进口水果一个产品品类的生鲜电商企业，发展成为具有国产水果、肉类、禽蛋、蔬菜、水产、烘焙等的生鲜全品类网购平台。易果在战略上提出，由于客户家庭的需求是综合的，易果生鲜要解决的问题不是满足用户的单一种类购买需求，因此易果生鲜要以合理均衡整个家庭膳食结构为目标，满足客户家庭多样性的需求。

在 2005 年到 2013 年的时间里，易果生鲜一直处于盈利状态。2013 年可以说是电商生鲜平台的转折年，消费者的消费量明显上升，市场迫切需要通过外部资本来扩大规模。于是，易果生鲜开始了与阿里巴巴的合作。

2013 年，阿里巴巴集团以极富战略性的眼光独家投资了易果生鲜数千万美元。2014 年，易果生鲜又获得了由阿里巴巴及其旗下的云峰资本联合出资的 B 轮投资。易果生鲜在与阿里巴巴形成了高度战略联合后，每年的销售数额实现了飞速发展，增长速率成倍上升，以资本和流量优势成为行业的领先者。

与阿里巴巴的合作后，易果生鲜的企业战略布局又做出了调整。2015 年，易果生鲜进行了对另一家生鲜电商——优配良品的投资。一方面，易果生鲜在冷链物流、资金、大数据和供应链等方面都具有极大的优势，可以给优配良品提供便利的条件，从而实现自身的快速发展；另一方面，易果生鲜在面向消费者的渠道上已经处于领先的地位，而与优配良品的合作则使得易果生鲜能够扩展在企业渠道的布局，完成立体化的多渠道战略。两家平台若实现了联合采购，可以减少原产地直接采购的环节，实现更广泛的用户覆盖；产品的研发可以具有更强的市场适应性，形成更加高效的规模效益；同时，两家企业可以联合构建更加完善的冷链物流体系和供应链系统，从而真正实现"极速达"送货。同时，易果生鲜还与果酷、果易达、团来团趣等多家生鲜电商达成了合作关系，实现了数据共享。依托阿里云技术，多平台并联成为一张协同的智能网络，最终做到了数据主导决策，从而能更高效地指导运营。未来，易果生鲜与各个合作企业都可以实现资源的共享和大数据的交互，进而建立生鲜电商行业的统一化标准，从而规范行业运营，实现科学发展。

2016 年 5 月，易果生鲜正式对外宣布将采用"联营"战略，转变企业发展模式，从目前的垂直类型生鲜电商企业正式转变为依托数据的生鲜运营平台，将客户、系统、数据、供应链分享给上游合作伙伴，而平台的基础模型已经搭建完毕。除了易果本身的官网、手机应用端，和已经实现独家运营的天猫超市生鲜专区，易果生鲜已经完成了全方位平台基础构建：在渠道方面，与优配良品、下厨房、海尔互联网冰箱等丰富的渠道进行了合作，并开发了独立手机终端——易果点点；在物流方面，全资子公司安鲜达物流已经进行了独立经营并面向第三方开放，发展成为物流平台型企业；在投资方面，投资了优配良品、果酷、团来团趣、果易达等项目，实现了生鲜电商企业的数据共融；在金融支持方面，获得了蚂蚁金服的协议支持，可以为供应商提供"T+1"回款；在市场营销方面，已经与滴滴出行等企业进行了合作尝试，取得了不错的市场效果。

2016 年 11 月，易果生鲜完成了 C+ 轮融资，由苏宁投资集团领投。这是同年 3 月易果生鲜获得阿里巴巴集团和 KKR 集团领投的 C 轮融资后的第二笔融资。融资金额总计超过 5 亿美元，创造了生鲜电商企业融资金额的最高纪录。

2016 年 12 月 28 日，易果生鲜又与苏宁签订协议，易果成为苏宁自营生鲜品牌"苏鲜生"的最主要供应商。易果将依托自身 11 年的生鲜产品电子商务运营经验，从日常运营、商品、物流等各个方面为"苏鲜生"的经营提供经验与支持。在分别与阿里巴巴和苏宁两个企业达成战略合作后，易果生鲜已经成功布局了线上、线下两大渠道，充分保证了日常的流量，易果已经成为生鲜电商市场的绝对领军者。目前，易果生鲜的每日平均订单数量已经达到 10 万单以上，远远领先于行业的第二名。与苏宁达成合作关系，更进一步地奠定了易果集团立体化全渠道战略的基础。

同年，易果集团对外宣布旗下易果供应链公司正式成立。易果供应链公司以建立完整的标准化体系为目标，致力于推动生鲜商品实现行业标准化发展。易果生鲜正式升级为易果集团，预计在 2018 年扭转过去五年的局面，实现集团的全面盈利。

（二）易果生鲜冷链物流现状

易果生鲜公司内的物流部门负责产品的配送，由部门完成仓储、质检、包装、分拣、加工、宅配等服务。最初规模较小，但是易果生鲜在最初就建立了严格的物流标准，控制产品质量，保证新鲜、如约送到用户手中。而生鲜类的电商对冷链物流要求非常高，随着公司的发展，易果生鲜也在不断提升自己的供应链水平。

为了提升对商品品质的把控能力，保证生鲜产品的新鲜度，同时保证食品的安全，易果生鲜从产品供应源头开始解决冷链物流问题。

2015 年，易果生鲜成立了全资子公司——安鲜达物流科技有限公司。安鲜达以"提供安全、新鲜、如约达的生鲜供应链服务"为使命，以"成为中国最具价值的生鲜供应链一站式服务平台"为愿景。安鲜达的供应链管理技术在国内生鲜冷链物流行业具有绝对的领先地位，能够为生鲜食品行业的客户提供一体化的冷链物流仓储配送服务，具体包括冷库仓储、冷链干线、冷链短驳、安全质检、货物包装、分拣加工、冷链宅配、门店销售等内容。服务范围全面覆盖以上海、北京、广州、成都、武汉、济南、福州、西安、沈阳为中心的全国网络。目前安鲜达与菜鸟物流是战略合作伙伴关系，已成功为天猫超市生鲜店、易果生鲜、CAKE 等国内知名生鲜电商提供了一站式冷链物流服务。

目前安鲜达的物流网络为三层结构：由原产地仓库至区域配送中心，最后到达终端配送站点。上文提到，安鲜达已经建设成型 7 个大型配送中心，其中仅上海一个城市就拥有 40 个物流站点。这些站点平均面积在 75 平方米左右，可以根据实际经营状况灵活地调整站点位置和数量。易果生鲜已经在 15 个城市进行了物流配送队伍的自我建设，取得了优秀的成果与经验。

安鲜达建立了包括常温、冷藏、冷冻的 3 大类温控体系仓储结构，能够同时满足全品类所有品种生鲜产品的仓储必须条件。此外，安鲜达还在管理上实现了行业的绝对领先，已经能够进行从采购到仓储到配送的全供应链一体化运营。依赖强大的冷链物流配送网络，安鲜达可以提供当日达、次日达和定时达三种物流配送服务，以满足消费者的不同需求，同时可以保证生鲜的冷链物流配送品质远远高于行业的平均水准。2015 年天猫"双十一购物节"当日，安鲜达完成了超过 5000 单的当日达订单配送。

安鲜达是市场上少数可以提供全链条冷链服务的第三方物流平台。一般的物流公司只是将物品从一个地点送到另一个地点，而安鲜达需要消费者在收货时检查商品是否符合标准，如香蕉要保证送到消费者手中后，还能够在冰箱冷藏三天到五天时间，这要求在物流过程中进行专业的摄入配送。而由于生鲜产品种类非常多，每种产品的温度需求都有差异，甚至同一品种不同品牌的产品要求都有细微的差异，因此从接收起到分箱组单都要充分考虑其适合的温区。安鲜达把商品所需要的温度划分为六个不同的温区，并对其进行商品的分区存放；当消费者所需商品涉及不同温区的产品时，在组合过程中也具有严格的标准，规定具体的可以组合放置的产品和绝不能放在一起的产品；安鲜达还在配送环节增加了一项标准化服务，即在用户开箱检验货物时，配送员需要告诉客户如何对商品是否符合标准进行判断。此外，企业客服在商品销售前或售后都需要提醒用户产品存放的注意事项，如葡萄的表面果粉如果潮湿就很容易腐烂，因此不能放进冰箱内存储，物流人员在配送过程中也需要向用户传达此类信息。

此外，为了让商品从源头就进入企业的品质控制体系，易果生鲜正在积极在原产地进行仓库的建设。许多供应商在原产地都有很高的商品供应水平，市场也有充足的劳动力，他们能够对产品进行初级简单加工或者基础分级，但是由于成本等原因，有些房产地不具备专业化的生鲜存储仓库，而产品的最初品质是最终品质的基础。面对这种情况，安鲜达提出了延伸建设产地仓的理念。但是产地仓并不能通过商品的"产地直发"来降低损耗率，因为前端与终端对产品的出售方式不同，前端包装比较大，终端包装则比较小，如终端可能将猕猴桃分为4个、8个或16个不同大小的包装，前端可能整箱装运，当产品包装变小时会增加运输成本，因此难以权衡"产地直发"是不是能够实现降低成本；另外，用户下单时往往又涉及多种商品，它们不一定都在同一产地，因此也就不可能在产地仓组单。在实际经营中，有部分产品能够在产地直接进行最终包装，也有部分产品必须进行翻箱或者二次商品质量检测，所以产地仓更多的作用是进行周转。总体而言，更靠近产品的供应商的目的还是在于减少中间环节，降低产品的损耗。

目前，易果生鲜的物流全部由全资子公司安鲜达完成。安鲜达主要提供四个模块的服务。

第一模块是仓储服务，具体包括常温、冷藏、冷冻三大温层，七大温区。此外，安鲜达还建设有混合仓和独立仓两种仓储模式，以适应产品的不同需要，如部分产品会释放出乙醚物质，包括雪梨和苹果等，这部分产品则需要在独立仓单独储存。在每批货物进入仓库前都需要在"码头"进行暂时停放，专业人员会对商品进行抽样检测，通过质量检测的合格产品才能进入仓库。在商品入库时，专业人员还会依照产品的品质、损耗情况、货架期状况进行标记，在调配时按照标记具体情况进行合理调配，而不是简单地按照"先进先出"的调配原则。每个产品从进入仓库都将被 WMS 系统 +RF 扫描系统进行全程跟踪记录。

第二模块是质检。安鲜达有专门的质量检测实验室对产品进行质检。例如，对不同批次的同种火龙果，安鲜达会将其分为常温组和冷藏组，同时对它们进行对比实验。常温组在实验室普通室温下，贴有纸条标记；冷藏组放置在实验室的冰箱中，也贴有纸条进行标记，从而检测在常温下不同批次的火龙果的最长保质期。这些数据最终会反馈给最前线的配送人员，以确保产品在保质期之内配送到消费者手中。此外，实验室的另一项非常重要的工作是对产品农药残留情况进行抽样检查。

第三模块是产品的加工包装。高品质的包装在前期需要大量的资金投入和进行长期的跟进优化。安鲜达曾经在同一地区的冷链物流过程中尝试使用大保温箱来替代小型的保温泡沫箱，在箱内放置冷媒（冰袋）进行降温，这样可以节约包装材料和降温材料，但在实际的运营中，终端的一部分客户不一定能够立刻食用产品，因此还是需要泡沫箱和冷媒进行售后的冷链延续。因此，这一无法达到保温要求的资源节约模式被安鲜达放弃了。除了包装规模，安鲜达也在努力降低每份订单的硬性包装成本。例如，对于稳定的某个区域的配送人员，他已经充分熟悉了忠诚消费者的使用场景，因此在自营配送的过程中，他可以尝试回收固定用户的硬性包装，包括泡沫箱、冰袋，从而压缩成本，产出更多的利润回报给用户。比如，针对再回购用户，在充分熟悉其对产品的享用时间的情况下，配送人员可以有计划地合理回收硬性包装，并通过现金券等形式对用户进行回馈奖励。

第四模块是配送服务。安鲜达采用人工拣选订单入袋并结合运输管理系统（TMS）智能配送订单的方式，以防止配送订单出现错误。另外，安鲜达已经建立了自配送的队伍，覆盖了 15 个订单量较大且密度非常高的城市；对不能实现自配送的城市，安鲜达将配送业务外包给了当地的第三方物流企业，并对其采取 GPS 全程实时状态跟踪，如果出现延时送达的情况，则会通过处罚违约金等方式对第三方物流进行强制约束，从而保证配送服务的质量以及时效性。

除此之外，在配送过程中，安鲜达已经建立起了一个覆盖生鲜供应链冷链物流全过程的标准体系，包括产品的采购、入库、存储、拣选、加工、配送、质检等所有环节，有效地提高了冷链物流的工作效率，促进了集约化发展的程度。具体包括：

1. 全面使用标准化的塑料托盘

为了提升冷链物流运作效率和保证提供高品质的服务，全面使用标准化的塑料托盘。以宝山仓为例，作为易果生鲜的全国总仓储基地，宝山仓的存储需求量巨大，2015 年宝山仓采购了标准化塑料托盘 6000 块，增加设立了 5530 个标准托盘位，更好地发挥了其功能。

2. 仓到仓带托运输调拨

目前，宝山仓在向易果生鲜布局在全国其他地区的 6 个仓库进行产品调动时，全部使用带托运输调拨的方式，而且配合各个仓库之间的托盘公用管理体系，充分提升了仓库间的调动效率。带托运输的优势非常明显，使装货、卸货的速度得到了提升，也减少了在卸货时发生的"码头"占用时间，提升了运输车辆的周转效率；同时，带托运输充分节约了装、卸货的成本，提升了收货的速度，极大程度地降低了生鲜产品的损耗率，进一步提升了公司的服务品质。自易果生鲜开始实施带托运输的模式后，各个仓库之间进行调拨的货物损耗降低了 30%，缓解了"码头"收发货物的压力，提升了 50% 的收发货物效率。在自身货仓取得成功后，目前安鲜达正在积极尝试建立供应商到公司仓库间的带托运输标准化项目。

3. 仓到站点间带筐短拨

为确保商品的品质和时效，安鲜达避免了类似普通快递的散货装车的操作模式，通过带筐短拨的方式优化物流过程。安鲜达在上海地区采购了 2000 个可以折叠的标准化塑料周转筐，并将其作为基础的承载单元，以完成仓到站点之间的运输。全面使用带筐周转后，宝山仓的总体货物损耗降低了 30%，同城短距离调拨装车速率每车缩短了 15 分钟，运输车在站点的卸货时间每车也减少了 15 分钟。目前，安鲜达已经将带筐短拨的模式推广到了全国其他货仓，这种模式既能够保障生鲜产品的质量安全，又能够有效提升同城短距离调拨的运作效率。

4. 引进标准自动化设备

2015 年，上海地区的市场不断扩大，订单量也极速上涨，宝山仓的订单处理能力已经不能满足日常的订单需求，仓库内传统的加工、打包、分拣过程都需要通过自动化的机械设备来提升工作效率。因此，宝山仓引进了包括滑块分拣机、电子标签和各类输送设备等自动化设施，对它们的使用，既提升了产能，同时又有效降低了人为因素对商品造成的不良影响，保障了用户的体验。而后，全国建立的其他 6 大仓储基地，都引进了自动化设备，从而保证质量的标准化。

目前，安鲜达已经在产品收货、存储、运输、加工、发货的各个环节都建立了质量检验的标准化和模块化管理体系，也做到了在全供应链的过程中对商品信息进行完整的跟踪记录；同时，安鲜达的质量检测团队还建立了全国统一的质检标准和服务标准，在整个冷链物流体系上形成了固定模式，使供应链能够更好地进行前端或后端的延伸，奠定了公司长期发展布局的良好基础。

总体来看，易果生鲜自建的安鲜达物流公司具有很明显的优势。首先，自建的标准化冷链物流体系实现了仓储模式的运作，这一方面压缩了物流的配送成本，另一方面有效提升了物流过程中的配送效率，还可以对产品的标准化运作起到一定的帮助作用。其次，从对物流配送服务进行把控的角度来说，自建冷链物流不但可以充分保证配送的及时性，还可以更好地控制配送的服务质量。一线配送是最直接接触消费者的环境，良好的质量服务体验，可以优化用户的消费体验，进而增加用户对企业的忠诚度。比如，当前在很多一二线的城市，易果生鲜都已经能够实现当日送达。最后，冷链物流链的断裂是对生鲜电商企业最致命的威胁，它不仅会带来极高的产品损耗，还会造成食品的安全隐患，危害消费者的健康。自建的冷链物流配送就能够更好地保障配送过程中不出现断链情况，同时，自建物流也可以保障平台自身的安全性，有效地保护平台的用户数据、交易数据等商业数据不被泄露。

（三）易果生鲜冷链物流问题

冷链物流与配送一直是生鲜电商企业的痛点，也是亟待解决的主要问题。安鲜达虽然有目前行业领先的冷链物流与配送的标准化一站式服务，但还是存在一些需要解决的问题，主要包括下列具体问题：

1. 缺乏固定的技术性冷链物流体系

由于生鲜电商平台的业务模式尚未发展成熟，还处于快速发展变化的过程中，这就要求与之配套的物流业务，也必须保持灵活的可变动状态，从而使得硬件上无法一步到位，难以在系统化操作上提升效率和空间。同时，整个行业还处在对冷链物流模式的探索阶段，对冷链物流过程中的仓库设置、物流过程控制等具体环节都没有形成固定的体系。

此外，冷链物流本身的市场化程度也比较低，冷藏库、冷藏车等冷链物流中的基础保障设施不完善，无法形成基础链条。并且，冷链物流中还存在很多技术性问题，如冷链中的保鲜技术、温控技术、配送信息追踪技术等技术性的问题尚未得到彻底解决，这也增加了建立技术性冷链物流体系的难度。

2. 冷链物流过程中损耗率高

生鲜农产品从采摘、仓储到最后的运输，整个流程对环境要求非常高，高损耗率一直是制约生鲜电商平台盈利的重要原因。我国的生鲜产品市场损耗率更是非常高，达到 25% ~ 30%，而发达国家的果蔬食材从采摘到进入用户，损失率只有 5%。在物流过程中，由于我国的大部分生鲜种类的包装缺乏统一的保鲜标准，加上冷链基础设施不完善、冷链技术不够发达，物流过程中的损耗率也是高达 20%~25%，其中，生鲜电商平台的生鲜农产品物流损耗率约在 10% 以上，有些电商平台的损耗率甚至超过了 30%。由于损耗率具有很强的产品特征，即使是同一产品，也会因为季节不同、品种不同、产区不同导致损耗率不同，从而使得损耗率就更加难以把控。运输方式和运输条件也会影响生鲜产品的运输时间和损耗率，同时，区域的气候也影响着冷链物流的配送。例如，广州一年中有 6 个月时间非常闷热，给产品的配送带来了很大的困难。易果生鲜也面临这样的高损耗率的问题，虽然在生鲜电商企业中，易果生鲜的损耗率已经处于行业标杆地位，仅有 8%，但依然是制约公司盈利的一大难题。在冷链物流过程中，损耗主要发生在颠簸和温、湿度控制的过程中。企业可以对温度、湿度进行调控，而颠簸则很难解决。

3. "最后一公里"与前置仓不足

"最后一公里"最初指的是经历过长途跋涉后快要完成全程时的最后一段路程，

后来用来形容在完成一件事情时充满困难的关键性的最终环节。① 对生鲜电商平台来说，"最后一公里"在配送过程中尤其关键，具体指的是最终环节的物流人员使用特定的运输工具，把消费者通过网络平台购买的商品，从消费者所在地的配送中心直接送达到消费者手中的过程，进而真正实现门到门的客户服务。"最后一公里"虽然在整个冷链物流环节的最末端，但是却具有不一样的意义。因为最后的配送交付过程，是电商平台与消费者直接接触的唯一环节。在这一环节中，物流人员可以在服务过程中获取用户的数据信息，而这些数据信息又可以作为有效价值信息预测前端的市场并进行供应链的管理。同时，这也是直接塑造平台形象的唯一环节，优化服务可以提升消费者的满意度。

易果生鲜的客户众多，又十分分散。面对大量的送货需求，最后一公里时效性要求高，又没有固定的消费者收货时间，送货成本高且送货风险大。目前，易果生鲜面临这一生鲜平台的共同问题，缺乏更优的物流配送解决方案。此外，最后一公里的困难，很大程度来源于消费者所在地站点形式的多样性，例如快递自提柜、快递驿站等。这一环节属于其他细分行业，还处于初期发展时期，配送难度比较大。目前，易果生鲜计划初期将站点改造成符合前置仓的模式。由于数据的缺乏，没有先进经验可以借鉴，改造计划难度非常大，对前置仓的距离位置、规模、仓储容量、设计产品种类以及前置仓的周转方式，易果生鲜都还没有具体的可行性方案。

4. 冷链物流成本局

据《2014—2015 中国农产品电子商务发展报告》的数据统计，目前我国有接近4000 家农产品的电商企业，包括生鲜电商企业，其中仅有 1% 可以实现盈利、7% 处于巨额亏损状态、88% 略微亏损、4% 可以做到收支平衡，总体来说 95% 的农产品电商企业都处在负盈利状态。产生这一问题的很大原因，就是冷链物流的巨大成本。由于生鲜品类的特殊性，持续的冷链物流投入成为目前生鲜电商企业的最大开支。生鲜产品不易保鲜，产品易腐，需要特殊的专业化运输工具。在物流效率上，货物装卸搬运的机械使用率低，人工成本高。生鲜农产品还具有季节性特征，一年四季对冷链物流的要求也能不断变化着。生鲜农产品物流还受到空间位置的影响，生产地的多样性和目标市场所处地理位置的复杂性都增加了物流成本。

此外，易果生鲜的安鲜达属于自建物流，需要大量的成本投入。以目前的市场价格来计算，自建一个 5000 平方米左右的冷藏库，并且具备所需的 6 大温区，仅硬件

---

① 谭本艳，文雅. 中国生鲜农产品电商发展的现状与对策 [J]. 世界农业，2016（03）:181-184.

成本就超过 2000 万元；冷藏库、冷藏车的维护成本也非常高，还需要投入人工成本，在冷库工作的普通员工月工资水平至少在 5000 元①。虽然有阿里巴巴、天猫超市等强有力的资源支持安鲜达的冷链物流的建设与发展，安鲜达还是面临巨大的成本压力。

5.冷链物流专业化人才不足

人才是实现企业发展的关键性资源，生鲜电商平台的信息化发展也需要众多具有专业背景的高质量人才。同样，冷链物流的运作过程中涉及许多不同专业的学科，具有专业特性明显的特点。因此，冷链物流的运营需要高水平、多学科的专业背景人才。而目前，我国冷链物流的专业教育不足。虽然很多高校都有物流专业课程，但是对最新的物流模式和冷链物流的教学与研究，多为基础理论知识，与现有实践脱节较严重，对实际工作没有很强的指导意义，从培养环节上就与企业所需的冷链物流人才不匹配。其次，生鲜电商发展速度非常快，从事冷链物流的人员数量巨大，但是专业人员没有统一的上岗标准，也没有上岗资格认证，从业人员素质差异大，大多缺乏对冷链物流的系统化知识，这将无法满足信息化时代背景下的生鲜电商冷链物流的发展需求。最后，信息技术人才与专业化人才不同。虽然冷链物流行业内也有很多信息技术专业（或计算机专业）毕业的人才，但在生鲜电商企业中，需要计算机专业人员进行设备的安装调试、App 应用的开发、网页的维护等相关工作。与信息化专业化人才不同，在生鲜电商企业的冷链物流中，对多样化、复杂化的物流信息进行需求分析、市场调研、市场规划与实施以及系统的选择上都需要业务人员共同参与完成。因此，专业化的人才不仅是要具有计算机知识，更是要熟悉企业运营管理、业务流程的复合型人才。整体行业背景下专业化人员的缺失，使易果生鲜同样面临这一问题。

（四）易果生鲜冷链物流优化建议

针对易果生鲜冷链物流现有的问题，对照本文第四章中提出的农产品电商冷链物流优化建议，我们对易果生鲜的冷鲜物流提出以下优化措施。

1.从源头到终端建立标准化共识

为了解决产品质量控制问题和提升供应链源头品质，降低冷链物流中的成本，易果生鲜应该从源头开始与供应商达成标准化的共识，进行标准化地输出。例如，一颗新西兰的猕猴桃，它的甜度、重量、尺寸、色泽、客户收到以后的保存期等，这些因素都要与供应商形成共同的标准体系，成为易果生鲜源头收货的标准。易果生鲜曾提

---

① 李征，刘宏宇，刘永悦. 我国农产品电子商务冷链物流发展策略研究 [J]. 物流技术，2015（03）:23-25.

出，希望将产品的品质控制做到"离源头足够近"的地方。目前，易果生鲜内部具有一套被称作"马克标准"的市场标准体系，这为易果生鲜的产品质量和标准化提供了依据。易果生鲜可以向源头供应链输出软性质量标准和派出采购人员进行协助，但不参与工厂建设。同时，易果生鲜也注重物流链条中的质量检测、分装、产品包装等职能的完善，用自身的物流体系与供应商完成对接。

在冷链物流中间的流通环节，应该建立监控的标准化。目前，安鲜达已经在冷链物流过程中运用了一些先进技术，如在冷链监督的过程中，采用了云平台进行操作，通过实时向云端平台反馈即时的温度和湿度信息，对生鲜产品冷链物流的全过程进行监控。此外，在冷链物流中的物流基础设施、物流人员、操作规范、货架及货箱的规格、产品的售后等各个环节上都应建立行业标准化体系。

作为行业里处于领先地位的企业，易果生鲜有责任承担起社会责任。在生鲜农产品市场标准化和商品品质两方面，易果生鲜率先进行改革，向整个生鲜行业进行标准输出。在进行标准化输出时，易果生鲜要注意经济时代背景的影响，建立与国家经济政策相适应的标准化体系，体系既要指导整个行业形成稳定的模式，又不能僵化。生鲜农产品冷链物流还处于起步阶段，这就需要整个行业共同在实践中完善发展体系，形成行业的标准化。安鲜达还可以倡导行业建立流通过程中的监管机构，以行业公约强制保障各生鲜电商平台对冷链物流过程的质量标准。

2.加强冷链物流各环节的质量控制，降低损耗

生鲜产品具有易腐烂、不抗碰撞等特征，因此，在冷链物流过程中避免损耗是提升质量、降低成本的重要途径。例如，对香蕉等易被挤压的水果，要做好防撞工作；对荔枝等对温度、湿度要求高的水果，要做好温度控制或者用辅料装置吸水、吸潮。特别的水果，要重点加强对产品的仓储、产品加工作业区域的控制和产品包装三个方面重视力度。产品包装的重要性在后期物流过程中会逐渐凸显，如易挤压的草莓等产品要如何防止泡沫填充物避免翻滚和挤压，火龙果怎么割开等。每个包装箱的泡沫箱、外箱都要严格按照标准进行填充，在搬运和装卸的过程，要注意保护产品，坚决杜绝"暴力"搬运。提升配送人员的职业素质与基本意识，避免人为因素造成的浪费。

冷链物流的温区要更加精细化。生鲜产品的品质保证需要贯穿冷链物流的整个流程，在任何配送流程出现问题，都会造成彻底的质量损坏。因此，在供应链的每一个环节上都要做到充分保鲜，包括原产地的预先冷藏、进入自动冷库进行储存、过程中的冷链运输到最后的终端配送环节，都需要严格调控温区以进行产品的保存，这需要对温区进行区别化运营，具体化、针对性作业，因此管理也就变得越来越精细化。此

外，不是简单地增加温箱设备就可以实现温区的增加，还需要对供应链全程的温层进行扩充，对应温层的作业要从采购环节一直持续到终端配送环节，对运输过程中冷藏车的温度要进行严格的监控，从而避免冷藏设备出现故障或人为关闭的情况。

3.利用技术优势，进行冷链物流科学化、信息化建设

随着大数据平台的建立，冷链物流的智能化趋势越来越明显。而对安鲜达来说，运用最新的互联网技术，可以更加有效地减少冷链物流环节的成本。应用更加先进的电子信息技术，布局于冷链物流的仓储、运输、定位、温度等各个管理环节，从而使易果生鲜做到可以及时跟踪物流信息、有效监控产品质量、全程监督物流安全；尤其要建设智能化的生鲜农产品冷链物流体系，充分利用物联网和大数据等现代电子信息技术，从而显著地提升冷链物流环节的效率，更为科学合理地把控整个冷链物流的顺利进行。在初期，虽然物联网的建设需要投入较大的成本，如光缆、计算机设备、视频监控设备、FRID手持终端等硬件设备的购买投入，但是在物联网平台搭建之后，其就可以对冷链物流的各个环节进行网络化智能管理，将源产地、生鲜电商平台和终端用户的信息综合起来，进行加工处理，高效地衔接各个环节，还可以避免信息的丢失。从长期看，物联网的使用可以更好地节约企业的流动资金成本、降低人工费用，同时提升了产品的品质，可以更及时地响应用户需求，使企业的经营效率更高。

从物流最终的配送环节来看，物联网的使用可以构建基于移动互联网络的物流信息平台。生鲜电商平台的用户对新鲜事物的接受能力较强，消费习惯也比较前卫，可以接受对智能手机App的应用。传统的生鲜农产品物流只重视单向信息系统的开发完善，用户被动地接收物流信息，信息缺乏双向沟通。在App端加入反向交流的功能，可以使消费者及时了解生鲜产品物流所到达的位置，反馈方便地接收商品时间，随后，由信息系统统一分析，再传达给配送员。配送员可以及时做出反应，若用户还有很长时间才方便收货，配送员可以将货物暂时储存在终端站点，延迟配送，进而优化配送路径，提升配送效率，由此便可以在很大程度上解决最后一公里送货与收货时间不匹配的问题。

此外，在大数据时代，数据共享的程度可以体现一个行业的发展水平，行业的数据共享程度越高，行业的发展水平越高。信息量庞大、信息反馈及时、具有安全性与高共享率的大数据计算，已经成为优化企业经营和企业决策的基础性服务设施。这一点对生鲜电商企业也是一样，数据共享是未来发展的必然趋势。目前，易果生鲜已经通过立体化的渠道和平台化的建设，将生鲜电商行业领入了大数据的时代，为行业数据共享行业、企业共荣打下了基础。易果生鲜应进一步利用大数据提供的信息，进行

充分地数据挖掘，更高效地指导运营，建立生鲜平台的行业标准。

4. 发挥平台化优势，实现冷链物流盈利多元化

对于生鲜电商冷链物流的优化，还应加强平台基础设施的建设。安鲜达作为自建的冷链物流公司，具有明显的优势。在满足企业的自身业务需要的基础上，它还可以作为物流平台为第三方企业提供冷链物流服务。目前，安鲜达在为易果生鲜产品提供产品冷链物流和配送的同时，整个天猫超市的生鲜产品配送工作也由安鲜达来完成，其第三方物流业务占整体业务比重的5%。安鲜达还可以进一步发挥平台化的优势，提升物流效率，创造多元化盈利。

目前，易果生鲜计划建立前置仓，前置仓也可以成为平台化冷链物流的一部分。在传统的物流服务过程中，生鲜电商平台直接将产品从原采地经过长时间冷链运输送至地区的总仓库。在这个过程中，每多经过一个物流环节都会造成装卸成本的增加和产品的损耗。而建立前置仓，则可以实现"一小时内配送"，从而降低冷链物流成本。前置仓是靠近终端消费者的小型仓库，但是却具有大仓库所具备的不同温区，也可以实现产品的冷藏、冷冻和常温保存。前置仓内的产品储存采用摆物箱的模式，可以根据消费者的具体订单需求，自由组合摆物箱，更便捷地进行不同温度的产品的综合派送。对保质期较短的产品，通过前置仓发货可以保证产品品质；而保质期较长的产品，则可以从总仓库直接发货，以减少前置仓的库存。易果生鲜的前置仓也可以变成平台型前置仓，其利用自身的资金优势完成对前置仓的布局后，向其他电商平台收取租金，更充分地利用自身的硬件条件。

5. 立足长期发展，建立人才培养与激励体系

易果生鲜已经发展成为集团公司，冷链物流将作为公司的重要业务组成部分与收入来源。面对专业化人才短缺的现象，易果集团应立足长期发展，建立自身的人才培养体系与激励机制；学习百度、华为等公司，建立员工学校，引进国外最先进的冷链物流技术与经验，聘请国内外相关学者、顶尖的技术人员，对员工进行冷链物流专业知识的培训，定期进行员工知识的考核，对学习效果明显、能够学以致用为公司冷链物流发展提供技术支持的员工进行激励；在基础的统一培训之外，应该给员工自主选择进入专业领域深入学习的机会，培养一批在冷链物流行业高精尖的人才，使员工发挥自身的创造性，给员工更多实现自我价值的机会，从而为企业的长期发展奠定良好的基础。例如，为内部的仓库管理人员和配送人员提供产品分类、分拣和产品包装标准的相关知识，保证配送的产品质量，降低产品的损耗率，进而节约成本；对物流环节的订单操作人员进行操作系统的培训，使用播种式的订单生成，以提高工作人员处

理订单的效率。

此外，公司在服务用户的同时，也应当适当地"让利"给员工。建立人才的激励体系，一方面吸引了更多优秀的冷链物流专业人才进入企业，另一方面调动了企业内部员工的工作积极性，提升了工作效率。

（五）优化建议可行性分析

通过对生鲜农产品电商冷链物流行业的现状及问题分析，我们首先提出了对冷链物流行业的优化建议，进而结合易果生鲜的冷链物流现状，又提出了针对性建议。总体来看，优化建议具有科学性与可行性。

1. 从理论上看，优化建议具有科学性

行业发展优化是企业冷链物流发展的基础与保障。任何企业的发展都不是孤立的，都会受到整体行业环境的影响。易果生鲜企业所面临的问题，不仅有自身内部原因造成的，更包括整个行业的普遍问题。通过企业带头，来推动整个行业的标准化进程的实施，推进行业信息化发展，培养专业人才，加强基础设施建设，可以使企业在进行改进时节约成本，获得规模收益和产业化优势。在依托行业整体改进的基础上，易果生鲜有针对性地进行了自身优化，更具有科学性。

2. 优化建议具有实践的可行性

行业的整体优化，可以降低企业冷链物流的建设成本，从而节约建设时间。具体来看：

（1）易果生鲜具有良好的冷链物流基础

易果生鲜经过十二年时间的发展，已经具备了一定的冷链物流基础，如拥有自建冷藏仓库、冷链运输设备、包装设备等；服务范围已经基本覆盖以主要城市为中心的全国性市场网络；此外，易果生鲜的安鲜达还与菜鸟物流建立了战略伙伴关系，为进一步加强冷链物流的科学化、信息化建设提供了坚实的基础。

（2）易果生鲜具有良好的资金与技术条件

易果生鲜刚刚获得 C+ 轮融资，与阿里巴巴、苏宁都建立了良好的战略合作伙伴关系。依托强大的资金支持与阿里云技术，易果生鲜将大数据引入冷链物流，通过与兄弟企业建立合作伙伴关系，实现数据共享，这将有效促进冷链物流的行业标准化建设和行业信息化建设。充足的资金与有力的技术支持，为易果生鲜的冷链物流改进提供了保障，降低了物流优化可能带来的运营风险。

（3）整体市场环境有利于冷链物流的优化

目前，消费者对生鲜产品的品质要求日益提高，电商作为农产品的购买渠道也逐渐被广大消费者所接受。易果生鲜实现盈利就是最好的市场环境转暖证明。此外，电商生鲜平台经过几轮兼并整合，已经初步形成了市场格局。在整个市场环境中，各个企业对冷链物流的建设共识性强，认知度高，这也为冷链物流的优化提供了保障。

综上，从对冷链物流的行业建议到针对易果生鲜冷链物流的具体建议，这些都具有理论的科学性与实践的可行性，具有优化企业冷链物流的指导意义。

二、农产品冷链物流发展战略案例——以 R 公司为例

（一）R 公司概况

R 公司成立于 2007 年，注册资金 88192 万元，总公司位于南京市，从事农产品的经营与销售，同时附加物流园区的建设和冷链运输农产品以及对产品的存储，收入来源主要以冷链物流园为主，其经营理念是从生产基地到餐桌。这是一家大型的农业龙头企业，在行业内有着一定的声望，同时，其在全国各地都建有农产品物流园如哈尔滨、沈阳、银川、包头、江门、成都等城市，涉及的范围有水果、蔬菜，以及各种水产和肉类等副食品。目前该企业的仓库容量达到了 200 万吨，居全国首位。该企业的经营目标是致力于建设现代化的食品园区以及服务全国的物流运输系统，建立网上交易平台系统，全力打造食品产业的上游和下游的交易平台，并且向全国布局发展。该企业的企业理念是诚信和高效以及创新和回报，致力于建造成为全国最大、最先进的现代化食品交流平台，以此来提升企业的核心竞争力。同时也将企业的业务和融资的优势发挥到最大。为了实现这种核心竞争力，企业在人才的管理、品牌等相关的管理上都进行了严格的管理和控制，进而形成了一种协同化的管理标准，建立了起新的冷链运输标准，同时打造了一流的物流、食品品牌。除此之外，该公司曾先后获得国家的各种奖项，同时也顺利地通过了国家质检标准的审核，进而成了该行业的领头羊。

（二）R 公司农产品冷链物流发展现状

1. 农产品冷链物流业务概述

目前 R 公司在全国的主营业务是农产品冷链物流园的开发和运营，主要包括冷库和农产品批发市场两种业务模式。农产品冷链物流基于目前在全国的布局而展开，特别是随着物流园行业内的竞争加剧，物流园收入出现天花板效应后，农产品冷链物流成为目前公司业务发展的重心。冷库作为企业的核心资产，同时也是农产品冷链物流储存节点。公司已运营项目投入主要配套资产情况见表 4-3。

表 4-3　各项目资产设备投入情况

项　目	冷库面积（平方米）	冷藏车数量（辆）	配送中心面积（平方米）
南　京	58425	22	16000
沈　阳	139579.44	53	10000
哈尔滨	83887	20	10000
包　头	65341.04	30	8500
银　川	55808	30	3500

通过多年的经营发展，公司内部架构在经过多次优化调整后已日趋成熟。作为一个民营企业，目前公司总员工数量约 2000 人，主要分布在农产品物流园区的经营管理层面。随着冷链物流业务板块的逐渐扩展，目前农产品冷链物流板块的质检人员接近 200 人，且随着业务深入，人员还在不断增加。

在最初发展江苏省区域农产品冷链物流业务时，R 公司就已经有了直接从生产基地购买产品的这个想法。它将农产品冷链物流的运营模式设定为：通过平台将产地和目标客户进行无缝对接，从采摘到预冷到冷链运输后再到冷库中储存，然后通过分拣中心分拣，由冷藏车配送给目标客户。也就是说，在冷链运输过程中，从产品的发源地开始，公司就对产品进行监管。该企业也和相关的农产品产地建立了相应的采购协议，这样就能够在源头上实现对产品全方位的管理和控制，这也是该种模式的一大优势所在。譬如，江苏特色邳州银杏、沛县冬桃等，R 公司与种植户签订了数十亩地、银杏。冬桃对各种产品的种植、生产以及采摘，这些活儿则是由农民自己来干的，等到产品到了成熟的季节，就由公司派遣相应的冷藏车辆，把那些采摘的产品运送到本省进行出售，在产品到达本地后，由本地相应的仓库进行保存，最大限度地保护其新鲜度，这样可以保证产品的质量以及口感。采用这种运输方式，一方面可以使产品的质量得到保证，另一方面又可以了解到产品的最初价格，这对产品的定价有很好的参考价值，同时也省去了第三方的差价。这种方式不但节省了成本价格，为企业获得了更大利益，而且也保证了产品的质量问题。该企业所采用的这种管理经营模式也有很大的发展空间，因此，现在它仍然在不断地寻找能够进行规模化生产的种植户来进行合作。企业只有把产品的价格控制在一般消费者能够负担得起的水平，才能够给企业带来巨大的利益，同时也能保证顾客得到他们认为最满意的产品，这样才能达到互利共赢的局面。

该企业除了经营本地的农产品外，还对海外的水果蔬菜进行销售，典型的有榴莲、车厘子等。这些水果主要是从国外进口的，大都根据本国客户的需求进行购买。外国的水果成熟后，由当地的农户进行采摘、配送等，最后到达国内，进而本国的顾客就可以购买到外国的水果了。

自营模式的优势在于从供应链上游农副产品原材料采购；到冷链物流中心的收货、库内质检、库内存货、库内加工及分拣发车；再到末端自营站点物流配送的各个阶段，该企业对各个阶段的配送任务都进行了严格监管。因此，这种产业链的发展较为困难，它的资本投入也比较高。除此之外，这种模式还存在一定的风险，如它的周期较长，对管理也有着极为严格的要求等。正是由于以上存在的一些共性问题，在发展到当前规模的情况下，R 公司的进一步发展遇到了瓶颈，尤其是传统物流模式在冷链物流领域会大幅增加经营成本，从而难以实现快速的规模化发展扩张。

R 公司的农产品冷链物流管理尚不健全，为了企业的更好的发展以及利润的最大化，企业要进行极度的集约，并做到专业化。冷链的初期运输、存储处于核心的地位，各种农产品都需要进行保鲜处理，所以要进行长时间的运输，这就离不开冷链运输。同时因为冷库的建造成本大，回收周期长，所以目前虽然布局国内多个城市，但相对国内广阔的地域和潜在用户而言，冷藏仓库的数量显得杯水车薪，能够进行冷藏配送的地域也就受到了极大的限制，这就导致了企业利润的减少。

2. 农产品冷链物流流程介绍

该公司所采用的货物配送的方式是冷链运输的自由模式。为了更好地进行发展，该企业建造了冷链运输物流园、仓库的存储和产品的配送以及管理的人员等。这是一种"原产地 + 仓储生产 +B2C/B2B 渠道 + 自营冷链配送"的全产业链。为了能够保证产品的新鲜度，该企业建造了一整套的冷链运输系统。首先，在农副产品原产地或依托现有农副产品批发市场内部或者周边建成大型冷链物流中心，主要由货物的装载、卸货和货物的原料部分以及货物的暂时存放构成。其次，就是多种温度的独立储存部分和对产品的加工以及挑拣发货等。最后，由管理货物的相关人员所设计的物流系统进行货物的管理和配送，包括原料的收货存储、果蔬产品的质量检验及效期管理、库内的订单生产管理及发货调度管理等。仓库内的加工及订单分拣工作完成后，系统会根据订单出仓时间计算订单配送的时间，从而及时告知客户收货日期，并在订单收入配送站点后按配送员推荐最佳配送路线，确保把新鲜货品送到客户手中。这样，既保证了客户的服务体验，同时也提升了配送人员的配送效率和配送准确率。R 公司用于配送的冷链运输货车都装有 GPRS 系统和货品监控装置，可以监控货品运输的全过程。对那些温度要求较高的商品订单，R 公司会配备相应的冷媒以及专业的保温袋，以此来确保订单包裹的温度。

该运输过程的主要环节如图 4-1 所示，主要分为 5 个部分，即货物在运送前的规划、管理客户的订单、对货物供应过程的管理、产品的储存和加工以及最后的配送。

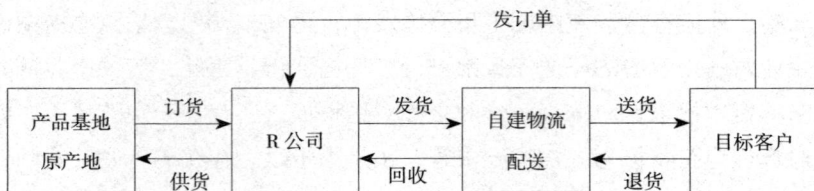

图 4-1 公司农产品冷链物流系统简图

（1）物流网络规划布局建设环节

R 公司为物流运作建成了原料原产地、各区域调拨仓库、干线物流配送网络、冷链物流中心（内含接驳式作业设施、商品质量检验实验室、货物分拣及包装加工设备）、城市短驳配送网络、合作落地配送网络（服务自营站点未覆盖的城市）及各自营站点"最后一公里"配送网络等。在产品运送前，系统会根据订单的需求和种类以及顾客订单所到的位置制定出最优的送货路线。

对订单的处理主要是指进行处理，并及时将订单推送至后端物流和配送管理系统进行订单排产和安排配送计划。在处理订单的过程中，工作人员要满足消费者的各方面的需求，如果消费者对产品不满意可以不在网上进行订单的确认，同时遇到的产品有质量问题也可以进行退款的申请。

（2）供应链管理环节

针对各类在架商品涉及的原料，R 公司供应链团队会根据前端各销售渠道的订单预估、一定的需求波动（季节性、特定活动、需求随机波动性）以及在库库存量进行需求计算，从而确保库存的动态周转；尤其是生鲜类产品，由于其严格的在架存储周期以及高在架货损情况，R 公司自行研制了一套供应链管理系统来配合仓储管理系统和质检管理系统，通过各个维度的数据分析统计，从而制定合理的补货计划，降低生鲜原料在库耗损的风险。当然，考虑到生鲜电商的渠道的需求波动性、一定的不可预测性以及物流生产、配送环节的高损耗，根据柔性化管理原则，R 公司也会准备一定量的余量库存，从而尽可能地确保前端供应的稳定性，降低缺货率，提升目标用户体验。

（3）产品的储存和在库内进行有关的处理过程

在货物被采购后，工作人员就会立即将其发送到仓库中准备运输。为确保每天的入库效率，供应商会被要求送货前一天进行预约，从而提升双方的送货、卸货效率。货物运送进仓的过程，需要严格地检查和验收。验货的过程主要有确定货物是否和订单相同，并且抽取部分产品检查是否存在问题，在检查进而验收完成后对货物进行分类存放，直到最后出库。在出库时，拣货员会根据订单要求进行原料拣货，并由加工人员对订单内商品进行分类加工，由分拣人员进行订单内商品的合单操作，最后由集货人员按落地配承运商或自营站点对包裹进行集汇，最后交接给落地配承运商或短驳承运商。

整个订单处理流程由生产计划部门发起，经由原料部门、生产加工部门、订单分拣部门及集货发运部门进行流水作业，从而确保订单的按时出库。

运送的过程主要包括进出库的运送。该企业在了解了库存的情况下，采购部门将会根据需求到各个产品供应地进行采购。再加上采摘基地和仓库的距离较近，这样便方便了产品的集中保存以及运输。集中运输是指根据需求进行统一的配送，进而达到节约成本的目的。在产品运送前，系统会根据订单的需求和种类以及顾客订单所到的位置制定出最优的送货路线。产品的运送全部都是通过冷藏车来实现的，而且每辆车都装有定位系统，其可以随时随地地了解产品运送的情况。在货物到达运送的派送点后，根据需要，再使用其他的含有保温的工具，如电动车，从而实现货物的最终运输，最后到达顾客的手中，如图 4-2 所示。

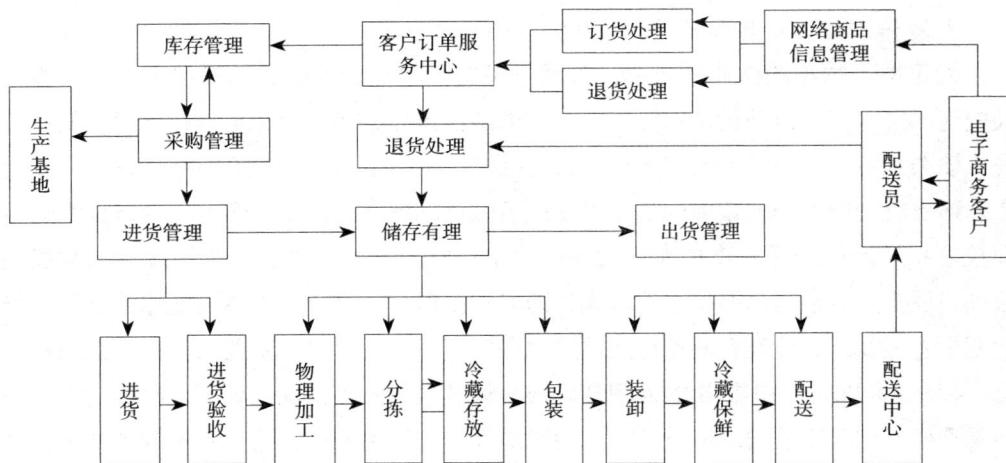

图 4-2　R 公司农产品冷链物流流程简图

（三）R 公司冷链物流发展的问题分析

1. 生产环节比较脆弱

目前农产品的主要生产供应除了大规模种植户以外，相当部分依靠分散的小规模种植户。小规模种植户都有盲目性的特点，多数种植户都为短期利益所驱动。虽然 R 公司在一定程度上能引导种植和消费导向但也无法控制产销分离的现状。为了有效地解决这个问题，该企业正在寻找一些更正规的水果、蔬菜基地。目前，公司在本省主要特色农产品产地都有了合作基地，并且与多方基地的农民进行了相关合作，逐步推行了新的合作模式。这个新的发展方法，不但可以给农户带来更大的收入，而且对企业也是有好处的，进而使得他们的关系更加牢固；同时，企业也可以对农户进行技术指导，生产逐步实现了标准化、规范化。

想要从根本上解决这个问题，只能是寻找那些能够进行规模化生产的农户，并且和他们建立长期的合作关系，真正地实现两者的互赢。目前，公司在江苏省已经布设了数十亩香梨、水蜜桃、大闸蟹、白果、银杏以及生猪等农产品合作农户。因为该地区的农户知识水平以及文化程度有限，在生产管理中仍然存在许多的问题，许多农户由于缺乏资金，他们很难接受企业的建议，R 公司提供的指导意见和管理措施，有时候也很难得到农户的支持和理解。例如，我们餐桌上常见的鸭腿，在终端市场上，鸭腿的单箱价格每年都会波动很大，低价年份 5kg 的鸭腿 45 元左右，高价时 120 元左右，这对养殖户产生了很大的冲击。因此，对新技术的推广来说，双方每次都要进行多次协商才能实施，在无形之中给企业带来了一定的影响。

2. 冷链作业自动化和标准化不足

为了提高物流的作业的效率，公司一般在日常的物流配送的过程中采用一些比较先进的技术，如自动化技术等。R 公司的冷链运作的自动化和标准化水平较低。首先，该公司在有关的工作中仍然以人力为主，一个典型的例子就是冷链分拣入库工作。这样就使得工作的效率远远低于使用机械化的效率。由于该企业采用该技术的时间较短，对企业的进一步扩大规模来说，是非常不利的，再加上这个技术的发展也逐渐呈现扩大的趋势，但是它的现代化速度却很慢，而且它的发展速度和业务发展的速度相差很多。企业现有的冷链运输的过程中有很多的程序，主要有货物的运送和分配、存储和配发、保护货物的外包装以及在运送过程中需要加工处理。冷链运输的程序是严格按照国家的要求进行的，在运输过程中，对不同的货物都有不同的要求，并且工作人员会根据货物的要求来调整所需要的温度，同时也会有相应的检测系统来对货物进行检测，并记录下相关的信息，很大程度上保证了农产品的品质。如果实现了冷链运输的规范化，那么在货物出现问题后，就可以通过相关的程序对货物进行追查，进行也能够查找出问题的所在，因为每件货都有详细的信息记录。冷链运输的这个技术过程系统包含有许多内容，具体为对货物的温度和运送状态的记录，同时也对温度等有关设备进行控制以及设置，最后还需要建立这个系统来进行运作等。每一个工作都需要建立相关的工作标准，即使是货物的搬运也要有严格的规定，如在搬运的过程中搬运人员不得与货物进行接触，同时也需要将货物放在规定的地方进行运送，这既可以保证工作的效率，又可以避免货物受到污染。然而，由于自动化和标准化程度较低，大部分工作都由人工根据自己的习惯和经验来完成，不仅效率低，成本较高，而且存在大量不可控风险，自然不利于公司冷链物流业务的发展。

3. 专业人才不足

企业的任何一项工作都不可以失去配合这一环节，农产品冷链物流更是如此。各个部门互相配合，工作才能得以完成。在此过程中，人才是重点。高素质人才能够为公司带来质的转变，优质的服务能够吸引大量顾客。物流业发展在给公司带来机遇的同时，也带来了人才方面的困扰。近年来，我国经济不断发展，各行各业呈上升趋势，冷链物流更是如此。对农产品物流的相关研究及技术支持来说，冷链物流远远超过它的发展。这一点最重要的原因便是学校的专业人才培养较少，理论研究不够充分，从而使得企业中的人才相对较少。在招聘时，企业往往为了满足招聘缺口，对专业以及经验的要求都十分低，甚至有些公司对专业以及技术没有要求。这样的要求不利于企业培养优秀人才，同时，对员工的优秀率也有很大影响。

4. 冷链体系尚未完善

对货物的预冷处理具体指的是将货物从它的最初温度快速的降低到规定的温度，大概是在0~15℃（不同品种对温度的要求不同）。对货物的预冷处理有很重要的意义，这样可以实现货物在运送过程中的损耗，从而使得货物在到达消费者的手中时仍然有着良好的营养价值，同时也能保证货物的新鲜度。这对运送货物有着严格的要求，这样可以避免在运送过程中出现质量问题。在挑选货物时，分拣工要进行相关的处理，如去除有问题的部分，然后进行简单的包装处理。在运送的过程中为了使其不受到损害，必须要对货物进行预冷处理。预冷的种类有很多种，可以采用真空预冷的办法，还可以采用冷空气进行预冷的处理以及最普通的通过冷水来预冷处理的办法。对于不同的货物当然需要不同的办法，总之是要保证运送过程的经济性和适用性。

夏天的天气比较热，采摘回来的水果和蔬菜本身就有着很高的温度，这时候水果和蔬菜也有很大的水分，再加上本身的温度，所以其自身的消耗是很大的，如果此时不对它们进行低温预冷处理的话，水果蔬菜的水分就会大量流失，进而腐败，从而减少营养价值。如果对刚采摘的水果蔬菜进行低温遇冷处理就可以避免这些问题的发生，同时也便于对它们的运送。秋冬季节昼夜温差较大，而且霜雪气候较多，采摘条件比较恶劣，果蔬采摘之后容易被冻伤，温度回升之后会迅速腐坏，产生浪费，这就需要尽快处理、合理储存。虽然低温处理对水果蔬菜有很大的好处，但是这也仅仅是对那些刚采摘下来的果蔬而言的，如果对那些已经存放了很久的果蔬进行低温处理的话，收到的效果微乎其微，因为那些存放很久的果蔬已经消耗了太多的水分以及营养，此时的预冷保存已经失去了价值。因此，要想提高其保存时间，就必须对那些刚采摘的果蔬进行低温处理。

为了保证产品的质量以及它的新鲜程度，就必须要对产品进行全程的冷链处理，这就需要从产品的生产地抓起，保证产品在源头的冷链过程，这样才能实现利益的最大化。对该企业来说，他们在产品的源头的处理方法主要是在果蔬的采摘过程中就地实现了对果蔬的冷处理。当然，有些时候是无法对产品进行冷处理的，这就使得冷链运输出现了不连贯的现象，从而降低了果蔬营养价值，减少了果蔬水分。

5. 冷链信息化水平还有较大提升空间

如今，在农产品冷链行业中，信息的作用十分重要。信息准确、及时的传递对于整个业务链有着决定性的作用。因此信息传递的重要性不言而喻，绝不可忽视。然而，信息化是一个较"烧钱"的行业，受制于资金水平和发展规律，R 公司目前在冷链物流服务的信息化方面建设还不够先进，现有信息技术较为平庸。尤其是对农产品来说，由于其自身具有的时间特性，以及它几乎不可能掌握的供需关系，使得公司难以把控。对 R 公司来说，这是一项巨大的挑战。作为消费者，其只能对自身收到的产品做以评判，但是其无法知道产品的来源。R 公司要及时公布产品信息，这样才能使消费者及时了解相关动态。若非如此，客户对公司则会丧失信任。农产品的追溯体系建设也是农产品冷链物流环节中的一个重要的标志，但目前追溯体系的建设还远远没有达到先进的地步，未来任重道远。

（四）R 公司农产品冷链物流发展战略

1. 战略目标

1989 年，加里·哈默尔（Gary Hamel）和普哈拉（C.K. Prahalad）发表了《战略意图》一文。这篇文章被发表在《哈佛商业评论》上，具有很强的影响作用。它指出了企业成功的要求：一个拥有战略意图的公司才能做大、做强。因此，大力宣传战略意图思想是企业不可缺少的一部分。对于目标而言，其自身具备十分显著的三个特性,这便是公司的使命感、发现感以及其自带的方向感。拥有梦想才是企业成功的根本原因,如果没有一个宏伟梦想,那么企业就像没有了动力,这能从根本上影响企业的成功之路。战略意图这类似于企业的核心内容。若企业的战略体系为大脑,那么目标一定是企业的心。这类目标能带领员工迎接困难与挑战。尽管当前的公司能力不足以完成宏伟目标,但只因为有目标,所以也能够在一定程度上给员工以动力。对 R公司而言,其战略意图很明显,打造高质量冷链物流产业链条是其根本目的,即不断提升自我竞争力,结合当前科技发展,推动企业自动化、标准化的服务体系,将智能化运用于企业中,从根本上成为长江三角洲等城市中心的优质服务业。尤其是其服务体系,R 公司依其自身的创新精神,不断发展新策略,从而抢占了市场,提升了自我竞争力,实现了质的飞跃。

(1)短期目标(2019~2020年)

战略转型是 R 公司发展不可缺少的部分,不断进行商业模式的更新也是如此。以商业创新为主要考核对象,不断寻找新冷链物流园,加大对新园区进行开发扩展,这对冷库转型十分重要。当前科技的智能体系,也需要得以运用,如智能冷库等设施。与此同时,与客户维持良好的关系也是具有根本性意义的。在此范围内,R 公司的目标是将固定资产总额扩张到 120 亿元,年平均营收达到 15 亿元,运输能力达到120 万吨,冷库库容达到 200 万吨。

(2)中期目标(2021~2022年)

公司的核心业务有两点:一是智能冷库。二是冷链物流配送服务。这两点十分重要,能够逐步对公司业务及客户进行转移。将发展重心逐步转移到农产品冷链业务中来,通过此方式,能够给客户以新的解决方案。这既对企业竞争力有很好的提升作用又能将公司的管理理念直接作用于公司的发展经营中。对此,服务以及各项技能形成了提升趋势。这样做,公司能够完成其目标,将固定资产总额扩张到 130 亿元,年平均营收达到 18 亿元,运输能力达到 150 万吨,冷库库容达到 220 万吨,打通了国内主要枢纽城市的农产品冷链业务。

(3)长期目标(2023~2025年)

对 R 公司而言,长期目标是成为农产品冷链物流综合服务的提供商,这与传统的商业模式不同,"厂家 + 冷库"的商业模式对 R 公司而言是需要被淘汰的体系,要提高其核心竞争力,智能的运用必不可少。例如,智能冷库。当然,与此同时综合冷链、配送服务也一定要到位。在此期间,公司的资产、营收、运输能力、库容将分别达到 150 亿元、20 亿元、200 万吨和 250 万吨,并布局全国主要城市。为客户提供优质且全面的冷链服务，这是对企业提升的最佳方案。

2. 市场细分和战略选择

企业战略总体分为三种，一是其总体战略，也就是我们平常所说的公司战略；二是经营战略，这也是竞争战略；三便是职能战略。竞争战略曾被迈克尔·波特（Michael E. Porter）分割为三种类型，分别是总成本领先战略、差异化战略、聚焦化战略。一是指生产制度的优质化。不断扩大生产规模，降低生产成本，才是有效的领先。二则是需要提升自我水平。无论产品还是服务都需要超过同行，这样才能够取得高效收益。三则是需要有特定的顾客，有特定的地区。这是市场细分带来的，同时也能够使优势增强。

（1）市场细分

市场选择主要包括市场区域选择和客户定位两方面。

第一，在市场区域定位上以已开发冷链物流园城市为辐射点，延伸至周边都市群，辐射全国部分主要城市。R 公司冷链物流业务的核心资产是已完成布局的农产品物流服务中心、综合物流服务园和冷库。经过多年发展，如今公司已经发展成了容量、吞吐量都较大的冷链物流服务企业。由于客户资源主要以江苏省为主，因此，市场选择必须要有定位，南京市是最佳选择，以南京市为基础，应不断扩展业务。公司能够将资源有效整合为业务量，并且长江三角洲等城市群在我国具有其优越的交通网络。经济消费力十分强大，人口众多也是它的特点之一，上述特征，一方面能为公司提供有效的市场，对公司的发展十分有利；另一方面，能够有效地为公司的长远发展提供便利，使公司能够不断地进行扩张，辐射范围更广，这对公司的远期市场开拓十分有利。第二，在客户定位方面，主要上游供应商为各地养殖场、农户、农产品进出口贸易服务公司、国外农产品产地贸易服务中心或农户等，而下游客户群则有着更为鲜明的特征。例如，企业、事业单位、酒店、大型农产品加工企业等，甚至于学校、超市等也有所涉及。产业链延伸后，其主要客户也有所变化，具体可按照需求得以划分，不同目标客户需要不同的推广模式。

（2）战略选择

R 公司主业为农产品冷链服务市场、冷库出租、物流服务园的硬件和软件服务等。目前，该业务存在较多问题，主要是利润低以及单体投资额度大。低的利润导致其在发展时资金压力较大，另外，作为专业市场，培育期长也是其主要问题之一。因此，改革迫在眉睫，整合已有市场、迁移现有业务，是公司必不可少的策略。多年经营，使得公司具有相对稳定的客户资源，在区域内，公司也处于龙头地位。因此，升级或改造现有市场十分重要。若改造不良，客户流失巨大，对公司的未来发展绝无好处。与此同时，科技的发展导致物联网等大数据时代的到来，智能体系在物流业运用更为广泛，冷链技术等新业态的冲击对企业发展有着决定性的作用，因此必须进行合理的改变，在适应大方向的基础上发展自己独特的优势。一个合理的发展道路，能够从根本上解决发展的问题。

第一，农产品冷链一体化。目前国内农产品供应链的现状是一体化水平较低。在整个农产品流通的过程中，从产地收购开始直到消费者为止，中间环节复杂多变，供应端和消费端之间完全没有关联，出现了信息不平衡的局面。农产品自身附加值并不高，但是由于流通环节多，流通费用高，损耗大，造成农产品价格在生产和消费两端脱节，从而出现生产者觉得种植农产品风险大，收益低，消费者觉得农产品价格大幅攀升的局面。根据相关数据显示，在我国农产品流通的过程中，每年产生的损耗约为8000亿元。所以，一体化发展对企业的利润增长有很大的提升作用。

将生产环节、流通环节、加工环节、存储环节、销售环节整合到农产品冷链物流中来，首先，公司需要整合目前脆弱的生产环节，利用资源优势，由销定产，加大生产环节的话语权，充分利用信息平台现有优势，协调好生产环节，正确做到订单式生产，同时利用现代农业经营理念，将生产方充分组织调配，减少由于市场行情波动给公司带来的不利影响；在生产环节达到一定供应水平后，继续加大环节管控能力，充分采用新的农产品生产技术和创新理念，朝着规模化和标准化方向发展。其次，通过农产品冷链物流平台的不断信息化，做到充分对接，充分组织，同步运作，减少流通次数，减少流通环节损耗，降低产品成本，提高农产品保鲜度，朝现代一体化模式发展。此外，利用现有农产品物流园的布局优势，充分扩展下游目标客户，打通农产品从田间到餐桌的一体化发展模式。

第二，模式差异化和客户差异化。首先，业务模式的差异化。近年来，物流行业发展十分迅速，这导致客户对此的要求也越来越高，因此业务发展遇到了前所未有的压力，同行的不断涌入使得公司之间的竞争力越来越大。因此，差异化战略是其改造必不可少的一部分，这样才能与竞争企业进行合理的区分。例如，运营的创新、管理体制的创新、新技术的发展运用等。公司对上述策略的合理运用能够从根本上形成竞争优势，改善业务。公司需要找准切入点。对现有合作客户资源需要进行整合，服务市场也是如此。公司必须搭乘互联网发展这一快车，运用当下科技，结合实时报价体系、搭建数字平台，对市场化规范交易进行确认，从而增强客户的体验感。公司改造过程中，建立起具备智慧性能的农产品冷链物流园是其不可缺少的部分。另外，人工智能的不断发展，以及仓库管理系统的不断提升，这也是公司所需要面对的。ERP、机械手等现代技术需要得到合理运用，这对公司的发展大有裨益，能够增强企业和管理作用。以网络构建为载体的配送业务能够完成无缝对接，全球定位系统、信息采集系统等方式的运用更是如此。通过此类方式，各平台可以形成网络交易圈，从而打通产业链条。

其次，终端客户差异化。终端客户的差异化要求充分发挥 R 公司在农产品冷链行业中的主导地位，进一步扩大终端客户服务差异化程度，降低业务运营成本，利用杀戮采购等资金运作与股权参与、合作快速生鲜零售布局、肉类加工、中央厨房、生料动力及工业进出口，建立全产业链的"生产—存储—配送"模式，提高公司对行业的影响，提高产品质量，以及增强公司渠道控制。能力，能有效提高公司的利润率，增加产品附加值，最终使公司从单一的批发存储企业转变为综合性的服务集团。

从布局上看，一开始，公司可以用少量的资金启动多种商业模式试点，如在各分支机构分别设立一家专门的生鲜展示中心，并将销售渠道拓展到终端；共享或合作建设中央厨房。通过冷链，公司直接向餐饮、学校、企业等客户配送食品、备餐等产品，加强与上游原材料供应商合作，建立起从源头到最终客户的一站式连接服务模式，解决冷冻产品的批发和运输问题，从而提供可靠、优质、便捷的冷链服务。

3.战略规划设计

（1）"一体化"发展战略

在分析 R 公司农产品冷链物流服务功能的基础上，实现了农产品冷链物流服务的一体化，实现了农产品生产、冷库、温控库、冷运输、配送、冷销售的物流环节。有效整合产业链是一个非常适合 R 公司发展的战略。通过实施一体化战略，实现对农产品整个冷链物流服务的全面控制，使农产品的冷链物流更好地跟上步伐，更好地降低成本，增强物流系统的有效响应能力。

第一，从农产品冷链物流服务的网络特点来看，农产品冷链物流服务的整合，一方面可以使供应链中的节点有效地连接起来，使企业突破自身边界，在供应链中进行资源和信息的垂直整合；另一方面，冷链物流的整合也是冷链物流行业的基础，是不同物流模式下多式联运的基础，从更高的层次上看，现代冷链物流是一种集现代组织、管理、物流技术和物流设施于一体的综合性服务，改变目前物流企业和个体经营者分散、粗放、初级的经营水平，从实现冷链物流一体化的角度出发，提出综合性农产品冷链物流的概念，需要冷链物流标准化、冷链物流信息化和冷链物流集约化发展的支持。同时，它是一种农产品冷链物流服务管理与资源整合的模式，需要的是统筹规划与企业发展方向的配合。

第二，R 公司应选择"物流模式网络化"的农产品冷链物流网络一体化战略。冷链物流必须走网络融合之路，做大做强。一方面，公司应与其他网点链接资源共同形成完整的供应链体系，构成上下游产业一体化体系，从而在企业内部实施冷链物流管理，将企业整合成一个部门，而不是将冷链物流部门统一到不同的部门。另一方面，通过冷链物流网络，与其他已布局城市联动，共享市场，分享更大的利润份额。

（2）"差异化"竞争战略

第一，闭环生态系统。土地网络是指建立具有 R 公司特色的新产品流通渠道，并根据产销园区的不同需求对园区内的区域进行规划改造。R 公司根据自身特点制定了未来发展计划的"三网工程"，"三网工程"就是要加强现有农产品冷链物流服务园区的附加服务，实现生产者、消费者和经营者的生态共赢。所谓差异化战略就是使产品区别于竞争对手，突出一个或多个特点。R 公司根据差异化竞争战略和竞争对手的发展模式，制定并建设了"天、地、人"三网工程。三网工程是 R 公司差异化竞争战略的主要内容，其目标是实现一种全新的农产品流通模式。全国城市农产品冷链物流园区的联合配送策略走在了其他企业的前列，促进了整个行业的发展。其中，天网是在构建智能物流系统、电子商务和联合配送、规范各项服务后形成的。R 公司始终在利用机遇优势、克服劣势、规避威胁的差异化战略理念。由于实施基于 R 公司的优势，并且具有 R 公司自身的特点，使得同行业其他企业和竞争对手很难复制或设计并实施相同或相似的战略。

第二，在信息化、自动化和服务标准化三方面，要通过技术创新、服务标准制定实现农产品冷链物流服务的差异化。首先，R 公司可以引进 AI 技术，实现人工智能、物联网等技术的可视化实时控制，实现智能仓库进出库、库存盘点与管理自动化、数据挖掘与预测信息等功能，提高冷库智能化水平；其次，积极构建智能物流信息系统，实现个性化的客户服务、一体化的物流服务、可视化的物流流程以及电子化的产品，整合资源，利用标准化物流运作服务，使智能物流信息平台能够通过大数据平台、云计算技术实现智能存储农产品，智能操作，提供优化物流数据的自动分析，同时提供订单导入、调度、跟踪、异常管理和其他云数据服务来满足客户的需求；最后，加强物流技术和理论的研究，不断降低物流成本并实现全程冷链服务来满足顾客的需求。

（五）R 公司农产品冷链物流发展战略实施

根据前文制定的农产品冷链物流的"一体化"发展战略和"差异化"发展战略，

公司通过上下游互动整合，从上游端整合原产地供应商进行产地直采，在下游快速发展自营仓储、配送能力网络建设的同时借力专业物流企业的优势，来弥补自身短处，同时发挥自有物流可以满足客户个性化服务需求的特点，扬长避短，整体提高企业冷链物流的服务质量，提高客户的满意度水平。因此，本书认为 R 公司应该逐步将产地、原料供应链、第三方物流服务、自营物流服务、各前端销售渠道联合在一起，建立形成一整套灵活的产配销联合、联动的物流模式，使各个业务服务提供方参与到客户全链路服务过程中来，最终提升 R 公司的农产品冷链物流产品的服务能力。此物流模式框架设计如图 4-3 所示。

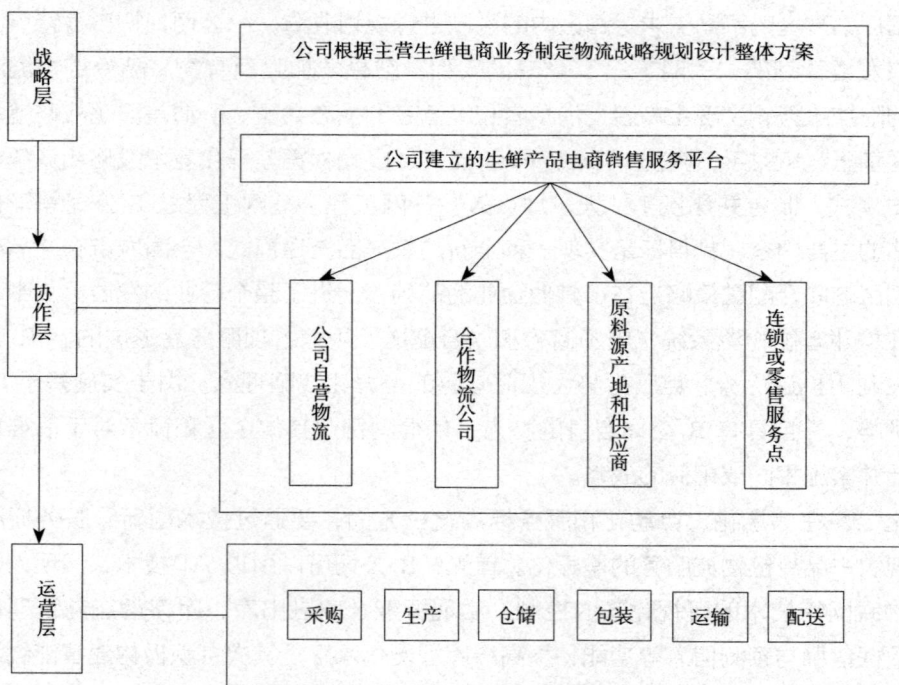

图 4-3 R 公司新战略模式下的农产品冷链物流系统框架图

1. 一体化战略实施

（1）系统架构一体化

在构建物流系统后，R 公司农产品冷链经营流程设计如图 4-4 所示。

原产地	大型物流中心	二级物流中心	配送站点/消费终端客户	配送

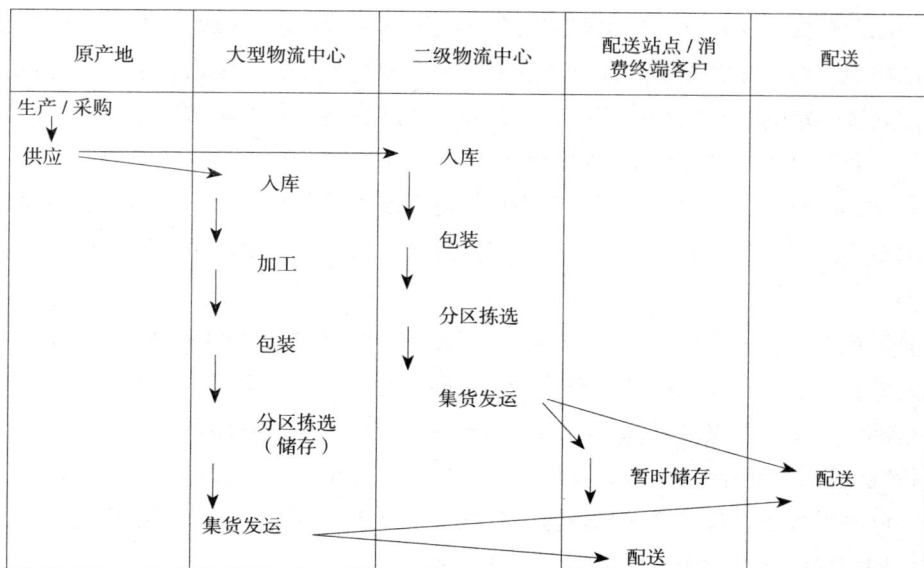

图 4-4　从生产到配送的供应链节点流程

产品从生产供应到最终配送的供应链节点流程主要包括生产采购、干线配送、入库、加工生产、分拣、包装、出库和配送几个环节。

生产/采购：对自产生鲜公司主要根据大数据分析需求预测制订种植产品和播种面积计划，按照质量管理规定组织生产，科学培育采摘；对外部采购的生鲜产品来说，则主要根据历史订单需求和市场需求预测制订采购供应计划，所有产品都必须严格按照国家生鲜产品质量安全指标进行品质产地或入库质量检验，并在出仓前进行部分订单商品的抽检，保证所有配送的货品的品质都达标。

干线配送：所有自产或采购的产品都要及时转入调拨中心或冷链物流中心，并通过调度团队每天下达的指令，定时定点进行原料的揽收和配送；所有的货物都要粘贴识别标签；按照特定路线全程冷链运输；在此过程中所有涉及产品以及车辆都应该有相应的详细操作和全程温度记录。

入库：根据送货单对货品进行检验，确保合格之后办理手续入库，拒绝不合格货物入库；在入库过程中，要仔细查点货物的数量，检验检疫合格证明；库内根据ABC（也就是热销产品、常见产品、非重要产品）产品分类法管理库存原料；给所有原料都粘贴识别标签。

生产加工：针对生鲜产品，尤其是蔬果类商品，其原料入库规格和商品在架售卖规格一定会有很大的差异,这也就需要有一定的水果分拣加工服务能力。在分拣加工操作过程中,员工需要根据选果标准从原料中选取符合品质、规格、重量规范要求的原料,通过一定的规范包装进行组装、贴码,形成最终的商品包装形式,并将商品流转到下一道工序环节进行合单或发运操作。

包装:用符合公司执行标准的合格材料对产品进行包装;如果需要长时间储存应该使用专用储存设备;公司对包装的器具、品质、数量、质量以及条码都应该设定规范标准。

分区拣选 /(储存):仓库实行分区、分时管理,分别划分果蔬库,鱼类海鲜库,禽蛋肉库,同时,建立长时间跨季节性产品储存专库,如苹果,本季卖不完可储存保管直至销售完毕;二级冷链物流中心不需要进行产品的长时间储存;每天要搜集整理冷库状况以及储存产品的信息,并做好出入库信息登记;库内操作人员会将相应的原料从存储区域提到相应的合单拣选区,根据订单上的商品明细进行分单拣选操作,并通过复核扫描检验,防止订单内商品拣选差异。

集货发运:集货发运人员根据各班次或站点出库清单对班次内的农产品进行复核校验,确保其与出库清单上的订单信息一致,防止下游出现串站等问题;针对一些有特殊包装要求的订单或商品,也由集货发运团队进行统一包装,确保集货发运包装规范,做好出仓前的最后一道检验和保护;包裹会按照站点或承运商进行分区码盘,从而提高出库交接效率。

站点 / 承运商配送:公司可以根据情况将部分订单由第三方合作物流公司进行送货,同时产生所需要的统计分析数据和财务结算,并产生应收款与应付款;针对自配区域有能力覆盖的订单,可由市内短驳车辆统一揽收到对应的市内配送站点,并由配送员按照配送线路进行订单合拣、装车、出站,从而最终配送到客户。

(2)优化物流系统

优化后的生鲜配送主要包括六个重要环节,分别是物流网络规划环节、订单处理环节、库存管理环节、仓储、物料处理及包装环节、运输配送环节,如图 4-5 所示。

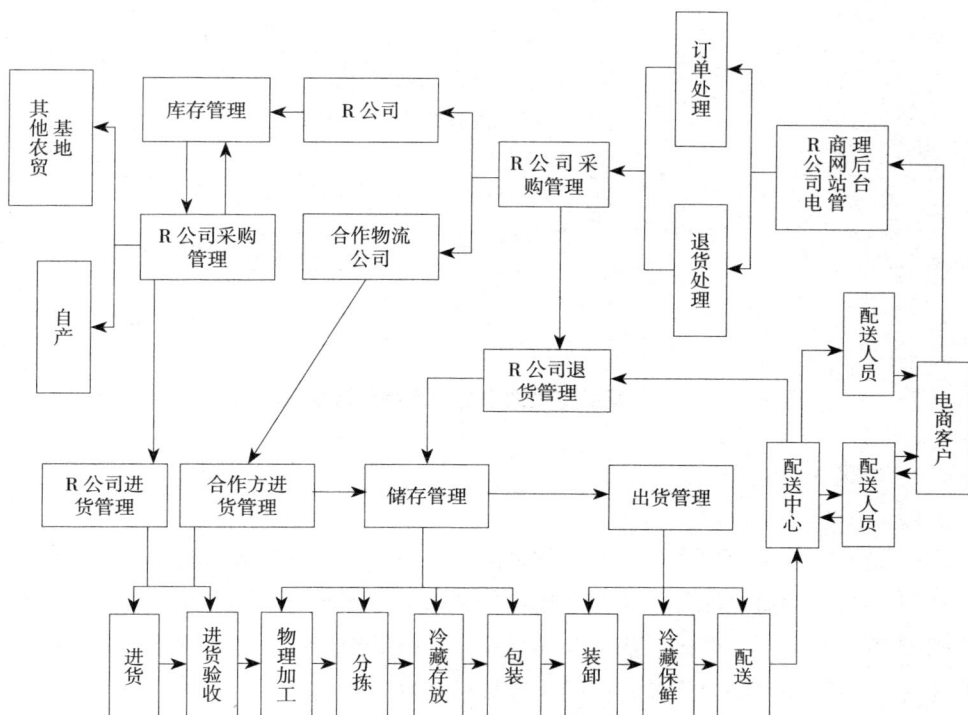

图 4-5　R 公司新战略模式下的农产品冷链物流配送流程图

　　针对本地物流运输尤其是解决"最后一公里"运输的问题，公司需要积极开发生鲜品类原产地、批发区域直采业务，并依靠生鲜物流服务将这部分原料统一揽收到调拨中心或加工中心进行统一管理，R 公司再根据各区域物流中心的库存情况进行有序的调度，确保各物流中心的低在库数及高周转率。针对物流中心所覆盖的自配站点，公司会以每天一到两个班次的形式将订单生产完成后补货到配送站点；而对于自配站点无法覆盖的区域，则由物流中心生产后将订单交付给配送中心进行落地配送，从而覆盖更大的服务范围，并优化配送成本，如图 4-6 所示。

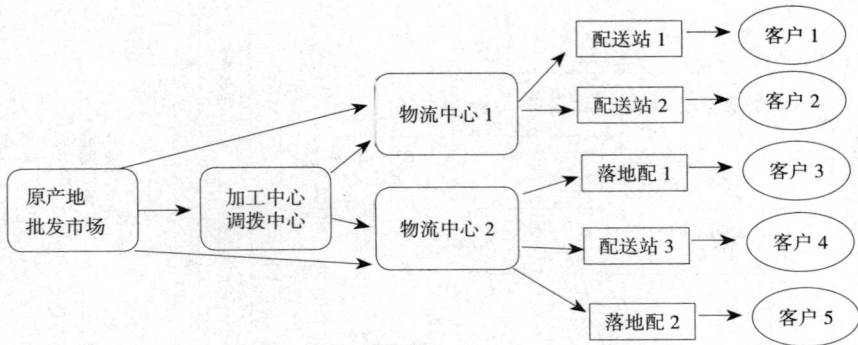

图 4-6 R 公司新战略模式下的农产品冷链物流网络规划

2.差异化战略实施

（1）加快物流园建设

冷库是农产品冷链整个环节中最为重要也是投资最大的部分，R 公司已经在全国部分城市布局了冷链物流园，相对其他竞争者来说，这已经有了很大的优势。随着外部竞争者的出现以及不断地发展，公司必须快速布局冷链物流园，以达到不断扩大优势的目的，从而与竞争对手拉开差距，提高行业进入壁垒。

（2）发挥自身资源优势

R 公司进入行业较早，相对其他竞争者不但有着各方面的资源优势，而且行业经验也较其他公司丰富，因此，在运营过程中应不断地完善各项流程，提升行业标准，与发达国家接轨，这样才能将品牌形象塑造起来。

（3）重点发展企业客户

和其他竞争者不一样，R 公司拥有农产品批发市场，市场中聚积了很多的一级批发商，这为 R 公司开展业务提供了巨大优势，且农产品本身利润率不高，主要靠销量来支撑利润。目前 R 公司主要经营的是初级农产品，这就需要和其他普通生鲜电商区别开来，应重点加强企业客户如批发商、代理商、学校、单位等客户的开发，和其他竞争者展开错位竞争。

（六）R 公司农产品冷链物流发展战略实施保障

1.规划保障

在现实中，战略的质量往往更多地取决于战略的实施。只有正确地实施了适当的战略，企业战略才能真正取得成功。在许多战略实施成功和失败的案例中，制定正确的战略实施路径有助于企业克服资源能力不足的缺点，降低实施战略的风险。因此，制定一条适合 R 公司发展的战略实施路径具有重要意义。根据本研究制定的战略目标和具体战略实施路径，如图 4-7 所示。

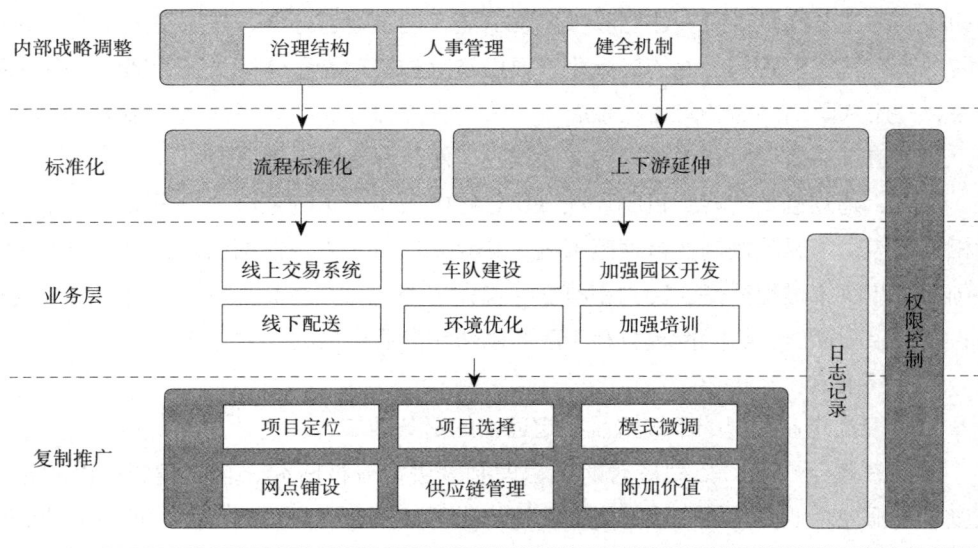

图 4-7 R 公司农产品冷链物流发展战略实施路径

2.人力保障

新战略的实施是企业实现自身发展的重要转折点。建立具有竞争力的人力资源管理体系，对实现企业的战略发展目标具有重要的现实意义。未来几年，R 公司应把推进人力资源管理体系建设作为公司体制机制改革的重点工作，并采取以下措施。

第一，支持企业建立企业领导上岗、下岗、上岗、下岗流动机制，按照用人协议考核管理人员。具备条件的，应当继续录用；无劳动能力的，应当终止劳动关系。

第二，要建立绩效考核体系，从系统的角度建立相应的各级绩效管理指标。例如，基层岗位不应再设定关键绩效指标，而应注重岗位职责的落实。同时，绩效指标应量化或切实可行，以提高考核指标的可测性。建立积极激励和消极激励相结合的激励机制。对那些在绩效考核中发现困难的环境，应找到克服困难的办法，以促进业务发展，提高业务绩效，增强公司员工的凝聚力，有效地激励干部。

第三，建立竞争分销机制，进一步推动多元化、差异化、动态化、市场化的分销机制，并根据公司的不同情况进行及时调整；进一步提高分配的透明度和公平性，充分发挥分配的激励作用，增强员工对企业的向心力，增强员工对企业未来的信心；保持员工收入高于其他企业，留住人才，避免技术人员流失，从而进一步提高员工的积极性、主动性和创造性。

第四，建立长期激励机制。股权激励不仅是公司治理的重要组成部分，也是实现公司战略的重要激励手段。建立股权激励机制，使企业管理层、核心员工和股东的利益统一，有效实现股东价值的最大化。要把激励与管理者和骨干员工的绩效紧密联系起来，与股东财富的增长紧密联系起来，统一管理目标、绩效考核目标和员工薪酬体系，营造追求绩效和所有者意识的文化氛围，使管理者积极创造价值。

第五，建立创新的容错机制。在试错过程中发生一定的经济社会风险后，允许启动相关程序，将风险控制在合理范围内，免除相应责任人。根据法律、法规促进改革和创新，使决策过程公开、民主和科学；工作努力、认真，而不是为自己寻求个人利益；积极采取措施，努力挽救有利于改革创新和发展全局的人才。

3. 财务保障

（1）根据企业发展的不同阶段制定适当的财务政策

财务政策制定后，公司应对财务管理制度进行分析研究。全面发展严格的管理制度以及把控企业内部的制度的设立，这样做的最终目标是达到全面、把控细节、日常化，提高在运行过程中的合理合法性。公司在进行资金管理流动时不仅仅要要求利益方面，还要要求资金流动的合理合法性。在进行监管时要求相关人员着重注意收付款、对账、印鉴以及收发票据这几个过程，要加强相关人员的责任；在要求经济利益时，对预算工作时的标准要提高，要统一资金之间的监管，将资金的使用达到最大化，要能够达到对外融资的标准。

（2）要求加大对市场的把控力

公司需要利用主业产业链，通过并购式扩张，增加产业链的价值，达到增加市场控制力的目的。并购是由兼并或者收购所达到的，兼并是指通过两家或两家以上的相互之间无关联的公司进行合并成为公司，一般的情况是一家大公司与一家小公司或者更多小公司合作达到兼并。收购是指一家公司利用现金、股权等收购其他一家公司的股票或者资产等，以取得其公司的行使权。利用并购的方式能够帮助企业开启新行业的大门，能够使企业得到新的技术资源。针对战略拟发展的中央厨房、电子商务、生鲜零售、农产品冷链物流智慧服务园等目标，R 公司可以通过全面分析了解相关并购公司的资料，全面分析其可行性，根据随后发展的情况进行并购方案的指定，同时表明操作的流程以及未来的发展方向。并购重组相关融资平台，可以为后来进行融资提供资金方面的便利。

4. 文化保障

在冷链物流行业中，因为运行方式单一，所以同行之间的竞争力很大。因此，同行之间都在利用新兴技术，创造核心技术提高自己的竞争优势。除了创造核心技术以外，利用好的服务也能够获得客户的青睐。R 公司为了提高顾客的满意度以及认可率，采用了提高服务水平，加强员工服务意识的办法，将服务延伸至公司运行的各个角落中。

R 公司要求员工能够明白公司的文化以及运行战略之间的联系，意识到在企业运行体系中，企业战略管理链条和企业文化管理链条之间相辅相成，各个环节承前启后，呈环环相扣的关系。公司想要建设独有的文化氛围，首先员工要知晓公司的前途以及发展方向知晓、要明确核心价值观建设；其次公司要对工作人员的工作行为进行完善，要具有明确的奖罚制度，要进行工作培训等。围绕战略管理链条建立完善的企业文化建设和管理链条，才能够取得理想的管理结果。所以 R 公司需要全面分析，对公司内部不同的文化进行整理，然后对公司的运行理念、公司形象、管理制度实行创新。

R 公司要走坚持创新的道路，构建公司特色文化。建设具有公司特色的文化后，同时还需要提高高层的管理理念。在进行权利划分与集中制度的同时，R 公司需要设立监理机制，从而可以达到公司内部合理合法的目的；加强各个环节的监管制度以及各管理层分工明确制度，可以确保权利分配合理以及管理到位。简化审批、权利合理分配，可以保证公司团队有一定的发展空间，这对以后发展新兴业务、开拓新市场有一定的积极影响。

第五章　大数据在农产品冷链物流管理中的应用

第一节　农产品冷链物流信息管理分析

一、冷链物流信息化

消费者越来越多地希望知道易腐货物原料的来源、能量值、储存温度、生产及销售日期、最佳食用期等，对冷链物流进行信息管理可以满足顾客这些方面的需求。通过冷链物流信息化对易腐农产品的来源、生产、包装、检验、监管、运输、消费等环节全程连接，建立农产品安全信息数据库，打造"从田间到餐桌"的全产业链条，可实现农产品安全地从终端到源头的完全透明和可追溯。同时，对冷链过程中的信息进行管理、存储、汇总、分析，从而得到易腐货物生产商、物流服务商等相关信息，为生产经营、市场管理、政府决策提供服务。从某种意义上说，农产品冷链物流信息化对农产品安全的保障有着重大意义。

二、农产品冷链物流信息管理的必要性

由于冷链物流几乎介入了货物从生产到销售的全生命周期，其间涉及生产和流通过程的部门非常多，所以必须运用专业的物流管理信息系统来建立农产品全生命期信息档案，科学地整合生产、分销、仓储、运输、配送等供应链上下游的信息。冷链物流信息化的作用具体如下。

1. 解决市场信息无法顺畅地传递到生产者的问题

冷链物流的流动方向是由生产者到消费者，而信息流正好相反，是由消费者到生产者。这就说明生产者在生产之前必须要获得充分的信息，了解消费者的消费情况和市场的供应情况。但是在我国，实际情况是多数生产者在产前根本无法获得有用的信息，在产后也无法及时获得产品物流系统反馈的信息，这使生产者无法根据实际的市

场需求生产产品。这种情况容易导致生产者的盲目、过度竞争，也使生产者不但承受了自然风险的压力，还承受了市场风险的压力。

2. 解决冷链物流各环节不协调的问题

冷链物流的各个环节彼此之间不可避免地相互影响、相互制约，一个环节效率低，会降低其他环节的效率，从而导致整体的效率降低。所以一个高效运转的冷链物流系统必然是各个环节紧密相连、相互协调的系统。但是，我国由于信息技术应用水平低，信息流不顺畅，农产品冷链物流的众多环节各自为战，最终导致了大量浪费，从而使系统整体蒙受损失。

3. 解决冷链食品出现质量问题难追溯的问题

随着消费者对农产品尤其是生鲜农产品消费量的日益扩大，食品质量安全等问题越来越受到人们的关注。建立鲜活农产品的准入制度，把质量太差、存在安全问题的产品排除在外是对冷链物流系统的基本要求，这也决定了冷链物流系统是否能进一步健康发展。我国现阶段并没有建立起有效的生鲜农产品身份证制度，一旦出现问题，很难追本溯源。

4. 解决冷链物流企业间未形成物流信息共享机制的问题

冷链物流企业间物流信息共享实现的手段依靠的是 EDI 技术和网络技术。EDI 即电子数据交换，是一种有效的、新型的商业信息管理手段，目前其应用范围还较为有限，主要集中在进出口海关、商检等管理部门之间，就国内多数企业而言，真正意义上的 EDI 应用还远未开展。一是由于企业信息化水平整体不高，技术条件和信息管理基础相对薄弱；二是 EDI 系统的开发成本比较高，多数企业缺乏充足的开发资金实力；三是冷链物流供应链上游企业之间在对 EDI 的认识上尚未达成一致，有些上下游企业甚至并没有认识到 EDI 的作用。

5. 解决冷链物流区域发展上的不平衡导致区域间信息壁垒严重的问题

在东部较为发达的地区，信息技术成果水平高，冷链物流现代化步伐较快，而在中西部很多地区，信息技术水平低，农产品物流依然过度依赖传统的营销方式。这就会导致发达地区和不发达地区之间的信息传递出现难以衔接的问题，造成区域间的信息壁垒，严重影响我国生鲜农产品跨区域流动的效率。

6. 解决物流企业物流信息标准化水平低的问题

信息技术的应用大都只在某一环节，缺乏物流信息管理系统的整合，如条形的管理、全球定位系统、地理信息系统（GIS）、立体库、呼叫中心等都在应用，因此呈现出零乱和分散的局面。大多数物流企业都是在自己传统优势业务的基础上开展信息化建设。由此带来的问题是，冷链物流信息如何在冷链物流的各个层面自由交换，使需要综合冷链物流服务的企业得到顺畅的物流方案。这也就使得我国冷链物流企业信息技术投入的资源浪费情况严重，由此产生信息交换断层，从而制约了整个冷链物流企业竞争力的提升。

三、我国农产品冷链物流信息化发展现状

（一）冷链物流信息化建设现状

1. 农产品冷链物流信息化的社会基础相对薄弱

信息网络是冷链物流行业发展的首要前提，目前国内信息网络技术的推广程度已经相对较高，信息化技术发展水平也在不断提升，计算机、网格技术普及程度较高，这些都为冷链物流行业信息化发展奠定了一定的社会基础。但是，我国冷链物流行业信息运用的标准规范还相对匮乏，冷链物流行业在高速发展的过程中，并未形成行业执行标准，导致信息技术运用缺乏行业指导。一个产业的信息化发展需要通过相应标准或规范加以推动，在行业标准规范得到编制与执行后，只有将行业规范运用其中，才可能实现冷链物流行业的信息化。而当前我国冷链物流行业发展得到的基础支持还远远不足。

货源和仓储管理信息化水平低。我国中西部地区互联网技术仍未广泛普及，大量农户不熟悉互联网技术，也不情愿担负相对较高的互联网接入费用，更缺乏信息技术技能培训。我国大部分地区的农副产品集成化发展缓慢，更多的是散户或者小规模地生产农副产品，分布太散。这些都是导致网络覆盖不足的原因。

在仓储管理中，很多冷藏冷冻库建设不到位，没有配备相关的信息化设备，无法实时对冷藏农产品进行监测，不仅带来了农产品的安全隐患，也无法做到合理地分配仓储空间，导致仓储成本的增加。在冷链商品进出库环节，自动化操作少，人工操作效率低。

冷链配送中信息采集率低。配送是冷链物流过程中的一个十分重要的环节。在这一环节中，有大量可利用的信息数据产生，如运输过程中车厢内的温、湿度实时监控数据、车厢门的开关次数记录、车辆实时定位数据以及冷藏设备状态记录等。这些运输过程中产生的信息数据对优化冷链管理、保证冷藏设备和食品安全、实现全程可追溯都具有不可忽视的意义。然而这些数据必须依靠先进的数据采集及通信技术来获得。但是，在冷链物流企业中，为了减少运输成本，诸如传感技术、物联网技术等都鲜少被真正应用，导致冷藏配送过程中信息采集率不高。

2. 农产品冷链物流信息化的市场需求动力不足

冷链物流行业可持续发展必然以市场需求为基础，信息技术的运用也必然与市场需求息息相关。冷链物流行业不仅需要研发推广先进的冷链设备与技术，还必须向消费者传递冷链物流信息，以消费者为导向，构建冷链物流的信息化平台。信息化平台可以使消费者了解冷链物流信息，如通过该信息平台，消费者可以了解到猪肉在 4 天左右运输有利于保证肉质。同时，可以进一步促进消费者了解冷链物流，并使消费者积极参与到冷链物流信息化建设中来。然而，当前物流企业在信息化的运用过程中，对市场消费需求的把握程度较浅，缺乏全面的消费市场把握，因此产生了冷链物流行业信息化运用与市场需求脱节的问题。

信息增值服务体系尚未成型。大部分冷链物流企业只注重企业内部环境的信息管理，完全忽视了在冷链商品流通过程中产生的对企业自身、食品安全、终端消费者有巨大利用价值的信息。虽然一些冷链物流企业提供一定的信息服务，但也仅限于冷藏运输过程中的定位，只有极少部分公司对个别冷链商品提供溯源信息服务。通过大量的数据采集、挖掘、分析，信息增值服务系统还只是处于萌芽状态。

3. 农产品冷链物流信息化运用的企业协调性较低

农产品冷链物流信息共享程度低。目前还没有建立起有效的统筹协调管理机制，各企业虽然都拥有各自的信息资源，但无法实现多方信息共享；同时，在信息收集、处理和应用等各方面，并未形成有效的标准体系。信息结构不太合理，信息资源太过分散，政府部门和企业难以对这些信息进行有效整合，给信息共享建设带来很大困难。

归根结底，冷链物流行业信息化运用的关键是企业。冷链物流企业信息化不仅需要冷库建设，还必须对市场信息、供应链管理进行科学把控。市场信息是企业之间信息协调管理的根本，市场中包含规模各异的企业主体，在一定程度上保障了市场的活跃创新。同时，各企业之间还应建立信息沟通协调体系，以营造良性的市场竞争环境。与此同时，企业内部的管理信息化不是将全部流程都通过计算机来实现，而是通过信息系统对冷链物流进行全过程的管理，监控企业经营活动的全过程，保障企业经营者流动的流畅性与系统性，以此来实现冷链物流企业的全面信息化。然而，当前冷链物流企业信息使用率相对较低，如运用射频识别技术（RFID）的企业数量相对较少，而且运用机制也存在一定缺陷，在很大程度上制约着冷链物流行业的信息化程度。

（二）实现农产品冷链物流信息化的措施

我国冷链物流基础设施建设的落后，使得某些农产品的零售价居高不下，一些易腐败的农产品的售价甚至有高达七成用来补偿物流过程中损失的货物价值。因此，我国应加紧投资冷链基础设施建设，不断普及卓有成效的全国性供应链配送网络系统，同时，通过信息化建设促进冷链物流的软件优化，提升利润水平，减少相应损耗，避免浪费，进而间接推动配送产品产值的提升，促进冷链物流产业升级。因此，信息化就成了中国冷链物流走向规范化的关键所在。在冷链物流的投资和扶持上还需要政府能够出台相关政策，这样更有利于我国冷链物流行业的发展。具体而言，目前我国实现冷链物流信息化发展有以下六大措施。

1. 政府统筹规划

相关行业协会通力合作，大力推动，对粮食物流、棉花物流、烟草物流、冷链物流等做出相应规划，定出目标与达到目标的措施，并给予人、财、物方面的大力支持。国家发改委仍需要把支持农副产品物流发展项目作为贴息贷款与技改项目的重点。冷链物流要实行政府推动力、行业推动力与市场推动力并举。

2. 上下游结合，形成一个整体

把冷链产业上下游结成供应链，形成一个完整的体系，实行全过程监控，加强冷链物流信息化、精细化、标准化、智能化建设，改变各自为战的局面。任何环节出问题都可以追溯，找出真正的原因，特别是要推进信息共享，提高冷链全程透明度，加快冷链标准化的制定和修订，并与国际接轨。

3. 加强冷链物流信息技术研究与新技术推广

启用全程监控的信息化技术，为适应小批量、多品种的冷链物流需要，对冷链物流全过程进行实时监控与预测，要推进冷链物流中铁路、公路、水路、航空的多式联运。

4. 加快第三方冷链物流企业的发展

加快发展第三方冷链物流企业，建立冷冻、冷藏产品加工配送中心，推进集约化共同配送；对现有冷链资源进行重组与整合，提高效率；对综合性或专业性冷链物流企业给予必要支持，特别是政策与金融支持。

5. 引进和借鉴国外先进的冷链物流经验

进一步对外开放，引进国外先进的冷链物流信息技术装备、运作模式与管理经验；可以将"派出去、请进来"相结合，通过引进、消化、吸收，实现创新，享有中国自主的知识产权。

6. 大力培养冷链物流信息化专门人才

目前冷链物流人才短缺，包括研发、管理与操作人员。通过学历教育、在职培训，这个问题将逐步得到解决。

四、信息化在农产品冷链物流发展中的应用

随着我国农产品冷链物流的发展，冷链物流信息化建设严重落后，已成为阻碍冷链物流企业发展的瓶颈。大数据、云计算等新型互联网技术与传统的 RFID、GPS、电信网络高度结合对物流管理信息化建设有着重要意义。

（一）在仓储管理中应用大数据和云计算

大数据和云计算技术能提高仓储自动化管理水平。在生鲜品托盘上和包装上贴上 RFID 标签，在冷库出入口处安装智能读取器，减少人工操作，大大节省了出入库作业时间，提高了作业效率。对在储货物实现动态的感知，在冷库安装各类感应器，可以感知到冷库内货物数量、状态的变化，为合理地控制库存创造了条件。总之，大数据和云计算技术的应用将极大地提高仓库自动化管理水平，并能实现仓储条件的自动调节，提高了仓储作业管理效率，节省了库存管理成本。

（二）在运输环节应用大数据和云计算

大数据和云计算技术在生鲜农产品运输环节的应用已极大地提高了生鲜农产品的运输效率，实现了生鲜品的有效流通。首先，可以实现生鲜农产品运输车辆的及时、准确调度，从而提高了运输效率，尽量避免了无效运输；其次，对运输中的生鲜农产品进行动态感知和监控，可以保证其质量与安全，与仓储管理相结合，可以更科学地做出运输决策，提高运输的合理性，减少损耗。

（三）在信息共享建设中应用大数据和云计算

运用大数据和云计算实现信息共享和同步，将方便冷链物流各环节的参与和协调运作。快速的信息传输和计算速度，减少了信息失真的现象，使参与企业能更及时、精准挖掘和分析生鲜农产品冷链物流各环节的信息，为以后的高质量物流服务提供保障。

大数据和云计算技术能够在生鲜农产品冷链物流的各个环节扮演重要角色，为生鲜农产品冷链物流管理信息化的发展提供强大的技术支撑，使得生鲜农产品从田间到餐桌的过程中更加安全、更加可控，为大众的生活提供更加便捷的服务。随着现代冷链物流理念与信息技术的不断革新，信息系统基础设施建设进一步加强了中国冷链物流信息标准的逐步完善，中国生鲜农产品冷链物流的存储、配送等业务信息将从异构、分散向统一、集中转变，中国生鲜农产品冷链物流将焕发出勃勃生机。

第二节　农产品冷链物流管理体系结构分析

一、农产品冷链物流管理体系的内涵

农产品冷链物流管理体系指的是按照市场经济体制有效配置资源的要求，为了适应现代农产品流通发展需求，履行行业监管职责，营造行业健康有序的市场环境，保证产品品质和质量安全的管理体制、组织体系、制度规范、运行机制等的总称。结合农产品冷链物流活动属性和内涵的界定，农产品冷链物流管理范畴包括以政府为主导的农产品冷链物流活动宏观管理和部分行业管理、以行业协会为主体的行业自律和政府授权的部分行业管理、以企业为主体的企业微观运营管理三个层次的管理活动。

（一）农产品冷链物流管理体系的核心内容

核心内容是管理体制中管理权责的划分和管理职能的配置。管理权责的划分决定了管理职能的配置，管理智能的配置又左右着体系运行。当前管理体制以政府各级农业农村部门、卫生部门、质检部门、食品药品质量监督部门、工商部门等为主体，以政府授权部分行业管理的行业协会和各种商会、市场主体为辅助的架构体系。

（二）农产品冷链物流管理体系组织结构

管理组织结构是管理体制的表现形式。其中，组织结构是管理职能的载体。现有农产品冷链物流体系按照部门构建政府组织结构，行业协会按照冷链物流环节和产品大类构建组织结构。

（三）运行机制

运行机制是管理体系的灵魂。农产品冷链物流管理机制依靠法律和行政手段调控和规制市场，通过政府强制手段规制或经济手段引导市场形成行业自律机制和企业自控机制；通过法律和标准完善，建立全面质量检查与监督机制。

（四）法律规范及标准

法律规范及标准是管理体系中的管理依据。农产品冷链物流管理是在法律规范框架下展开的。当前，我国已建立了以《中华人民共和国农产品质量安全法》《中华人民共和国农业法》等基础法律为主体的法律架构，部门法规和地方各级法规的可操作性也在不断加强，农产品冷链物流管理法制化的进程在加快。标准体系建设重点在于制定和推广一批农产品冷链物流操作规范和技术标准，建立以 HACCP 认证为基础的全程质量控制体系，制定与国际接轨的冷链物流操作规范和技术标准。

二、农产品冷链物流管理体系的特征

为了适应现代农产品的流通发展要求，我国现阶段农产品冷链物流管理体系具有以下几个发展特征。

（一）管理主体多元化

农产品生产和流通具有环节多、参与主体多、经营规模小和分散等特点，决定了农产品冷链物流管理的主体是多元的。农产品冷链物流管理主体由主导管理的各级政府、辅助参与行业管理的行业协会、经营企业等多方构成。农产品冷链物流管理在强化政府强制规制的同时逐步授权行业协会进行行业管理，充分发挥行业自律的作用，积极引导经营企业自控，鼓励社会多方监督。

（二）监管趋于全程化

随着社会对农产品质量安全的重视，消费者要求严格监管农产品从农场到餐桌的整个供应链过程。《中华人民共和国农产品质量安全法》规定，"县级以上人民政府农业行政主管部门负责农产品质量安全的监督管理工作；县级以上人民政府有关部门按照职责分工，负责农产品质量安全的有关工作"，该规定明确了农产品冷链物流相关管理部门安全监管职能和责任，逐步建立起"从田间到餐桌"的全程管理体系。

（三）管理信息化

农产品冷链物流过程跨度大，参与主体和管理主体多，信息传递容易中断。《中华人民共和国农产品质量安全法》规定："国务院农业行政主管部门和省、自治区、直辖市人民政府农业行政主管部门应当按照职责权限，发布有关农产品质量安全状况信息。"此外，商务和农业农村部门对农产品冷链物流全程追溯信息平台的试点范围也在不断扩大，多级信息追溯体系日益完善。除政府部门强化农产品冷链物流信息的发布外，冷链物流参与主体也在逐步强化信息系统建设。这些措施不断加强了信息交流和沟通，强化了农产品冷链物流各环节的信息共享。

（四）管理法制化和规范化

法制和标准规范是农产品冷链物流管理的基本保障，也是农产品冷链物流经营主体规范经营的外在动力。近年来，国家不断加强法律法规和标准建设，力图使农产品冷链物流管理行为具有充分的法律和标准依据，也使合法行业的经营者有充分的法律保障。

三、农产品冷链物流管理体系的结构

农产品冷链物流管理体系是一个复杂的系统，其结构主要包括农产品冷链物流组织体系、农产品冷链物流监管体系、农产品冷链物流管理法规和标准体系、行业公共服务体系。其中，监管体系包括市场认证准入体系、检验检测体系和追溯体系（如图5-1所示）。通过分析农产品冷链物流管理体系的内在结构和功能，我们可以准确把握其各部分的内在逻辑关系和运作机理。

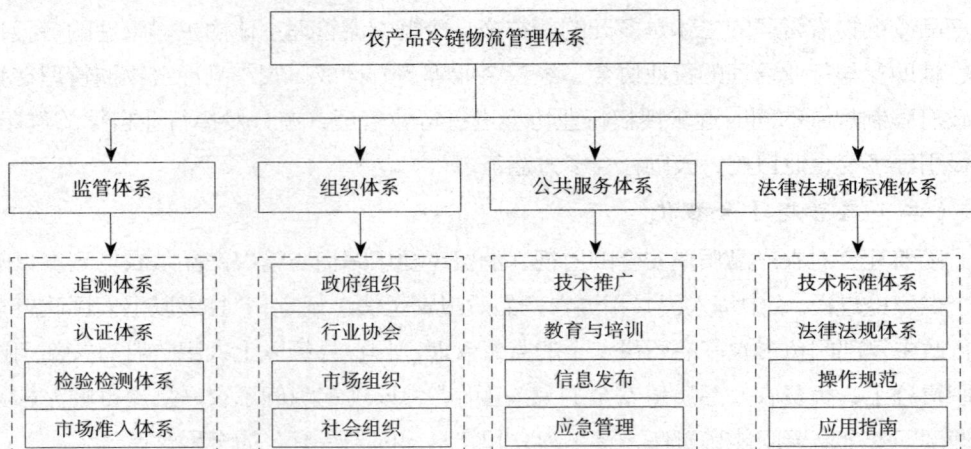

图5-1 农产品冷链物流管理体系架构

（一）农产品冷链物流组织体系

农产品冷链物流管理组织体系，是冷链物流管理活动的载体。从冷链物流组织体系的结构看，政府中的农产品冷链物流相关职能部门构成了组织体系的基本架构。这一结构既包括横向的政府部门机构设置、职能配置，也包括纵向的中央与地方的机构设置、职能配置。当前主要包括各级政府农业农村部门、卫生部门、质检部门、工商部门、商务部门、环保部门等，以及这些部门在省、市、县分别设置的相应延伸机构。此外，冷链物流组织体系中还包括行业协会机构、市场组织等辅助机构。从组织的运转看，通过一定的法律和制度设计形成的管理体制和机制，以及管理组织体系中的人员，实现了管理职能的正常、高效发挥。

（二）农产品冷链物流监管体系

农产品冷链物流监管体系是农产品冷链物流政府部门或社会组织在管理活动中

为了维护市场的正常秩序，通过一定的法律和制度安排，对市场实施有效管理活动的总称。在农产品冷链物流的过程中，农产品经过生产加工、运输储存等环节，最终到达消费者，通过对"从田间到餐桌"各环节进行市场准入、检测和追溯，形成对市场经营主体的规制和监管，保证农产品冷链物流服务过程的安全。监管体系包括：追溯体系、市场准入体系、认证体系、检验和检测体系等。从监管体系的内容看，农产品冷链物流监管体系除了对冷链物流市场发展实行宏观调控外，具体的市场监管主要包括：监督法律法规执行，维护市场公平竞争的秩序，保护各类市场主体的权益和利益；加强对农产品冷链物流服务质量安全的监管，维护消费者的权益；加强对各类冷链物流生产安全的监管，维护劳动者的利益。

（三）农产品冷链物流法律法规和标准体系

农产品冷链物流政策法律和标准体系是指结合农产品冷链物流行业发展的特点，建立适应市场经济体制的农产品冷链物流政策法律体系，为冷链物流参与主体和管理活动提供法律依据和支撑。

现代农产品冷链物流政策法律体系由国家基础法律法规、各级政府法规和条例、具体指导和规范农产品冷链物流运行的专业法律法规、行业技术和管理标准等构成。从功能来看，农产品冷链物流法律法规和标准体系是对市场主体规制的主要手段，也是建设农产品冷链物流市场法制环境的支撑体系。从运行来看，在农产品冷链物流法律法规和标准支撑体系的基础上建立农产品冷链物流全程管理系统，实现了对冷链物流活动的全程监管和信息的无缝连接，保障了农产品的质量安全，对政府、企业和消费都起到了有效的法律保障作用。

（四）农产品冷链物流行业公共服务体系

冷链物流公共服务体系，就是指围绕行业发展问题，政府提供各种公共服务的构架，以及提供公共服务的手段和方式等。

从行业公共服务体系的内容结构看，我国目前的农产品冷链物流公共服务主要包括：行业公共教育和培训服务、行业公共基础设施服务、行业公共信息服务等。此外，建立健全农产品冷链物流应急管理机制也成为冷链物流管理的一项重要内容。建立处理农产品安全突发事件的应急机制已经成为国际惯例，我国也应该从应急意识普及、应急法律法规和应急预案建立、应急冷链物流资源储备等方面构建冷链物流应急公共服务体系。

四、农产品冷链物流管理体系运行

（一）管理体制建设

在管理体制建设方面，借鉴国外农产品冷链物流管理经验，政府与社会力量协调共同参与治理已成为主流管理体制。在我国农产品冷链物流管理体制建设中，政府管理部门根据冷链物流活动的自身特点，明确了政府和社会的分工，逐步形成了分段全程管理体制。同时，在政府无法覆盖的领域，或在政府作用低效率的领域中，相关部门应逐步授权并发挥行业协会和企业联合会等社会组织的力量，共同参与行业的管理活动。企业经营活动的自控管理逐步加强，供需企业的市场自律意识不断加强。随着社会公众和消费者参与意识的提高，他们对政府、社会组织、企业等管理主体和市场主体进行监督的参与积极性也有了较大提高。通过多主体参与，农产品冷链物流管理体制形成了横向全程、纵向多层级的立体体系。

（二）法规和标准建设

在法规和标准建设方面，我国初步形成了以《中华人民共和国农业法》《中华人民共和国农产品质量安全法》等基础法为主的法律体系，基本法律建设得到加强，各部门法规制定注重相互衔接，地方法规的建设注重与中央到地方各级法规的对接，增加了法律体系的完整性和可操作性。以协会为主要牵头单位的冷链物流标准体系建设逐步加快，行业需要制定和推广一批农产品冷链物流操作规范和技术标准，以及以HACCP认证为基础的全程质量控制体系，但是法律法规、标准、指南等相互支撑和衔接机制有待进一步加强。

（三）监管体系建设

在监管体系方面，我国政府和协会逐步开展危害分析和关键控制点（HACCP）、生产质量管理规范（GMP）、良好农业规范（GAP）、国际标准化组织（ISO）等质量安全认证制度和市场准入制度，企业开始重视标准和认证建设。政府和协会力量逐年增加投入，完善冷链物流生产、加工、储存、运输、中转、进出口等重要环节的监管和查验基础设施建设。总体来看，冷链物流认证体系刚刚起步，市场准入体系尚处于探索阶段，检验检测机构建设有待加强，信息追溯体系示范带动作用明显。

（四）市场运作主体建设

在市场运作主体方面，生产和流通主体以小规模经营主体为主，农产品冷链物流运营仍以生产、加工、分销等分段运营为主，全程冷链物流在大型连锁企业和农产品龙头企业中有所发展。因此，农产品冷链物流市场运营主体尚处于以产供销经营企业和专业冷链物流企业共同参与的局面。

五、农产品冷链物流管理体系建设的目标

农产品冷链物流管理体系建设的目标为：借鉴国际农产品冷链物流管理的有益经验，紧紧围绕规范物流市场主体行为，强化监测预警、加强全程追溯、严格市场准入等关键环节，通过健全农产品冷链物流管理法律法规体系、标准体系、管理体制、检测体系、认证体系、科技支持体系、信息服务体系，以及建立应急机制等农产品冷链物流安全支撑体系，通过政府、产业界、消费者、媒体、教育和科研机构等有关各方密切配合、相互协作，采取多方面、多角度、多层次相互配套的措施，为建立和完善农产品冷链物流安全控制体系提供保障，建立"从农田到餐桌"的全程控制体系，确保农产品冷链物流安全。

（一）建立政府各监管机构之间分工明确、协调一致的农产品冷链物流管理体制

完善的农产品冷链管理体制的基本要求是政府定位要准确，从"农田到餐桌"实行全程管理，各方职责要明确，各级管理机构要精干和高效。

（二）提高农产品冷链物流管理科技水平

提高农产品冷链物流管理科技水平应做到：针对影响我国农产品冷链物流安全的主要因素，确定关键技术领域，分阶段、有选择、逐步深入地开展农产品冷链物流安全基础研究，优先发展节能、环保、安全冷链物流设备技术，进一步发展更加可靠、快速、便携、精确的安全检测技术，加快发展农产品生产、加工、储藏、包装与运输过程中的安全性控制技术，初步建立起适应现代农产品发展的冷链物流安全科技体系。

（三）完善农产品冷链物流标准体系

完善农产品冷链物流标准体系应做到：在加强统一管理并充分发挥各相关部门作用的基础上，建立起一套既符合中国国情又与国际接轨的农产品冷链物流标准体系；积极采用国际标准和国外先进标准，加大与国际接轨的力度。

（四）建立高效的农产品冷链物流检验检测体系

建立高效的农产品冷链物流检验检测体系应做到：按照统筹规划、合理布局的原则，建立起一个相互协调、分工合理、职能明确、技术先进、功能齐备、人员专业、

运行高效的农产品冷链物流检验检测体系；在检测范围上，能够满足生产、加工过程、流通全过程实施安全检测的需要；在检测能力上，能够满足国家标准、行业标准和相关国际标准对农产品冷链物流参数的检测要求；依托现有监管和检测资源，进一步提高主要生产基地、加工基地、配送中心、中转中心、进出口口岸的查验和检测能力，提高监管水平，保障产品质量和安全。

（五）建立规范的农产品冷链物流认证认可体系

为加强全过程的安全控制，在农产品生产、加工、运输、销售中应大力推广GPS 体系和 HACCP 体系等体系认证。

（六）建立健全农产品冷链物流应急反应机制

建立处理农产品安全突发事件的应急机制已经成为国际惯例，我国应该建立法律法规体系，健全信息收集、处理和传播机制；在预设方案等方面，我国应建立健全农产品冷链物流安全应急反应机制。

（七）建立完善的法律法规体系

我国应当借鉴国际农产品冷链物流的法规建设经验，建立全国的农产品冷链物流安全法规体系，完善已有的法律法规，法律规范要落地，并得到有效执行。

（八）构建连接城乡的农产品冷链配送体系

连接城乡的农产品冷链配送体系要侧重村镇配送网络建设，注重与城市现有配送网络的衔接，通过合理规划冷链配送网络及系统化管理，实现农产品从田间到城市，直到消费者餐桌的高效率供应。

第三节　农产品冷链物流管理体制优化

一、新时代农产品冷链物流管理体制发展

2004 年 9 月 1 日国务院发布的《国务院关于进一步加强食品安全工作的决定》指出：按照一个监管环节由一个部门监管的原则，采取分段监管为主、品种监管为辅的方式，进一步理顺食品安全监管职能，明确责任。农业农村部门负责初级农产品生产环节的监管；质检部门负责食品生产加工环节的监管，将现有卫生部门承担的食品生产加工环节的卫生监管职责划归质检部门；工商部门负责食品流通环节的监管；卫

生部门负责餐饮业、食堂等消费环节的监管；食品药品监管部门负责对食品安全的综合监督、组织协调和依法组织查处重大事故。按照责权一致的原则，建立食品安全监管责任制和责任追究制。农业农村部、发展改革委员会和商务等部门按照各自职责，做好种植养殖、食品加工、流通、消费环节的行业管理工作，进一步发挥行业协会和中介组织的作用。

《中华人民共和国农产品质量安全法》对农业主管行政部门、工商行政管理部门、食品药品监督管理部门的职责进行了划分，并指出农民专业合作经济组织和农产品行业协会在建立农产品质量安全管理制度和健全质量安全控制体系方面要加强自律管理。

2008年，在国务院架构改革的过程中，卫生行政部门与食品药品监管部门的食品安全工作中的职责对调、分段监管的食品安全监管体系仍然延续。

《中华人民共和国食品安全法》明确规定：国务院食品安全监督管理部门依照本法和国务院规定的职责，对食品生产经营活动实施监督管理。国务院卫生行政部门依照本法和国务院规定的职责，组织开展食品安全风险监测和风险评估，会同国务院食品安全监督管理部门制定并公布食品安全国家标准。国务院其他有关部门依照本法和国务院规定的职责，承担有关食品安全工作。

《食用农产品市场销售质量安全监督管理办法》明确规定：国家食品药品监督管理总局（后称为国家市场监督管理总局）负责监督指导全国食用农产品市场销售质量安全的监督管理工作。省、自治区、直辖市食品药品监督管理部门负责监督指导本行政区域食用农产品市场销售质量安全的监督管理工作。市、县级食品药品监督管理部门负责本行政区域食用农产品市场销售质量安全的监督管理工作。食用农产品市场销售质量安全及其监督管理工作坚持预防为主、风险管理原则，推进产地准出与市场准入衔接，保证市场销售的食用农产品可追溯。

《食品生产经营日常监督检查管理办法》规定：食品销售环节监督检查事项包括食品销售者资质、从业人员健康管理、一般规定执行、禁止性规定执行、经营过程控制、进货查验结果、食品储存、不安全食品召回、标签和说明书、特殊食品销售、进口食品销售、食品安全事故处置、食用农产品销售等情况，以及食用农产品集中交易市场开办者、柜台出租者、展销会举办者、网络食品交易第三方平台提供者、食品储存及运输者等履行法律义务的情况。

《网络食品安全违法行为查处办法》规定：网络交易的食品有保鲜、保温、冷藏或者冷冻等特殊储存条件要求的，入网食品生产经营者应当采取能够保证食品安全的储存、运输措施，或者委托具备相应储存、运输能力的企业储存、配送。

农产品与食品分属两个范畴，但互有交叉。按照《中华人民共和国农产品质量安全法》《食品安全法》等规定，农产品质量安全生产环节由农业农村部门负责监督管理，其他环节一般不适用食品安全的分段监管原则，而是按市场主体或按农产品品种划定监管职责。

目前，与农产品质量安全管理关系最密切的主要是农业农村部门、卫生部门、质检部门、食品药品质量监督部门、工商部门，此外，还涉及环保、林业、交通、铁路、公安等部门。主要部门的职责分工和相互联系如图 5-2 所示。

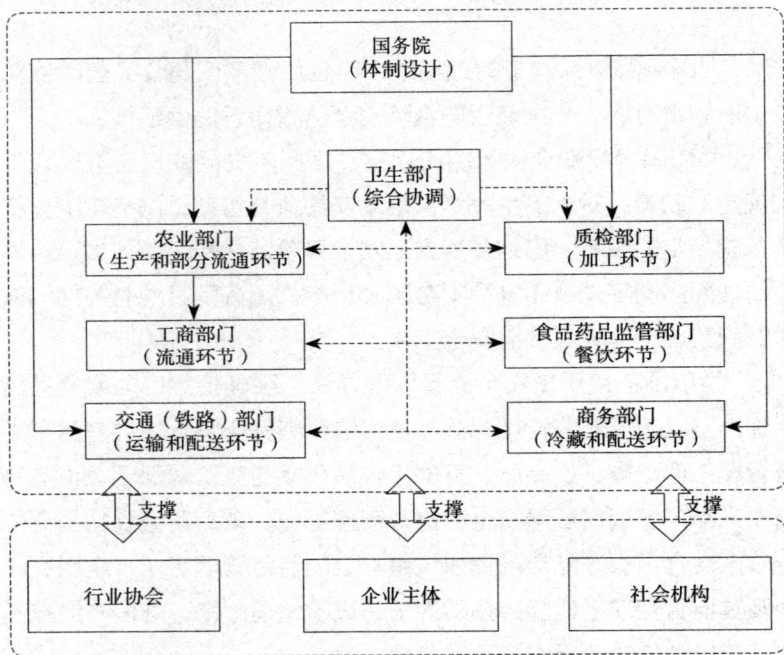

图 5-2 农产品冷链物流管理体制框架

（一）农业农村部门

农业农村部在农产品质量安全管理方面的主要职能有：拟定农业各类技术标准并组织实施；组织实施农业各产业产品及绿色食品的质量监督、认证和农业植物新品种的保护工作；组织协调种子、农药、兽药等农业投入品质量的监测、鉴定和执法监督管理；组织国内生产及进口种子、农药、兽药有关肥料等产品的登记和农机安全监理工作；起草动植物防疫和检疫的法律和法规草案，签署政府间协议、协定，制定有关标准；组织兽医医改、兽药药政药检工作；组织、监督对国内动植物的防疫、检疫工作，发布疫情并组织扑灭等。

《农产品质量安全法》明确划分了农业农村部门在农产品生产和流通环节中的监管职责。

一是农业农村部门负责对农产品生产企业、农民专业合作经济组织这两类市场主体在农产品质量安全流通环节的违法行为进行监管。农产品生产企业把农产品直接销售给消费者的行为属于流通环节的销售行为，应当由农业农村部门监管。根据相关法律规定，农民专业合作社是不同于机关、事业单位、企业单位的新法人形式，即合作社法人，其经营范围包括"提供农收生产资料购买，农产品销售、加工、运输、储藏以及与农业生产经营有关的技术、信息等服务"。由此可见，经营范围为农产品销售的农民专业合作社是流通环节的市场主体之一，其违法行为应当由农业农村部门查处。

二是农业农村部门负责对流通环节农产品批发市场经营行为进行监管。《中华人民共和国农产品质量安全法》规定：农产品批发市场应当设立质量安全检测机构，对进场销售的农产品质量安全状况进行抽查检测；发现不符合农产品质量安全标准的，应当要求销售者立即停止销售，并向农业行政主管部门报告。

三是农业农村部门负责对流通环节农产品的监督抽查、监测、检测、检查。《中华人民共和国农产品质量安全法》规定："制定并组织实施农产品质量安全监测计划，对生产中或者市场上销售的农产品进行监督抽查"，"对生产、销售的农产品进行现场检查，调查了解农产品质量安全的有关情况，查阅、复制与农产品质量安全有关的记录和其他资料；对经检测不符合农产品质量安全标准的农产品，有权查封、扣押。

四是农业农村部门负责流通环节农产品的包装、标志的监管。《中华人民共和国农产品质量安全法》规定，农产品生产企业、农民专业合作经济组织以及从事农产品收购的单位或者个人销售的农产品的包装、标识由农业农村部门监管；农产品包装、标志规范由农业农村部门制定，销售的农产品未按照规定进行包装、标识的由农业农村部门处理。

五是农业农村部门负责对流通环节农产品使用的保鲜剂、防腐剂、添加剂进行监管。《中华人民共和国农产品质量安全法》规定，销售的农产品使用的保鲜剂、防腐剂、添加剂等材料不符合国家有关强制性的技术规范的，由农业农村部门处理。

（二）卫生部门

卫计委在农产品质量安全管理上的主要职能有：监督管理传染病防治和食品、职业、环境、放射、学校卫生，组织制定食品、化妆品质量管理规范并负责认证工作。《中华人民共和国食品安全法》规定：国务院卫生行政部门依照本法和国务院规定的职责，组织开展食品风险监测和风险评估，会同国务院食品安全监督管理部门制定并公布食品安全国家标准。

（三）国家质检部门

国家质检部门在农产品质量安全管理方面的主要职能有：组织实施进出口食品和化妆品的安全、卫生、质量监督检验和监督管理，管理进出口食品和化妆品生产、加工单位的卫生注册登记，管理出口企业对外卫生注册工作；管理产品质量监督工作，管理和指导质量监督检查，负责对国内生产企业实施产品质量监控和强制检验，组织实施国家产品免检制度，管理产品质量仲裁的检验、鉴定；组织依法查处违反标准化、计量、质量等法律法规的行为，打击假冒伪劣违法活动。

（四）国家食品药品监督管理部门

国家食品药品监督管理总局在农产品质量安全管理方面的主要职能有：国家食品药品监督管理局是国务院综合监督食品、保健品、化妆品安全管理和主管药品监管的直属机构。在原国家药品监督管理局职能的基础上，新增食品、保健品、化妆品的质量安全管理的综合监督、组织协调和依法组织开展对重大事故查处的职责。其主要的法律依据是《中华人民共和国食品安全法》。《中华人民共和国食品安全法》规定：国家食品安全监督管理部门依照本法和国务院规定的职责，对食品生产经营活动实施监督管理。

（五）国家工商行政管理部门

国家市场监督管理总局在农产品质量安全管理方面的主要职能有：组织监督市场交易行为，组织监督流通领域的商品质量，组织查处假冒伪劣等违法行为，依法对各类市场经营秩序实施规范管理和监督等。与食品安全监管相关的职能有：对食品生产、经营企业和个体工商户进行检查，审查其主体资格，执行卫生许可前置审批规定，查处假冒伪劣产品和无照加工经营农副产品与食品等违法行为，负责农产品和食品的商标注册和商标管理工作，保护商标专用权，组织查处商标侵权行为。

《流通环节食品安全监督管理办法》规定：工商行政管理机关依照法律、法规和国务院规定的职责以及本办法的规定，对流通环节食品安全进行监督管理。

根据《中华人民共和国农产品质量安全法》，工商部门负责对农产品销售企业及农产品批发市场中的违法销售农产品的行为进行处理和处罚。《中华人民共和国农产品质量安全法》规定，农产品销售企业及农产品批发市场中销售的农产品，含有国家禁止使用的农药、兽药或者其他化学物质的；农药、兽药等化学物质残留或者含有的重金属等有毒有害物质不符合农产品质量安全标准的；含有的致病性寄生虫、微生物或者生物毒素不符合农产品质量安全标准的……其他不符合农产品质量安全标准的，由工商行政管理部门处理。

（六）商务部门

商务部门的主要职责有：拟订国内外贸易和国际经济合作的发展战略、方针、政策，起草国内外贸易、国际经济合作和外商投资的法律、法规，制定实施细则、规章；研究提出我国经济贸易法规之间及其与国际多边、双边经贸条约、协定之间的衔接意见；拟订国内贸易发展规划，研究提出流通体制改革意见，培育发展城乡市场，推进流通产业结构调整和连锁经营、物流配送、电子商务等现代流通方式；研究拟订规范市场运行流通秩序和打破市场垄断、地区封锁的政策，建立健全统一、开放、竞争、有序的市场体系；监测分析市场运行和商品供求状况，组织实施重要消费品的市场调控和重要生产资料的流通管理；研究制定进出口商品管理办法和进出口商品目录，组织实施进出口配额计划，确定配额、发放许可证；拟订和执行进出口商品配额招标政策。

二、农产品冷链物流管理体制现存问题

（一）政府行业统一规划和协调力度有限

农产品冷链物流管理体制对行业发展的制约主要表现在以下几个方面。

一是农产品冷链物流管理体制横向分散，行业管理部门存在多元领导。我国冷链物流体制横向分散，除农业农村部门、流通部门外，交通部门和监管部门等都有冷链物流管现职能，各管理机构自成体系，政出多门，呈现多元化领导的特点。随着农产品流通方式的变革，农产品冷链物流的管理方式也随之发生变化，农产品及冷链物流服务安全日益受到关注。在新的市场经济条件下，政府应该做什么、如何做，是政府部门在农产品冷链物流质量安全管理中急需解决的问题。目前，农产品冷链物流质量安全事件时有发生，很重要的一个因素就是缺少质量安全的统一管理体制。管理体制缺位，也导致农产品冷链物流质量的安全监督管理缺乏系统性和连贯性。

二是协调统一机制难以建立，管理越位、错位。农产品冷链物流安全问题由多部门分头管理，从客观上讲，势必造成部门之间职能交叉、责任不明，从而造成效率低下，协调性差；从主观上讲，会造成政府部门的职能扩张和行政垄断，加重了政府行为失灵。很多部门交叉管理，造成了人力、物力、财力上的极大浪费。由于部门之间

不协调、政出多门、不统一，地方之间、行业之间难以适从，将会导致农产品冷链物流质量安全规制政令不通。

三是政府协调成本高，效率低。在落实和执行市场准入规制的过程中，多个部门需要反复协商协调，各部门受利益的驱使，难以在一些具体问题上达成一致意见。比如，关于"柒篮子"和"米袋子"产品的市场准入问题，从行业层面，涉及种植业、畜牧、渔业、食品加工业等；从物流层面，涉及生产管理、加工管理和市场管理等多个环节。涉及的部门至少有 5 个，造成协调成本高，实际成效不明显。

（二）行业协会的行业自律作用发挥不够

在中观层面，行业协会在促进冷链物流发展方面取得了一系列成绩，在《农产品冷链物流发展规划》《商务部、农业部关于开展"农超对接"试点工作的通知》等行业政策研究中起到了积极的组织和协调作用。在标准化建设和标准体系完善方面，中国物流与采购联合会冷链物流专业委员会、全国物流标准化技术委员会、冷链物流分技术委员会等起到了很好的促进作用。但是，行业协会在推广物流行业标准、物流人才教育和培训、物流技术交流、物流信息服务、物流从业人员资格和物流职业资格认证等方面还有较大的改善空间。

（三）企业自控意识和能力不强

农产品冷链物流涉及农产品供应链的多个环节，从产地到消费者餐桌要多个企业主体共同参与完成全程的运作和管理。对企业而言，冷链物流管现观念要求对企业供需物流所涉及的原材料与配件采购的采购、储运与保管，生产环节中的半成品／产成品入库与储存、出库，批发销售环节的货物配送，以及物流废弃物的回收及退货处理等进行全过程的系统管理。但是，我国农产品供应链一体化运作的企业较少，多数供应链环节由中小企业参与完成，其冷链物流全程管理意识淡薄，难以形成上下游企业之间的无缝衔接，也造成农产品冷链物流安全责任难以界定，无形中为政府监管增加了难度。

三、农产品冷链物流管理体制优化的方向

农产品冷链物流管理范畴包括以政府为主导的农产品冷链物流活动宏观管理和部分行业管理，以行业协会为主体的行业自律和政府授权的部分行业管理，以企业为主体的企业微观运营管理三个层次的管理活动。宏观层面，政府对冷链物流活动的管理强调计划性、协调性与整体性；在中观行业层面，要发挥以行业自律为宗旨的物流管理行业协会组织的作用；在微观企业主体层面，企业需要的现代管理理念和技术为支

撑，尤其是树立全程冷链管理理念。我国冷链物流管理体制的变革方向应以政府协调有力，行业协会衔接顺畅、企业管理高效为目标，构建多层、立体的管理体制。

（一）在政府宏观管理层面，建立职能完备、分工合理的管理机构与管理机制

在宏观层面，建立合理部门分工机制，理清部门管理权限和职能，协调解决综合经济管理部门、行业主管部门、独立监管部门之间管理职能交叉重叠的问题。农产品冷链物流涉及的领域和范围广，很难想象一个部门能进行各个环节的管理。国外冷链物流行业的管理体制，主要具有宏观调控、管理分散、组织科学、协调统一等方面的特点。国外冷链物流起步早的发达国家的实践也充分说明，对冷链物流活动的高效、统一管理是通过国家的发展战略和相关各部门的管理活动协调性实现的。因此，我国冷链物流管理体制的变革方向是建立各个相关部门的良好沟通和协调机制，通过冷链物流各个环节的不同政府部门管理系统，共同管理冷链物流活动。

（二）在行业管理层面，建立完善的行业协会自律机制

在产业层面，政府要通过协会加强行业管理和服务。行业协会要加强行业自律，牢固树立为政府、行业和企业服务的观念，要成为沟通政府与企业、教学和科研机构的桥梁和纽带。行业协会要在推广物流行业标准、物流人才教育和培训、物流技术交流、物流信息服务、物流从业人员资格和物流职业资格认证以及物流咨询服务等方面发挥积极作用。中国物流与采购联合会冷链物流专业委员会、全国物流标准化技术委员会冷链物流分技术委员会等为行业发展起到了良好的促进作用，它们建立以行业自律为宗旨的冷链物流管理中介组织，在冷链物流管理体系中扮演着不容忽视的角色。借鉴国外经验，行业协会的主要任务是：通过发展、创新和传播物流知识为物流行业服务；举行年会、研讨会则是其传播和创新物流理论的主要途径。

（三）在企业层面，强化全程冷链物流管理

冷链物流行业既具有从提供服务的经营角度来看的独立服务产业特点，又具有从产销企业内部经营管理角度来看的非独立产业形态，还具有因物流技术的使用而通过产销企业 物流服务外部化的供应链管理一体化所体现的经济利益共享的特点。所以，物流产业实质上是一种几乎渗透到所有经济领域和企业经营活动的交叉与重合的产业形态，从产生经济利益和经济效益的角度来看，具有明显的复合性特征。对企业而言，冷链物流管理观念要求对企业供需物流所涉及的原材料与配件采购环节的采购、储运与保管，生产环节中的半成品／产成品入库与储存、出库，批发与销售环节的货物配送，以及物流废弃物的回收及退货处理等进行全过程的系统管理。它要求企业建立专门的物流管理体系并实现面对物流流程对象的管理。在这个过程中，冷链物流全程封闭管理是至关重要的。

第四节　农产品冷链物流管理案例分析

一、XN 农产品销售公司简介

　　XN 农产品销售公司是陕西省一家冷链物流企业，也是全国在保鲜、储藏与冷链物流方面的领军企业。XN 农产品销售公司于 2003 年成立，经过十多年的发展，其从最开始 30 人的小公司，目前已经在全国开设了 5 家分公司，员工人数达到了 500 人，年销售额达到了 5000 万元的一家大型企业。随着企业多年的发展壮大，该公司在冷链物流管理方面积累了非常多的经验，并且已经建立了由陆地运输、航空和水路运输等三位一体的冷链物流体系，且各大运输方式之间有着较好的衔接与配合，同时也形成了与全国整体经济发展相匹配的冷链物流网络。

　　XN 农产品销售公司自成立以来，始终以顾客满意为公司经营的理念，不仅收获了客户对公司的认可与信任，也深受众多经销商的普遍欢迎。公司经过这些年的快速发展，在冷链物流的管理方面基本上实现了信息化，业务流程也发生了结构性变化。此外，公司的管理层也希望通过冷链物流信息化对冷链物流业务实现透明化管理，以提高其作业效率、效益，从而提升企业物流的服务能力。企业制定的发展策略也正好符合"互联网＋"的产业升级要求。凭借陕西西安的地理区域优势，XN 农产品销售公司的冷链物流业务得以快速发展，且也加大了其对冷链市场开发的力度。公司现有固定配送网点 300 多个，无公害、绿色、有机蔬菜、水果、粮油等供应基地近万亩，且有完备的商品质量检测设备。

　　XN 农产品销售公司目前拥有 500 名员工，采用自上而下的具有很强控制能力的垂直管理形式，主要由人事部、行政部、财务部、冷链物流部、市场营销部以及客户服务部等部门构成，其中冷链物流部包括仓储部、轻加工部、配送部、信息部，且均由公司总经理对其进行统一管理以及运营，组织结构如图 5-3 所示。XN 农产品销售公司的冷链物流部作为公司的最重要的职能部门，会根据其下每个部门的具体功能与职位需求配置相应的层级岗位，以确保仓储、流通配送、加工与物流信息等各大业务的顺畅实施。

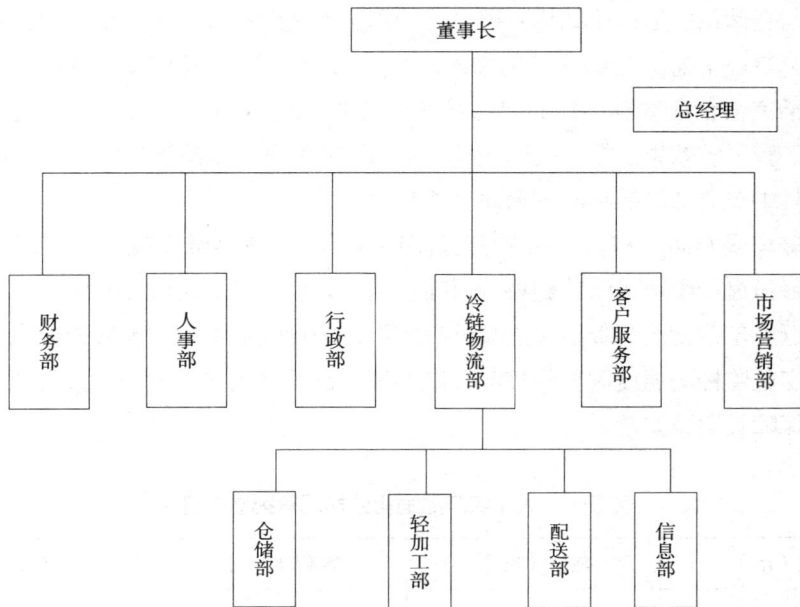

图 5-3　XN 农产品销售公司组织框架

二、XN 农产品销售公司冷链物流管理现状

（一）XN 农产品销售公司的经营范围

XN 农产品销售公司目前的经营业务包括特色农产品订单收购、大型超市蔬菜水果、豆制品的保鲜与配送，以及牛奶等乳制品业务。 XN 农产品销售公司已经有超过10 多种保鲜储藏产品，销售网络覆盖陕西、四川等地大型超市及连锁配送中心。

（二）基础设施

1. 冷链基础设施

随着业务的不断拓展，2007 年 XN 农产品销售公司第一批投资 7500 万元建立了一个 1 万平方米的冷藏箱堆场和一个能容纳 2 万吨存储量的冷库。 2014 年，公司在冷链项目方面又完成了 4 万吨的建设，使得公司冷链物流逐渐成为当地规模最大的冷链公司。

XN 农产品销售公司不仅仅对基础设施和设备进行了建设，还引进了较为先进的计算机信息管理技术。2008 年，公司实施了仓储作业系统，使得其对存货、分销以及信息资源等模块实施了信息化处理，从而让公司能合理地配置资源。2009 年，公司对堆场与仓储系统进行了结构升级，并使用了网络的在线服务功能，使得客户能通过网络了解产品信息与追踪产品的物流情况。2011 年，公司构建了冷链综合的物流系统，这给完善企业冷链平台的架构奠下了基础。2012 年，公司全面启动了冷链平台，取得了较好的效果。根据公司统计，目前，XN 农产品销售公司有 3 块堆场，17 座仓库，其中专业做冷链物流的仓库有 10 座。

在运输车辆方面，XN 农产品销售公司目前有 40 辆容量 3 吨 ~18 吨的冷藏车与温控车，每日进行配送可以达到将近万吨容量（如表 5-1 所示）。其中有二分之一的车辆是最近几年购置的，每辆车上都装有定位系统和温控设备，能够做到全程对车辆运输路线实施监控与温度湿度的控制，以保证冷链农产品在运输中不会出现发霉变质等问题，保障其质量安全。

表 5-1　XN 农产品销售公司现有配送车辆

车型（m）	吨位（吨）	容积（m³）	温度
4.2	3	1	双温
6.2	6	20	双温
9.6	11	41	双温
12.5	18	58	双温

2. 软件设备方面

XN 农产品销售公司目前已经初步实现了现代信息化管理系统，提高了冷链物流中各个环节的协同工作效率，运用集成仓储管理系统、挑选系统和运输管理系统，达到了冷链物流各个主要环节的信息网络化与信息交互的实时化（见图 5-4 所示）。此外，为了使软硬件做到有机结合，XN 农产品销售公司在一些运输设备上装置了 GPS 定位系统，以便对运输车辆进行实时追踪。同时，全自动远程温度控制系统的运用，能有效地控制与监视运输车辆内的温度情况，出现问题也可以及时地进行调节。

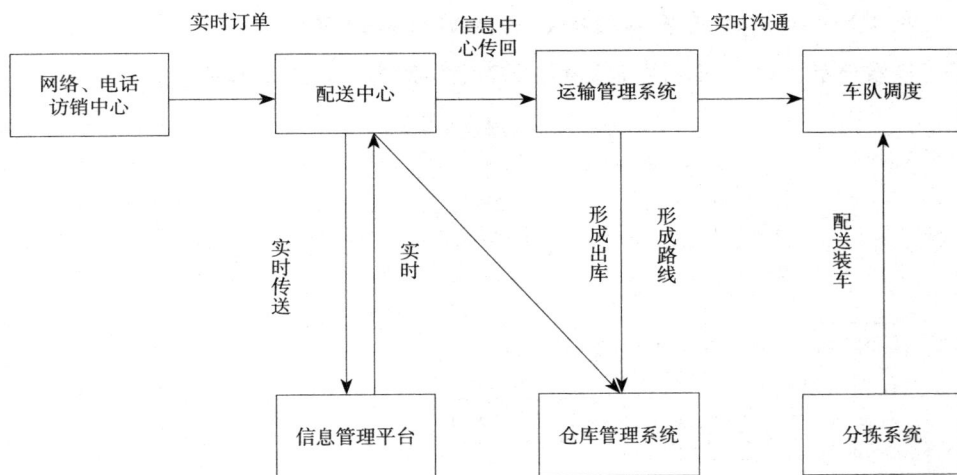

图 5-4　信息系统集成图

（三）XN 农产品销售公司冷链物流管理计划

XN 农产品销售公司的物流部对所有农产品从公司的存储仓库直到顾客或各大代理机构的库房中的一切运输配送工作进行负责，以便能够有效地保证订单的完成率。同时也负责对第三方物流的工作与冷链运输的质量加以监督，以保证农产品的质量和新鲜。为了完成上述工作任务，公司还需要提供足够的冷库资源，以保障整个运营过程的正常。在每年农产品销售旺季均会提前铺设网点、建立库存。利用自身在农产品市场巩固多年的地位，使得其仓库和运输设备的数量较为固定，可以加快农产品的周转。每年 7、8 月份公司就开始调试仓储设施、运输设备，保证各设备达到农产品冷链运输要求的标准，并派遣公司骨干到农村与农民、相关企业进行洽谈合作，为迎接新一轮秋忙时节提供更好的物流服务。在每一年销售旺季结束以后，物流部门就需要开始制作下一年的物流计划，并上报给企业高层进行评审和归档。

一般物流计划都是以公司次年的农产品生产和销售作为预测的基础，而预测是依据上一年农产品的销售情况，但由于农产品生产具有季节性和区域性，预测有时也会出现失灵。例如，农产品遇到自然灾害或者市场价格波动，必然会影响冷链物流企业间的竞争，进而影响公司业绩。因此，XN 农产品销售公司冷链物流管理计划的制定，必须要与市场实际情况相符合，不同时期针对不同产品，公司配送部门会选择不同的管理策略，以此来应对突发情况。

（四）XN 农产品销售公司冷链物流部的组织架构

XN 农产品销售公司采用简单直线型的组织架构，如图 5-5 所示。

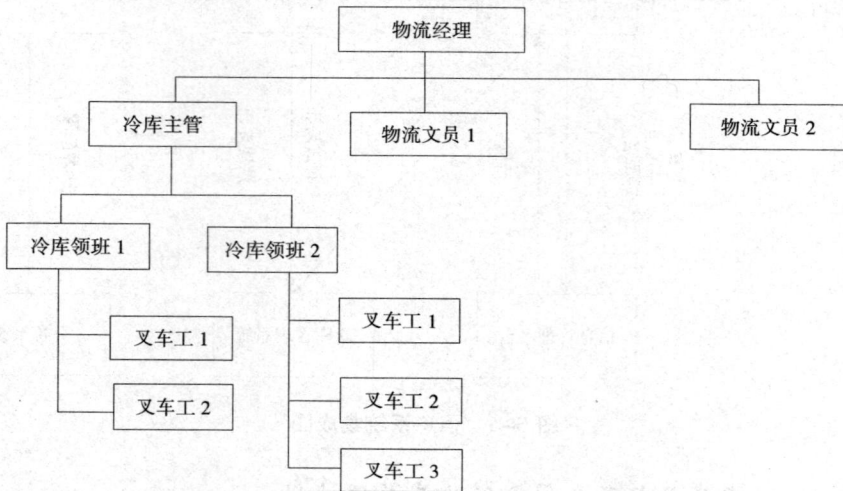

图 5-5　XN 农产品销售公司冷链物流部的组织架构

在组织结构下，部门经理对物流部实行集权式管理，负责部门绩效考核、员工培训与管理以及拟定公司中长期战略、运输—仓储物流布局等工作，具体内容包括制定、审核与实施物流管理工作计划和费用预算，整个公司的物流系统设计、协助销售部为物流储运活动提供支持，以及员工绩效的考核与管理等，并对其他职位采用垂直管理模式，使得每个岗位的工作人员都能明确自身的责任和权利，并对其上一级的主管负责。而销售订单从接单、录入、配送与售后以及与客服沟通等工作内容全部由物流文员进行负责管理。协助经理、参与库房装卸搬运作业等则由物流主管来完成，以便实施统一安排，从而为客户提供高效、优质的服务。因此，该种物流部组织结构优势明显，结构简单，便于上下部门间的沟通以及统一指挥，从而有效实施集中管理。但其劣势也较为明显，如部门之间的横向协调性不足，且主管领导难以获得相应的助手，容易产生部门之间的管理出现混乱，机构效率低下的问题。而 XN 农产品销售公司规模小，设施基础较弱，有利于进行人员管理与设备操作管理，因此，XN 农产品销售公司实施此种组织结构，会产生非常高的管理效率与较强的执行能力，从而促进公司的快速发展。

（五）XN 农产品销售公司冷链物流管理工作流程

XN 农产品销售公司的物流部主要由物流经理、冷库负责人、文员、叉车司机等组成，其中物流经理负责管理人员队伍、制定未来发展规划以及整体布局，涵盖了供应商的有效选择以及对物流的相关成本予以控制等。而文员主要负责给销售订单安排车辆实施运输以及一些相关性的活动。冷链冷库主管对物流部在冷库作业的人员实施管理，如公司叉车工作人员与第三方物流企业的一些负责配送的员工，以及协助公司物流经理对农产品的运输配送的工作。

XN 农产品销售公司冷链物流部的主要工作是农产品从生产线到快速入库，接收与订单处理，一直到农产品完成交付为止。在这个过程中，既要及时正确地交付货物，又要能保障在运输中产品的质量，同时还要考虑这些操作涉及的运营成本。另外，仓库中还需要有够大的空间接纳生产线上下来的产成品的入库，从而保障生产的顺畅。在这些环节中，每一个操作都有相关作业规范和指南来对办公室工作人员与现场的工作者实施指导。XN 农产品销售公司的物流部操作的具体流程如下：

1. 农产品的入库与向其他仓库进行转运

叉车司机每天以托盘形式将所有农产品入库，并进行相应的编码与跟踪记录，每隔 1 日对数量实施统计。冷库负责管理的员工应根据企业的生产部门已发出的相应单号以及农产品数量的统计表格，对实际接收的农产品进行核对，若对比中没有存在差距，就可以完成收货了。如果仓库中现有的仓位不足以应对当前农产品的数量，或者仓库出现了短暂的缺货状况，或者相较而言仓库的整体存储水平比较低，此时就应该向相应的网点运送一些相关性的产品，以作为替代，避免因缺货而造成损失。

2. 对批次实施控制，管理产品中的合格品与不合格品

当产品进入仓库以后，工作人员依据品质管理的指令，将那些不合格的产品实施隔离操作，而合格品需要超过 72 小时的冷冻期后才能进行发货（如图 5-6 所示）。

```
采购 ──系统下单── 物流专员 ──────────── 销售内勤
                                              正常签收
      入库单    出库单  系统      备货
                       下订单                不正常签收
              库房 ─────── 包装

           初级检测

   不合格      合格                          物流主管

              入库                            销售

                                            另行处理
```

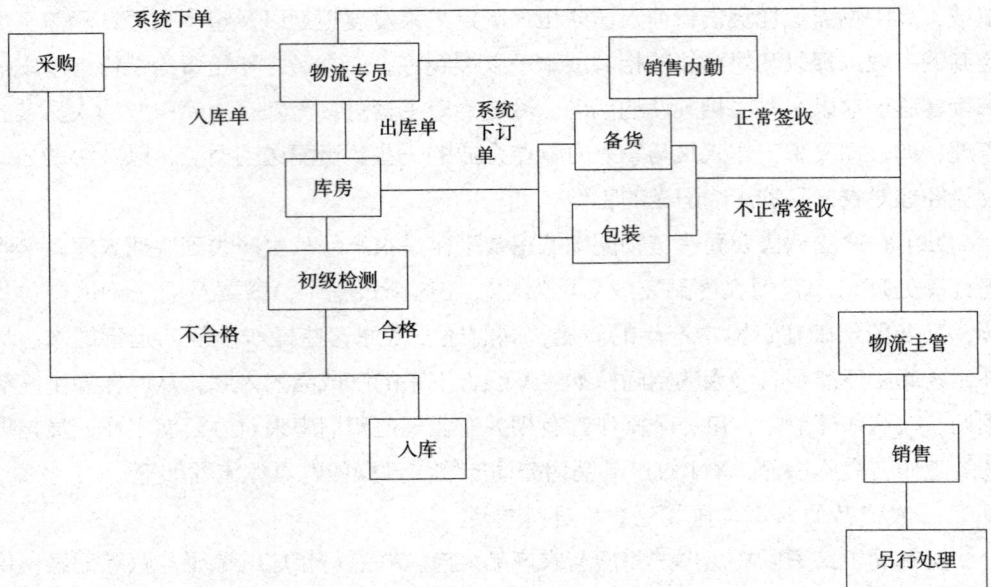

图 5-6 农产品入库与出库管理

3. 对订单进行处理，以有效安排产品运输

接到相应的订单后，对客户的类型与产品实施登记，向物流部发送订单新信息，然后待公司财务部门收到货款后，再另行安排相关车辆进行运输（如图 5-7 所示）。

4. 对货物的运输时间进行监督

将实际交付的日期进行记录，并对交付的货物进行质量检查，以保证农产品质量，同时安排相关客服人员对顾客满意情况进行定期回访。

5. 在每个月月底对库存实施盘点

在次月对上个月的仓储进行清点与记录，以确保当期应采购农产品的数量能够满足公司的日常经营，不会因过多存储而造成积压，进而提升公司运营成本。此外，还需登记农产品运输中的各项运费，做到各种费用详细记录，为公司后期实施战略管理打下基础。

经理	业务经理	相关部门	业务部/文员	客户

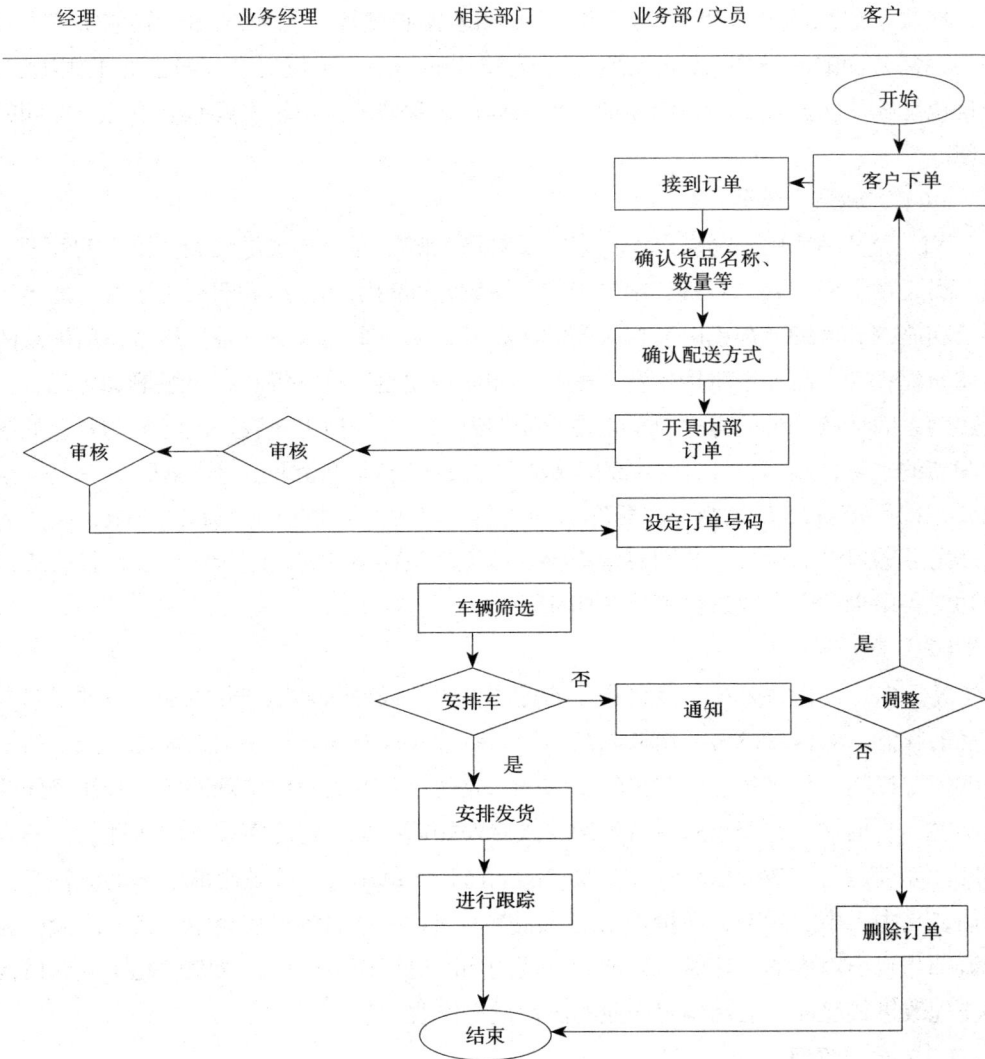

图 5-7　订单处理流程图

（六）XN 农产品销售公司冷链物流管理方法

1.XN 农产品销售公司冷链物流管理的内部方法

XN 农产品销售公司的内部物流管理是通过选择供应商、装卸配送、人员安排一直到农产品入库等一系列活动所采取的控制过程。公司在物流管理方面的成就，源于各部门对工作的忠诚与积极，提高员工的工作效率；信息化技术在各层级之间的应用，加快了信息的传递速率；公司的奖励与惩罚制度等。此种方法的实施对 XN 农产品销售公司的冷链物流管理起到了非常重要的作用，不仅提高了员工的工作热情，而且也能够从物流发展情况清晰地判断出其整体管理的水平，主要有以下几个方面的表现。

（1）实施员工管理

XN 农产品销售公司通过培训来实现对员工的管理，这也是其最为核心的管理手段。员工在上岗之后，对其实施关于岗位设置方面的培训，这需要员工了解公司各个环节实施的具体细节规程以及相应的解决途径，如对车辆采取一系列检查，所涉及的具体流程；农产品在运输途中发生毁损，如何构建召回机制等。在这些培训之后，公司还会采取持续培训的方式对员工进行知识巩固，加深员工对农产品运输与仓存的各种细节的了解，从而保证农产品的质量与安全，进而实现企业的经营收入。同时，企业如果能够培养出有管理、领导理念的人员，其生产才能更好地保证安全，以达到持续发展的目的。比如，公司每年都会进行叉车在狭小空间内的运作演示，且将 KPI 视为对各层级部门领导进行考察的指标。

（2）流程的管理

XN 农产品销售公司就冷链物流的管理构建了极为明确的作业流程。主要是对农产品的存储、对供应商进行审核以及租用一些冷库等方面都做了明文规定，并配有相应的指导说明。除了对仓储自身的要求外，公司还对其他一些特殊的环节制作了作业说明书，包括如何选择仓库进行租用，入库表如何完成，对冷库实施的管理工作与内容硬件如何进行有效评估等。XN 农产品销售公司每年会对冷链物流管理的流程进行评估，其中人事、后勤、质量等部门均需要参加。在评估的过程当中，各部门会根据物流部与其所发生的一切业务处理中出现的问题进行详尽分析，大家一起研究探讨找出流程改进的途径，然后再对作业的流程进行修改。

（3）学习管理

近些年 XN 农产品销售公司推行了 SQCDE 与 MCE，主要是总部为了改善公司员工的理念所提前推行的解决措施，是在对国内外先进冷链物流管理等公司的参考借鉴上采取的方案。XN 农产品销售公司一直以来的核心理念是精益生产，指的是通过整合公司内外部资源，减少浪费，不断地创新工作方式，挖掘资源的潜力，以此来促进公司发展，提高工作效率。而物流作为供应链的前提，众多的关键点均是在精益生产相应的改进点的附属范围之内的。

（4）仓储过程管理

在剧烈的市场竞争环境下，客户需求呈现出个性化、多样化的特征，且订货提前期在不断缩短，这给企业经营带来了新挑战。然而，由于仓储条件的限制，库存控制难度增加以及货物出入库的手续呈现不规范等问题，造成了 XN 农产品销售公司冷链物流管理效率低，效益低。因此，XN 农产品销售公司通过构建先进库存管理的新观念，规划仓储作业，规范出入库操作以及采用先进先出的原则进行库存管理，以提高仓储单元的利用效率，从而实现了管理技能与操作的高效率，以保障其农产品的新鲜和质量。另外，XN 农产品销售公司在各种存储库、堆场中安置环境采集器，将环境信息统一上传至冷链管理平台，为大数据信息管理提供了信息参数。各个仓储、堆场环境参数实时上传管理平台，为物流全程信息管理提供了可靠依据。

（5）运输管理

XN 农产品销售公司的运输管理，主要是指农产品在产地集装并运输到目的仓库再到市场的短途运输过程。XN 农产品销售公司利用招标采购方式购买了 5 台冷藏车，使得其各项运输性能均能够满足当前运输的要求。另外，公司还与第三方物流公司进行了合作，签订了运输协议，以保证农产品的高效运输。

第一，对农产品冷链物流运输进行研究。牵引车的配置、性能等技术指标的选取都会对农产品冷链运输产生影响。因此，XN 农产品销售公司需要系统选择、详细收集运输车辆的厂家数据以购进冷藏车，从而提高其冷链运输的时效性与安全性。

第二，通过制定运输方案以及根据顾客需要不断调整运输，从而保证农产品的质量。若没有一个符合实际与量身定做的运输方案作为指导，即使有更好的硬件设施，也会对农产品冷链运输的时效性与安全产生巨大的负面效应。在公司运营条件不断发生变化的前提下，工作人员应该对已经确定的运输方案做出适当调整，从而保证农产品的安全与质量。因此，路线选择、运营时所做的前期评估与选择甩挂方式等是决定公司采用何种运输方案的决策因素。

第三，车队管理会对农产品冷链运输的时效性与安全性产生直接影响。若公司没有构建一套合理、严格的运输车队管理系统与认真执行，不管是不是较为先进的运输装备与售后服务，都会对农产品冷链运输的时效性与安全性产生巨大威胁。因此，XN 农产品销售公司通过利用运营流程的管理、司机人员的管理与培训以及绩效管理等方式保证了公司农产品冷链物流上的安全与时效。

第四，冷链物流中各种运输车辆必须安装 GPS 定位，并将运输轨迹上传至管理平台。由于 GPS 定位装置具有唯一 ID 的特征，所以进入物流管理的车辆就会被各自赋以唯一编码。为物流管理提供运输过程的完整信息，对列入冷链管理的特种车辆统一安装环境检测器，将运输过程中的环境变化参数上传至管理平台，以满足冷链管理对环境检测的参数需要；同时还能对农产品冷链物流的温湿度实施在线实时监管、双重备份。

2.XN 农产品销售公司冷链物流管理的外部方法

长期以来，XN 农产品销售公司一直是从原产地直接采购农产品，然后利用公司先进的运输车队将农产品运至仓库，进而保证农产品的新鲜。在此过程中，XN 农产品销售公司为了保证农产品的质量，采取的做法是技术员工直接参与农产品采摘，同时指导农户采摘与装箱，并把所有采摘的农产品统一装车运往公司存储仓库；在仓库中会有专业的质量管理人员对农产品进行质量检验，检验合格后填写入库单直接入库，如检验未合格，农产品质量问题不严重的，会对农产品进行简单人工处理，然后再入库，而对那些存在严重质量问题的则会直接处理掉，从而保障了公司农产品的质量，维护了公司信誉。

三、XN 农产品销售公司冷链物流管理存在问题分析

（一）XN 农产品销售公司冷链物流管理的内部因素法的评价过程

对 XN 农产品销售公司的冷链物流管理采用以下步骤对其内部因素进行了深入研究。具体步骤是首先找出公司的内部影响因素，然后对各大因素进行赋予权重，并对各大因素进行评分与加权分数，最后计算出总加权分数，以此来评价公司内部因素的优劣势，如图 5-8 所示。

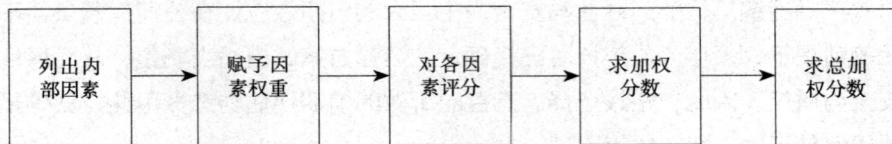

```
┌────────┐   ┌────────┐   ┌────────┐   ┌────────┐   ┌────────┐
│ 列出内 │ → │ 赋予因 │ → │ 对各因 │ → │ 求加权 │ → │ 求总加 │
│ 部因素 │   │ 素权重 │   │ 素评分 │   │ 分数   │   │ 权分数 │
└────────┘   └────────┘   └────────┘   └────────┘   └────────┘
```

图 5-8　内部因素评价法步骤

1. 建立 IFE 矩阵

表 5-2　内部因素评价矩阵

内部优势	权重	评分均值	加权分数
优势			
A_1	x_1	y_1	$x_1 y_1$
A_2	x_2	y_2	$x_2 y_2$
A_3	x_3	y_3	$x_3 y_3$
……	……	……	……
A_n	x_n	y_n	$x_n y_n$
合计			$\sum\limits_{i=1}^{n} x_i y_i$
劣势			
B_1	u_1	c_1	$u_1 c_1$
B_2	u_2	c_2	$u_2 c_2$
B_3	u_3	c_3	$u_3 c_3$
……	……	……	……
B_n	u_n	c_n	$u_n c_n$
合计			$\sum\limits_{i=1}^{n} u_i c_i$
总计	1		$\sum\limits_{i=1}^{n} x_i y_i + \sum\limits_{i=1}^{n} u_i c_i$

由表 5-2 可得出：

$$总优势力度\ S = \sum_{i=1}^{n} x_i y_i$$
$$总劣势力度\ W = \sum_{i=1}^{n} u_i c_i$$

2. 列出在内部分析过程中确定的关键因素

在 XN 农产品销售公司冷链物流管理问题的基础上，以对公司的全面了解，深入分析其冷链物流管理，最终确定了①资金的充足程度；②全员对冷冻产品的质量意识的高低；③保鲜方法；④运输环节的低温处理能力；⑤冷冻产品的保管；⑥制冷方面的费用多少；⑦是否拥有先进的冷冻技术；⑧冷冻产品的储藏成本高低；⑨冷冻产品质量高低；⑩员工素质高低等内部因素。

3. 施以权重

按数值 0.0（不重要）到 1.0（非常重要）的范围分别对每一个因素施以权重。权重大小反映出各大因素对公司在整个相应产业中产生成败的影响性程度。这些反映企业自身发展中影响内部管理的优劣势因素，在打分中对企业的业绩起到较大影响的因子就应该打比较高的分值与权重，但总权重为 1.0。通过采用专家意见法对 XN 农产品销售公司实施了调查，选取了能够较为全面反映该公司冷链物流管理现状的十项指标；同时，有对目前公司的整体运营面临的环境与社会经济等相关影响因素加以考虑下，本文采用现场打分法，从而得出相应权重。调查共选取了 30 名被访者，他们都是长期专门从事农产品冷链物流管理方面的公司高管，有着丰富的从业经验与战略眼光，完全可以对这 10 项指标给予相应权重；此外，为了规避主观因素带来的影响，通过加权平均的手段计算其权重大小，从而保证问卷调查的科学性与准确性。如表 5-3 列举了反映公司内部管理的 10 大因素，其权重具体如下。

表 5-3　XN 农产品销售公司的内部因素的评价权重

内部因素	权重
资金的充足程度	0.102831
全员对冷冻产品的质量意识的高低	0.051276
保鲜方法	0.104157
运输环节的低温处理能力	0.091957
冷冻产品的保管	0.083527
制冷方面费用大小	0.105341
是否拥有先进的冷冻技术	0.037285
冷冻产品的储藏成本高低	0.065703
冷冻产品质量高低	0.196460
员工素质高低	0.161463

4. 对各因素进行打分

重要弱点打 1 分，次要弱点打 2 分，次要优势打 3 分，重要优势打 4 分。但是 4 分或 3 分必定是优势，1 分或 2 分必定为劣势，这需要特别注意。最后以公司作为基准实行评分，以产业为基础进行权重确定。本书通过对 XN 农产品销售公司实施的问卷调研，得出企业存在的优劣势各 5 项，且对其农产品冷链物流管理上存在的优劣势采用平均值法进行计算，具体分值如表 5-4 所示。

表 5-4　XN 农产品销售公司的内部因素评分

内部因素	评分
优势	
资金充足度	4
全员冷冻产品质量意识的高低	3.2
保鲜方法	4
运输中的低温处理	3.7
冷冻产品的保管得比较好	3.5
劣势	
制冷费用高低	1.2
是否拥有先进的冷冻技术	1.85
冷冻产品储藏成本高低	1.5
冷冻产品质量高低	1.4
员工素质高低	1

5. 计算加权分数

使用表 5-3 的权重乘以表 5-3 中的评分成绩，即得到 XN 农产品销售公司冷链物流管理上十项指标中的加权分数，统计结果如表 5-5 所示：

表 5-5　XN 农产品销售公司冷链物流管理的内部因素加权评分

内部因素	评分	权重	得分
优势			
公司资金充足	4	0.102831	0.411324
全员冷冻产品质量意识高，注重产品质量	3.2	0.051276	0.164083

内部因素	评分	权重	得分
保鲜方法科学合理	4	0.104157	0.416628
运输中的低温处理较好	3.7	0.091957	0.340240
冷冻产品的保管较好	3.5	0.083527	0.292344
劣势			
产品的制冷费用较高	1.2	0.105341	0.126409
冷冻技术有待提高	1.85	0.037285	0.068977
冷冻产品储藏成本较高	1.5	0.065703	0.098554
冷冻产品质量监管能力有待提高	1.4	0.196460	0.275044
员工素质不高	1	0.161463	0.161463

6. 计算总分

　　将 XN 农产品销售公司农产品冷链物流管理的内部优势与内部劣势的得分相加，最终得到企业冷链物流管理的总加权的分数为 2.373348。

（二）评价结果

　　不管在 IFE 矩阵当中有多少个因素，其总加权分数始终维持在 1.0 到 4.0 范围内，平均为 2.5 分。如果最终得出总加权的分数小于 2.5，就表明公司内部管理的现状是不好的，劣势较为明显；如果总加权分数大于 2.5，则说明公司内部具有一定的强势，在市场竞争中具备一定优势，可以有效地规避风险。从表 5-5 中我们可知，XN 农产品销售公司的内部因素的总加权得分是 2.373348，明显低于平均 2.5 分，这说明 XN 农产品销售公司在冷链物流管理方面与市场整体相比不具备竞争优势，仍然处于行业中下游水平。因此，公司若想在市场中占据有利地位，增加销售额，就必须对员工素质不高、产品冷链物流管理费用高、冷冻技术低与监管能力弱等内部劣势进行深入分析，探究其存在根源，对症下药，从而实现公司的长远发展。

（三）农产品销售公司冷链物流管理的问题分析

　　从行业整体水平来看，XN 农产品销售公司冷链物流管理水平得分为 2.373348，与市场整体水平相比劣势明显，因此，公司必须从内部着手找出问题并深入探究，才能为其快速发展提供助力。

1. 公司员工整体素质水平不高

XN 农产品销售公司员工整体素质不高，在一定程度上阻碍了新技术的引进与应用，虽然公司经常会组织相关技能培训，但时间偏短，并不能形成良好的效果。另外，员工素质不高也会影响公司冷链物流管理进行内部管理优化与改革，从而限制了公司的高速发展。

2. XN 农产品销售公司新鲜农产品在制冷、储藏方面的成本偏高

从表 5-5 的结果来看，XN 农产品公司制冷与冷冻费用得分分别为 0.126409、0.068977，可见其在这两个方面的劣势较为明显。在农产品冷链物流管理中，XN 农产品公司长期以来一直沿用原有管理手段和设备，未充分进行人力资源开发、人员培训与国外冷链先进技术的引进，使得其产品在制冷、储藏方面的成本一直居高不下，进而造成了近几年来公司业绩持续下滑的状态。

3. 监管冷冻食品的能力不足

从表 5-5 中可知，XN 农产品公司冷冻食品监管能力评价得分为 0.275044。在我国，食品安全概念提出的较晚，人们对其的关注度不高，使得食品安全没有在众多从事农产品冷链物流的企业中得到普遍的共识，所以在运输途中经常会出现产品的包装发生破损，甚至污染的状况。同时，冷藏车在运输农产品时，对温度有着极其严格的要求，一般需要维持在 0℃左右，这为企业开展冷链物流带来了控制温度的难题。而且 XN 农产品公司为了节约成本，其在进行冷冻食品运输时并没有按照 100% 的合同要求控制温度，这就直接影响了农产品的品质。

在农产品进行仓储与运输中，XN 农产品销售公司缺乏有效监管，这在一定程度上不仅造成了公司的直接经济损失，而且也间接损毁了公司的信誉。

4. XN 农产品销售公司工作效率低、冷冻技术水平不高

从表 5-5 可知，XN 农产品公司冷冻技术评价得分为 0.068977。由于 XN 农产品销售公司受到初期建设投资规模的限制，致使其在软硬件方面与行业中其他企业相比仍有较大的差距。比如，文员需要对一些做管理决策的数据与财务报表进行手工的编排，这不仅会降低企业的运营效率，也会提高人工的使用成本，同时也会加大数据是否精确的风险。就算 XN 农产品销售公司已经制订了软件服务，并且能够及时对公司的相关软件进行更新，但会受到来自地方税收制度与财务规则对实际的物流工作的制约。据统计，公司员工每天花费在管理软件上的时间是其正常工作所需时间的一半。国外冷冻先进技术、管理方法和仓库管理决策软件的缺失，也在一定程度上限制了其农产品冷冻技术的提升。

5.农产品未达到冷链流通要求

目前农产品在运输过程中还缺乏统一的包装和物流形态。在农产品采收阶段大多未进行预冷处理。初级加工阶段没有相应的低温制冷环境，物流节点的装卸过程大多也是在常温环境中进行的，装卸时间和装卸方式也未做到标准化控制，因此很难做到物流节点的低温无缝衔接。农产品运输存在诸多断链环节，企业难以保证从产地到餐桌具备完整的冷链流通状态。

四、XN 农产品销售公司冷链物流管理问题的原因分析

通过上述运用内部因素评价法对 XN 农产品销售公司冷链物流管理进行评价，得出公司在成本控制、质量监管、冷冻技术与管理机制等方面存在较为明显的问题的结论。由此，我们利用鱼骨图法对其问题产生的原因实施分析，如图5-9所示。

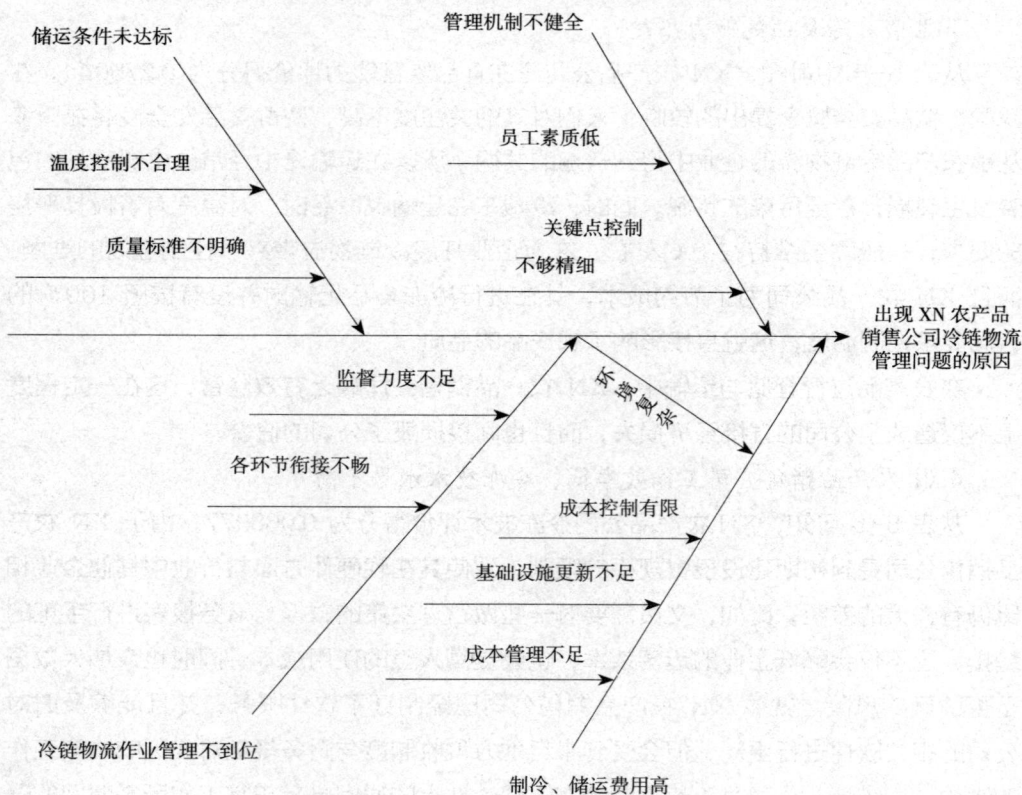

储运条件未达标
管理机制不健全
温度控制不合理
员工素质低
质量标准不明确
关键点控制
不够精细
出现 XN 农产品
销售公司冷链物流
管理问题的原因
监督力度不足
环境因素
各环节衔接不畅
成本控制有限
基础设施更新不足
成本管理不足
冷链物流作业管理不到位
制冷、储运费用高

图5-9 XN 农产品销售公司冷链物流管理出现问题的原因分析

经过鱼骨图原因分析的整理，可以清楚地看到 XN 农产品销售公司在冷链物流管理方面存在的问题由多方面原因造成，不仅有企业内部经营的原因，也有社会、政治等外部环境的因素。对于外部原因，由于社会复杂环境变化，会造成公司在储运生鲜农产品的过程中质量监督管理能力不足、制冷费用高等问题。这在一定程度上也对员工素质提出了新的要求。

（一）质量控制精细程度不足

第一，西方对冷链物流管理的研究已经有很多年的历史，但我国起步较晚，接受程度尚且较弱，这也使得当前我国与西方国家相比在冷链物流方面还存在比较大的差距。冷链物流是指通过运输实现增利的运作模式，但由于人们对冷链物流的认识不够，再加上受到传统物流的深刻制约，使得其开展物流活动时一直延续原有方法，致使公司每年都会遭受很大的损失。

在冷链物流管理环节中，XN 农产品销售公司对农产品质量的控制程度低，使得农产品经常会遭受不同程度的损害，如腐烂、发霉等。这不仅影响了公司的声誉，而且制约了其持续快速发展。例如，在仓储管理中，XN 农产品销售公司对新入库的农产品虽然进行了较为严格的质量检查，但在日常质量管理中，却未将各类产品完全隔开，使得容易腐烂、发霉的农产品与其他农产品相衔接；此外，对农产品质量控制不够精细，致使其每年因农产品质量问题就会遭受数百万元的损失，严重制约了公司战略的实施。

第二，缺乏质量标准。目前我国对各行各业都明确了相应的质量标准，但是冷链物流行业在发展中却还没有制定出严格的质量准则。在仓储与运输中，不同的农产品都有着不一样的温度要求控制范围，这对相关企业提出了新的要求，使其必须认识到质量管理在公司各个环节的重要作用以及具体要求。虽然 XN 农产品销售公司对单一品种的冷链物流要求明确，标准统一，并且较为熟悉产品的性质，能更好地控制产品质量，但是面对种类众多的农产品时，因质量管理部门没有制定出严格的质量标准，致使其在存储和配送运输中很难进行有效的管理与温度控制，造成了公司农产品的大量损失。同时，顾客对产品的需求逐渐变得个性化、多样化，这也要求企业必须对质量管理的标准做到更为精细化，以满足顾客的要求。

第三，过程控制精细程度不高。进行冷链物流时，XN 农产品销售公司需要将农产品实现地理位置上的位移，但要做到对整个过程实施控制是非常难的，并且当前只能对运输环节进行有效的温度控制，却没有办法就突发事件实施有针对性的处理操作。同时，产品对温度有严格的要求，而相关部门对这些温度关键点的实施控制规范却没有。因此，公司只能通过加强控制关键点，才能监管整个运输过程，从而为顾客提供优质的服务。

（二）成本管理不足

作为一家物流公司，XN 农产品销售公司如果想要获取较高的收益，就需要对物流成本实施有效的控制。因此，从事冷链物流业务的关键在于对其成本的有效管理，这样才能实现公司物流管理合理化，进而提高企业的经济效益。例如，XN 农产品销售公司在农产品进行配送时，由于没有科学的路径规划，货车司机仍然按照原有路线实现运输，虽然他对路线较为熟悉，也能较快地将货物保质、保量地送达目的地，但因此种形式，每辆货车均需要多运行上百千米，以一辆 4.2 米冷藏车为例，燃料损耗每百公里约为 54 元，再加上制冷费用、人工费等总共需要花费大约 317 元，且这还没有计算 GPS-GIS 路线规划费与温度控制等相关费用。如果将公司全部冷藏车一次运输的费用计算在一起，那么 XN 农产品销售公司一年就会损失 462.8 万元。产生此种问题的原因在于 XN 农产品销售公司对运输配送发生成本认识不足，成本管理的意识较差。同时，公司每年针对成本管理方面的技能培训仅有 2~3 次，且重视程度不够，使得其员工未能形成良好的成本管理意识，致使公司在冷链物流管理各环节出现成本过高的问题，这严重制约了公司的长远发展。

（三）管理机制不健全

XN 农产品销售公司是凭借公司员工的相应作业能力来实现对农产品的保鲜与质量控制的，因此，其中的一些老员工就会倚老卖老，并认为凭借农产品管理经验就可完成公司要求，不愿意参加相关技能培训。另外，XN 农产品销售公司员工工作过于散漫，积极性不高，而其针对此却并没有提出严格的制度安排，这也导致了公司冷链物流效率低，影响了公司的信誉。同时，由于其运用先进技术水平上的落后，又没有一个科学合理的管理体制，直接影响了农产品的质量、安全。例如，XN 农产品销售公司针对农产品冷链物流管理方面的技能培训每年仅有两三次，且外出培训人员多为公司领导，下属员工很难获得培训机会，因此员工处理农产品冷链物流管理的技能落后，且公司并没有设定一个较为合理的晋升机制、奖惩机制，员工难以获得晋升机会，造成其没有紧迫感、危机感，渐渐地降低了对公司农产品质量的关注度，进而在一定程度上影响公司农产品的质量。

（四）冷链物流过程作业的管理不到位

实现冷链物流的根本是要求各物流环节必须在低温环境下进行，而 XN 农产品销售公司在交接农产品时，冷藏车进入仓库在接收农产品的过程中，会造成温度出现一定程度的波动，进而影响农产品的质量。因为冷藏车直接进入冷库内提取农产品，再将其搬到车上，会产生温度波动而影响到产品的质量。同时 XN 农产品销售公司冷链物流管理中并未对各物流作业实施与制定各环节操作的相应标准，且大多数的情况下都是依赖公司员工的经验来实现操作的，这在一定程度上也会成为影响农产品质量的另一个潜在原因。同时，XN 农产品销售公司缺少温度的监管系统，使得农产品在运输中可能产生的温度变化很难被监测，如果车厢内部的制冷设备出现问题，内部温度就势必会提高，从而超过农产品冷藏需要的温度，造成货物的毁损，增加产品的成本。

（五）储运条件不达标

生鲜农产品有固定的冷藏温度要求，入库之后的农产品自身温度与冷库温度均会受到很多因素的影响，如入库时库房的温度与农产品温度间存在明显的差别、库房内部空气的流通情况等。而影响入库后农产品的温度与库房温度的因素有很多，如库房内的空气流通的情况、入库时农产品的温度和库房的温度之间存在的差别等。然而冷藏农产品实现出入库的时候，冷库的内部与外部会形成空气的流通，这必然会导致整个库房内的温度下降，如果无法及时地调整冷库的温度，就会对农产品的质量产生影响。另外在企业运营管理上，缺少现代化的冷藏设备，如冷冻车、冷藏车、制冷技术，并且冷冻农产品的硬件设施也较为滞后，这样就无法提供较好的低温保障，使得物流运输途中会产生更多的损耗。

（六）人员素质低

这也是造成 XN 农产品销售公司冷链物流管理水平低的原因之一。目前公司人员分布不均，本科及以上人员数量偏少，仅有 21%，其余均是大专以下。这主要是因为企业对人事管理的认知不足、人才引进重视程度不足、公司领导阶层对部门招聘制约等。人员素质问题的存在，在一定程度上限制了 XN 农产品销售公司冷链物流先进技术的应用，无法普及质量管理理念，使得农产品质量无法保障，从而对其发展产生较大的影响。

从以上分析可以看出，利用鱼骨图对 XN 农产品销售公司冷链物流管理存在问题的原因分析可知，目前其在质量控制、质量监管、管理机制与成本控制方面存在严重不足：首先，员工素质低下，相关培训次数少，且受到传统观念的束缚，不仅限制了其对新技术的引进与应用，而且阻碍了公司进行内部改革。其次，公司质量监管能力弱，主要表现在运输环节，一旦进行农产品运输配送，由于引进先进技术能力不足，使得其很难对农产品温度实施有效监控，就会造成一定程度的损失。再次，管理机制不健全，这不仅体现在公司内部管理上，而且也体现在员工的晋升机制上，由于没有一个良好的制度管理环境，使得员工看不到晋升希望，从而惶惶度日、不思进取，未将公司发展目标看作是自身奋斗的动力，且内部组织架构繁杂，管理松散，这也是制约其快速发展的关键因素。最后，过程控制不够精细，成本管理意识差。由于公司在冷链物流管理各个环节中尚没有做出规范化要求，使得关键过程未能做到精细化管理，造成了其整体成本偏高，同时由于公司整体成本管理意识差，未能将成本管理理念融入冷链物流管理的各个环节，使得各环节铺张浪费严重，这无形中不仅加重了公司负担，而且也制约了公司的持续发展。因此，我们应从 XN 农产品销售公司的实际入手，充分运用管理学理论对其进行系统、深入分析，从而为公司实际操作提供理论支持，并为解决后续问题提供支持。

五、XN 农产品销售公司冷链物流管理优化策略

（一）强化冷链物流规划，建立联动机制

农产品以保鲜为目的，要求快速到达消费终端且中间流通环节尽量简化。农产品的鲜活、安全至关重要，但在实际生产和销售上的分散性往往使得农产品在渠道中经过数次集散。实现这些集散功能的供应链链条被无形地增多和拉长，从而使冷链物流的重要性得以凸显。

冷链物流是一个多工种、跨区域、多主体协同参与的统一整体。推进和发展农产品冷链物流，我们应该参考发达国家的成功案例，同时结合我国国情和企业自身实际情况，完善物流技术管理手段和风险控制手段，建立和完善冷链流程和冷链标准，通过严密监测体系和监督机制，实现在冷链各节点中的高效运行。

（二）企业的冷链体系标准规范与持续完善

农产品的冷链物流是多层次、多个环节的系统，从宏观意义上讲，包括相关部门、省市级乃至国家级物流规划；从微观的意义上讲，每个企业的经营愿景与发展计划都关乎着农产品冷链建设的整体推进。

没有规矩不成方圆，只有明确流程，精确到每一个动作的规范标准才是产品质量的真正保证。在发展冷链物流的过程中，XN 农产品销售公司既要借鉴已有案例的经验与教训，更要结合自身的发展实际，指定标准化的管理体系。从产品采收开始，经过冷库，加工处理，转运配送至各个环节，从而实现全过程、全链条的动态监控和指标化管理。

我们所说的冷链物流通常包括低温冷链和冷冻冷链。低温冷链（0℃～18℃）满

足农产品物流的要求，同时在温度上也较冷冻冷链容易实现，但是也要充分考虑季节、路线和采收情况等多方面因素，只有企业自身流程完善，并且有各种应对突发和多变状况的方案，农产品的质量才能够在多变的外界环境中得以保证。

产品质量是关乎企业生死存亡的大事，只有严格的指标、统一的标准才能保证企业的竞争力，从而保证企业在激烈的市场竞争中处于领先位置。

（三）冷链物流人才培养

发展冷链物流首先要求有大量综合性物流人才，努力培养专业人才对冷链物流的发展至关重要。除了从各大高校选拔相关人才进行发展外，企业还应加强对现有员工的培训和职业教育。除此之外，专业人才的吸收引进还要以市场需要为导向，有针对性地进行人才培训，才能提升企业员工的实际操作技能和理论知识水平。

（四）利用第三方企业推动农产品冷链物流的进步

第三方物流是连接买方与卖方运输信息流完成交易的中间媒介，不直接参与产品的销售，仅提供专业的物流服务。第三方物流是指物流活动由独立买方或卖方指定的专业的物流公司或储运公司来完成，由于他们不参与商品的买卖，只提供专门的物流服务，故称"第三方物流"。第三方物流能够整合各方面资源优势，也能够提供专业个性化的服务，满足客户需求，其市场份额正迅速上升。对企业来说，建设冷链物流系统往往占用较多资金，后续配套设施的提升也要支付高昂的费用。引入第三方物流则能有效地避免这些资源被占用，XN 企业可以联合第三方物流企业，在保证自身农产品资源优势的同时，将设施建设和设备养护所需的成本转嫁，从而更好地利用资金进行资源配置，提升企业的核心优势。所以，第三方物流的引入也是 XN 企业发展的重要手段之一。

第六章 大数据在农产品冷链物流运输与配送中的应用

第一节 农产品冷链运输现状分析

一、农产品冷链运输的定义

农产品冷链运输是指在运输全过程中，装卸搬运、变更运输方式、更换包装设备等环节，都使所运输的农产品始终保持一定温度的运输。农产品冷链运输是冷链物流的一个重要内容。随着经济社会高速发展，人们生活水平不断提高，人们对农产品的需求质量水涨船高，农产品从田间地头到消费者餐桌的转移急需一种适宜的运输方式来承载。所以，农产品冷链运输在物流中起到的作用也就越发受人关注。

二、农产品冷链运输方式的特点选择及要求

（一）农产品冷链运输方式的特点

普通货物运输方式分为公路运输、铁路运输、水路运输、航空运输和管道运输。和普通货物运输方式相似，农产品冷链运输方式有公路运输、铁路运输、水路运输、航空运输，也可以是多种运输方式组成的综合运输方式。

1. 公路冷链运输

（1）机动灵活，适应性强

由于公路运输网一般比铁路、水路网的密度要大十几倍，分布面也广，因此公路冷链运输车辆可以"无处不到、无时不有"。公路冷链运输在时间方面的机动性也比较大，车辆可随时调度、装运，各环节之间的衔接时间较短。尤其是公路冷链运输对货运量的数量具有很强的适应性，汽车的载重吨位可小（0.25~1吨）可大（200~300吨），既可以单个车辆独立运输，也可以由若干车辆组成车队同时运输，这一点对大

量农产品及时运输具有特别重要的意义。

（2）可实现"门到门"直达运输

冷链运输汽车体积较小，中途一般也不需要换装，除了可沿分布较广的路网运行外，还可离开路网深入到工厂企业、农村田间、城市居民住宅等地，即可以把冷藏货物从始发地门口直接运送到目的地门口，实现"门到门"直达运输。这是其他运输方式无法与公路运输比拟的特点之一。

（3）在中、短途冷链运输中，运送速度较快

在中、短途冷链运输中，由于公路冷链运输可以实现"门到门"直达运输，中途不需要倒运、转乘就可以直接将客货运达目的地，因此，与其他运输方式相比，其所运货物在途时间较短，运送速度较快。

（4）原始投资少，资金周转快

公路冷链运输与铁、水、航冷链运输方式相比，所需固定设备简单，冷链车辆购置费用一般也比较低，因此，投资兴办容易，投资回收期短。据有关资料表明，在正常经营情况下，公路冷链运输的投资每年可周转 1~3 次，而铁路冷链运输则需要3~4 年才能周转一次。

（5）掌握冷链车辆驾驶技术较易

对火车司机或飞机驾驶员的培训要求来说，冷链汽车驾驶技术比较容易掌握，对驾驶员的各方面的素质要求相对也比较低。

（6）运量较小，运输成本较高

冷藏汽车的运量比火车、轮船少得多。汽车载重量小，行驶阻力比铁路大 9~14倍，所消耗的燃料又是价格较高的液体汽油或柴油，因此，除了航空运输外，汽车运输成本最高。

2.铁路冷链运输方式

铁路运输是我国的经济大动脉，是物流运输方式的重要组成部分。与其他运输工具相比较，铁路冷链运输有如下特点：

第一，铁路冷链运输的准确性和连续性强，几乎不受气候影响，一年四季可以不分昼夜地进行定期的、有规律的、准确的运转。

第二，铁路冷链运输速度比较快，铁路货运速度每昼夜可达几百千米，一般货车在 100 千米 / 小时左右，远远高于海上运输，也比公路运输速度稳定可靠。

第三，运输量比较大。铁路一列冷链货物列车一般能运送 3000~5000 吨货物，远远高于航空冷链运输和汽车冷链运输。

第四，铁路冷链运输成本较低。铁路冷链运输费用仅为汽车冷链运输费用的几分之一到十几分之一，运输耗油约是汽车冷链运输的 1/2。

第五，初期投资大。铁路冷链运输需要铺设铁轨、建造桥梁和隧道，建路工程艰巨复杂；需要消耗大量的钢材、木材；需要占用大量土地，其初期投资大大超过其他运输方式。

第六，铁路冷链运输对技术要求强。铁路冷链运输由运输、机务、车辆、工务、电务等业务部门组成，要具备较强的准确性和连贯性，各业务部门之间必须协调一致，这就要求在运输指挥方面实行统筹安排，统一领导。

3. 水路冷链运输

水路冷链运输与其他几种冷链运输方式相比，主要有运量大、成本低、效率高、能耗少、投资省的优点，同时也存在速度慢、环节多、自然条件影响大、机动灵活性差等缺点。其缺点如下。

第一，水运可以实现大吨位、大容量，长距离的冷链运输。我国常用大吨位的冷藏船，一艘船就相当于 12 列火车或上万辆汽车的运载货量。

第二，能源消耗低。运输 1 吨货物至同样距离而言，水运所消耗的能源量少。

第三，运输成本低。水上冷链运输工具主要在自然水道上航行，航路是天然的，只需要花少量资金对其进行整治，维护船标设施和管理，就可供船舶行驶。水运冷链运输成本约为铁路冷链运输的 1/25~1/20，公路冷链运输 1/100。

第四，水运冷链运输在整个综合运输系统中通常是一个中间运输环节，它在两端港口必须依赖于其他冷链运输方式的衔接和配合，以为其聚集和疏运货物。

第五，水运冷链运输的运输速度较其他运输方式要慢。一方面因为船舶航行于水中时的阻力较大；另一方面是因为要实现大运量运输，货物的集中和疏散所需时间也长。

第六，水运冷链运输的外界运营条件复杂且变化无常。海运航线大都较长，要经过不同的地理区域和不同的气候地带，内河水道的水位和水流速度随季节不同变化很大，有些河段还有暗礁险滩，因而水运冷链运输受自然因素的影响较大。而且水运冷链运输具有多环节性，需要港口、船舶、供应、通信导航、船舶修造和代理等企业，以及国家有关职能部门等多方面密切配合才能顺利完成。因而，水运冷链运输管理工作是较为复杂和严密的。

第七，海运具有过际性。一是冷链运输商船有权和平航行于公海和各国领海而不受他国管辖和限制，有权进入各国对外开放的可供安全系泊的港口，故使得海运在国际交通中极为方便；二是各国的冷链运输商船可在国际海运上进行竞争。当然，海运是世界性的商务活动，除必须遵守各国的海运法规外，也要尊重国际法律。

4. 航空冷运输

航空冷运输有以下特点。

第一，航空冷链运输破损率低、安全性好。在地面，本身航空货物的价格比较高，操作流程的环节比其他运输方式严格得多，破损的情况大大减少，冷藏货物装上飞机之后，在空中货物将很难被损坏。因此，在整个货物冷链运输环节中，货物的破损率低、安全性好。

第二，航空运输时效性高，运输速度快。航空货运所采用的运送工具是飞机，飞机的飞行时速大约都在每小时 600~800 千米，比其他的交通工具要快得多，火车时速大约在每小时 100~140 千米，汽车在高速公路上也就是 120~140 千米，轮船就更慢了。航空货运的这个特点特别适应一些特种冷链货物的需求，如海鲜、活动物等鲜活、易腐的货物，由于货物的性质导致这一类货物对时间的要求特别高，只能采用航空运输。另外，在现代社会，企业需要及时对市场的变化做出非常灵敏的反应，企业考虑的不仅是生产成本，时间成本也成为成本中很重要的一项。例如，特色农产品的订单生产，在非原产地及时上市将获取更高的利润等情况，这都需要航空运输的有力支持才可以实现。

第三，航空运输的快捷性，一方面，加快了冷链农产品的流通速度，从而对管理农产品的仓储费、保险费和利息支出等有重要作用；另一方面，农产品流通速度的加快，使得资金的周转速度也在加快，从而大大增加了资金的利用率。航空货运代理公司对航空运输环节和有关规章制度十分熟悉，并与各航空公司、机场、海关、商检、卫检、动植检及其他运输部门有着广泛而密切的联系，具有代办航空货运的各种设施和必备条件。同时，各航空货运代理公司在世界各地或有分支机构，或有代理网络，能够及时联络，掌握货物运输的全过程，因此，委托航空货运代理公司办理进出口货物运输比较便利。

第四，航空运输空间跨度大。在有限的时间内，飞机的空间跨度是最大的，通常现在有的宽体飞机一次可以飞 7000 千米左右，进行跨洋飞行完全没问题，从中国飞到美国西海岸，只需 13 小时左右，这对某些农产品货物的运输是非常大的优点，如活动物，如果跨洋运输，采用海运通常需要半个月左右，这是无法承运的，只有采用航空运输，才能在短时间内保证活动物的存活。

（二）农产品冷链物流运输方式的选择

由于农产品冷链各种运输方式和运输工具都有各自的特点，而且不同特性的冷链运输货物对运输的要求也不一样，冷链货物运输方式的选择受运输物品种类、运输量、运输距离、运输时间、运输成本等五个因素的影响，这些因素不是互相独立的，而是紧密相连、互相决定的。

1. 农产品性能特征

这是影响企业选择运输工具的重要因素。冷冻肉、冷冻禽类，既可采用冷藏汽车运输，也可采用铁路冷藏运输，但是液体奶一般只能采用冷藏汽车运输，水产品多采用冷藏船运输。

2. 运输速度和路程

运输速度的快慢、运输路程的远近决定了货物运送时间的长短。而在途运输货物犹如企业的库存商品，往往会形成资金占用。一般来讲，批量大、价值低、运距长、保质期长的农产品适宜选水路冷链运输或铁路冷链运输；而批量小、价值高、运距长、保质期短的农产品，适宜选择航空冷链运输；批量小、距离近的农产品适宜选择公路冷链运输。

3. 运输的可得性

不同冷链运输方式的可得性也存在很大的差异，公路冷链运输适应性最强，其次是铁路冷链运输，水路冷链运输与航空冷链运输只有在港口城市与航空港所在地才能正常运行。

4. 运输的可靠性

运输的可靠性涉及运输服务的质量属性。对质量来说，关键是要精确地衡量运输的可得性和一致性，这样才有可能确定总的运输服务质量是否能达到所期望的服务目标。运输企业如要持续不断地满足顾客的期望，最基本的是要承诺不断地改善。运输质量来之不易，它是经仔细计划，并得到培训、全面衡量和不断改善支持的产物。在顾客期望和顾客需求方面，基本的运输服务水平应该现实一点，必须意识到顾客是不同的，所提供的服务必须与之相匹配。对没有能力始终如一地满足现实的过高的服务目标必须取缔，因为对不现实的全方位服务轻易地做出承诺会极大地损害企业的信誉。

5. 运输费用

企业开展农产品运输工作，必然要支出一定的财力、物力和人力，各种冷链运输工具的运用都要企业支出一定的费用。因此，企业进行冷链运输方式决策时，要受其经济实力以及运输费用的制约。例如，企业经济实力弱，就不可能使用运费高的运输工具，如航空冷链运输，也不能自设一套运输机构来进行农产品运输工作。

6. 市场需求的缓急程度

在某些情况下，市场需求的缓急程度也决定着企业应当选择哪种冷链运输工具。例如，市场急需的农产品须选择速度快的冷链运输工具，如航空或汽车直达运输，以免贻误时机，反之则可选择成本较低而速度较慢的运输工具。

（三）农产品冷链运输的要求

农产品在组织结构等方面各有不同，不同食品都有一定的储藏温度和湿度条件的要求。在冷链运输中应满足食品冷藏条件的要求，并保持其稳定性。因此，在冷链运输过程中，必须控制载体内部的环境，使运输工具的环境尽量与所运输的农产品的最佳需求一致，载体内部、各处温度分布要均匀，并且在运输过程中尽量避免温度波动，降低温度波动幅度、减少波动持续时间。考虑以上对农产品在储藏过程的要求，冷链运输应该满足以下条件。

1. 形成低温环境

易腐食品在进行低温运输前应将温度调到其适宜的储藏温度。在冷链运输过程中，载体内只是有效地平衡环境传入的热负荷，维持产品的温度不超过所要求保持的最高温度。为维持这一低温环境，运输载体上应当具有适当的冷源，如干冰、冰盐混合物、碎冰、液氧或机械制冷系统。例如，在果蔬类在运输过程中，为防止车内温度上升，应及时排除呼吸热，而且要有合理的空气循环，使得冷量分布均匀，保证各点的温度均匀一致并保持稳定，最大温差不超过 3℃。有些食品怕冻，在寒冷季节里运输还需要用加温设备，如电热器等，使车内保持高于外界气温的适当温度。

2. 有良好的除热性能

冷链运输工具的货运应具有良好的隔热性能，总的传热系数 K 要求小于 0.4 w/（$m^2 \cdot K$），甚至小于 0.2W/（$m^2 \cdot K$），只要能够有效地减少外界传入的热量，避免运输工具内温度的波动和防止设备过早的老化。一般来说，K 值平均每年要递增 5% 左右。车辆或集装箱的隔热板外侧面应采用反射性材料，并应保持其表面清洁，以降低对辐射热的吸收。在车辆或集装箱的整个使用期间要避免箱体结构部分的损坏，特别是箱体的边和角，以保持隔热层的气密性，并且应该定期对冷藏门的密封条、跨式制冷机组的密封、排水洞和其他空洞等进行检查，以防止因空气渗透而影响隔热性能。

3. 可根据农产品种类或环境变化进行温度调节

在长距离的冷链运输过程中，农产品可能会经过不同的环境外部温度，如从南方运到北方的水果，因此冷链运输的箱体内部空间内必须有温度检测和控制设备。温度检测仪必须能够准确、连续地记录货物间的温度，温度控制器的精度要求高，为±0.25℃，以满足易腐食品在运输过程中的冷藏工艺要求，防止食品温度过分波动。

4.制冷设备所占空间尽量小

在长途冷链运输过程中，为了减小单位货物的运输成本，在尽可能的空间内装载尽可能多的货物，这一点要求制冷设备空间小。

5.冷链运输工具的卫生与安全

冷链运输工具有可能接触食品的所有内壁，因此必须采用对食品味道和气体无影响的安全材料。冷链运输工具内壁包括顶板和地板，必须光滑、防腐蚀、不受清洁剂影响，不渗漏、无腐烂，便于清洁和消毒。冷链运输工具内的设备不应有尖角和摺褶皱，使进出困难，脏物和水分不易清楚。在使用中，冷链运输工具内的碎屑应及早清扫干净，防止异味污染货物并阻碍空气循环。对冷板采用的低温共熔液的成分及其在渗漏时的毒性程度应予以足够重视。

6.良好的组织管理

冷链运输的组织管理工作是一项复杂细致而又责任重大的工作，相关人员必须对各种冷链运输工具的特性、易腐货物的冷藏条件、货源的组织、装车方法、调度工作等问题十分熟悉，要加强运输过程中各个环节的管理工作，以保证农产品的高品质以及快速地到达目的地。

三、农产品冷链物流运输的现状

（一）运输成本居高不下

目前，在我国物流成本中，高达 40%~50% 的成本用于物流运输。根据意大利亚洲观察机构在 2007 年的调查显示，中国是世界物流运输成本最高的国家之一，每年用在物流运输上的资金高达 2000 亿美元，是美国的两倍。

（二）农产品运输基础设施相对落后

首先，一些地方的交通还不发达，有些偏远的农村甚至没有公路，处在与世隔绝的状况，交通运输线路短且少，农用专用线配备欠缺，总运力不足，农村机动力运输量约占总运输量的 20%，这样的运力结构明显不能适应农业运输的需要。

其次，农业运输专用技术装备落后，也没有专业的技术配套设施，如农产品在途加水、加冰、应急保障等基础设施。农产品多为鲜活易腐货物，货运量大，对运输设备要求高，需要大量的专用冷链运输工具。但目前农产品专用工具缺乏，农产品冷链运输技术也相对落后，现代化的集装箱、散装运输发展缓慢，高效专用的运输车辆少，农产品运输主要靠中型卡车。卡车能耗大、容量不足，并且大多是敞篷的，缺乏对农产品的有效保护，致使一部分易腐货物互相挤压，造成腐烂变质，损失严重。

最后，运输过程中装卸搬运的机械化水平低。比如，数量有限的装卸设备。加之信息化水平低，大多数靠人工操作，大大增加了成本，降低了农产品的市场竞争力。

（三）农产品冷链运输运力相对不足

农产品冷链运输的运力不足主要是指农产品冷链运输落后。我国大约有 95% 的果蔬、77% 的水产品、大量的牛奶和豆制品基本上还是在没有冷链保证的情况下流通的。以冷藏运输率来看，欧、美、日等地区和国家均达到了 80%~90%；从冷藏车辆的保有量占载货汽车总保有量的百分比来看，美国大约是 16 万辆的保有量，占载货汽车总保有量 0.8%~1%；日本达到了 12 万辆，占货运车辆总保有量的 2%；法国有 3 万辆，占货运车辆总保有量的 41%，而我国 5 万辆左右，仅占到总保有量的 0.3%，远低于发达国家 1%~3% 的水平。

（四）农产品冷链运输信息化技术应用滞后

大多数物流运输企业都是由传统的仓储、运输企业转型而来，在管理水平、技术力量及服务范围上尚没有质的提高，信息化程度低、高素质人才缺乏，企业的整体运作水平较低，缺乏先进的管理理念和模式。先进的"智慧物流"中的智能运输、智能冷链及在安全行车、调度货物、跟踪与防盗、监控管理中的 GPS 也没有完全推广，信息隔离和断链严重影响了运输效率，阻碍农产品的快速流通。

（五）农产品物流运输管理部门条块分割，整体效率合力几乎为负作用

我国物流管理部门各自为政，物流运输合力难以形成。例如，铁路、公路、水运、航空等运输资源，分别由铁道部、交通部、航空总局等管辖，各部门从上到下一统到底，实行纵向化管理，各部门都有自己的物流体系、物流设施和资源，但在横向管理方面，各部门为了各自的利益竞争而难以形成物流合力，不能做出有利于物流运输整体发展的战略考虑。物流管理和资源的分散使物流本应具有的整体功能被大大削弱，阻碍了物流运输业的发展，难以形成社会性的物流配送体系。这种条块管理体制形成了自上而下的纵向隶属和管理格局，严重制约着在全社会范围内合理地对物流运输进行整体统筹和规划，阻碍了物流运输的社会化进程，无法发挥物流运输的整体效率。同时，随着物流运输业的发展，信息化中"散"的问题逐步凸显出来，"散"不仅表现在信息资源不共享、软件平台不统一、硬件设备不集约等方面，而且表现在部门间、区域间利用信息化手段解决管理和服务还处在各自为战的初级阶段，这一

"散"的特性使得各个部门间甚至在部门内形成了一个个"信息孤岛"，大量的数据得不到充分的利用，无法满足综合业务管理、公众信息服务和政府决策数据支持的需要，不能有效支撑农产品物流行业进一步发展。

（六）农产品物流运输理念落后，无"大运输""开放共赢"意识

1.没有"大运输"概念

甩不掉传统的笨重"包袱"，坚守"大而全，小而全"的传统格局，没有考虑"大运输"的现代物流服务概念，没有考虑农产品现代物流的及时性、准确性的要求，导致运输过程中损耗比较高。

2.农产品运输的专业性没有得到足够重视

由于农产品的季节性和易腐性等特性，使农产品运输方面的专业性要求越来越高。传统农产品运输都是简单的搬运、装卸和原始的短途运输，随着运输半径的扩大，这种专业性要求更加明显。

3.缺乏现代服务理念

物流运输属于服务业，运输供应商在与客户进行方案议定时，总是从成本、价格方面考虑，而不从服务质量方面考虑，轻视物流服务和客户管理，使得交易的一次性现象较多，缺乏稳定的客户关系。

4.缺乏"开放共赢"意识

目前，一些运输企业单打独斗的现象比较严重，企业之间联合运输的思想非常薄弱，一些物流企业将业务信息看作企业的机密、盈利的源泉，从不轻易泄露，也不进行信息共享，导致货物积压，车辆、库房等重要的运输设施处于"半休眠"状态，浪费了大量资源，没有发挥不同运输方式的联合运输和对接的最大效用。

（1）农产品铁路冷链运输的困扰

发展现代物流，铁路具有自身的优势：一是统一的全国铁路路网体系，为发展现代物流提供了网络化的基础设施。二是遍布全国的铁路仓储设备，为发展现代物流提供了基本的物质条件。三是发达的路网通信能力和具有丰富市场信息的铁路运输信息系统，为发展现代物流提供了共享的信息资源。四是完善的规章制度、管理技术和经验丰富的技术人才，为发展现代物流提供了重要的职工队伍。五是大运量、低运价、全天候、持续均衡运输，为发展现代物流提供了最重要的经营基础。

但是，传统的管理体制长期以来使铁路系统集"高度集中、大联动机、半军事化"特点于一身，而铁路运输的一家独大，使铁路上下习惯了以"老大"模样自居，降低了企业的市场竞争能力和物流活动效率。

在物流控制层面与作业层面，体制的僵化表现为：对物流服务与信息化不够重视，还在用同一物流服务对待所有的顾客，难以及时对物流服务进行评估，对市场形式、竞争对手状况等信息掌握较少，闭关自守，在整个物流系统与外界的互动中调整缓慢。

存在的主要问题有：一是托运货物手续烦琐。铁路货运计划的受理及承运方式是货主普遍关注的问题。铁路托运货物手续繁杂，多窗口、多层次的受理承运程序，阻碍了铁路货运在市场经济下的发展。长期以来，托运人要在铁路托运货物，需要往返多次办理手续。从报批计划、受理运单、组织进货到配车、装车，整个过程不仅周期长，而且各环节缺一不可。这种状况，虽已有了根本性的改变，但由于铁路货运还要受国家和地方政府有关政令的制约，使得铁路货物受理承运时运输限制较多。而公路、航空和水路为适应市场要求，早已改变了这种带有计划经济烙印的烦琐手续。尤其是公路运输，只要不是违禁货物，货主就可以预交定金、立即签约、货到后付款。一批货物从受理到承运可能只需要花 10 多分钟。二是送达货物时间长，且常发生货损、货差。铁路货物的送达速度及安全性、完整性也是货主普遍关注的问题。受铁路运输能力的影响，货物在站滞留时间过长，尤其对一些时效性强的货物来说，会因时间的耽误，给货主造成不可挽回的损失。因此，随着一些货物运距的缩短，货主大多会放弃铁路改由公路运输。此外，由于铁路货物运输设备不良、装卸人员素质不高和铁路沿线治安问题，货损、货差问题时有发生，而货主对货物的运输要求是送达速度快、随到随运、文明装卸、安全可靠，对货损、货差的理赔，要求手续简便、快捷，赔付时间短。

铁路货运在这些方面尚存在不少问题，影响了铁路的声誉，使铁路在高附加值、时效性强的货物运输市场，丧失了大量的份额。这些问题是农产品物流的巨大困扰，"南菜北上"和"北粮南下"，均受制于此。农产品运输自身要求快速、准确，这种低成本的运输方式因为资源的稀缺，形成了巨大的市场需求，甚至出现了许多专门倒卖铁路货运计划的"倒爷"，这在一定程度上推高了农产品的价格。

（2）农产品公路冷链运输的困扰

信息的不透明给农产品冷链物流运输带来了沉重负担。据中国物流与采购联合会上半年发布的《关于减轻物流企业负担的调查报告》显示，2012 年 90% 以上的试点企业实际缴纳增值税与营业税体制对比计算，平均增加 120%。燃油、修理费等可抵扣进项税的成本所占比重不足 40%，有些还很难取得增值税专用发票，实际进入进项税额抵扣的比例更低。此外，存量固定资产不能抵扣，人力成本、路桥费、罚款费、房屋租金、保险费等主要成本均不在抵扣范围，物流费用随之上涨是税负增加的重要原因。成本越来越高，价格越来越低，给冷链物流运输企业带来的结果就是利润微乎其微，甚至亏损，有些冷链物流企业因无法支撑从而宣告破产。

第二节　大数据推动农产品冷链物流运输效率

一、大数据时代农产品物流运输系统的基本框架

大数据背景下的农产品智慧物流运输应具备全新的理念，运用现代运输管理是对运输网络和运输作业的管理，这个网络传递着不同区域的运输任务、资源控制、状态跟踪、信息反馈等信息。它将整个农产品物流链数据化，以农产品的生命周期运动轨迹展现在客户面前，将整个过程数据化、流程化、模块化，能大大减少传统农产品物流中烦琐的事务，大幅提高业务吞吐量；能提高物流货物运输的安全性，提高货物运输生产率和经济效益；能降低农产品运输损耗，提高物流效率；能合理调配物流运输资源，降低能耗；能提高物流运输企业管理的智慧化水平；最重要的是，能使信息透明化，消除部分物流顽疾。

以农产品物流大数据整体框架为基础，对第三方农产品物流企业来说，其业务的核心是为客户提供生产（流通）供应链管理服务。随着物流服务社会化程度的提高，优化的市场物流管理模式是建立区域的物流交易中心，借助先进的信息技术，通过合理的技术平台，变信息封闭型为开放型，变信息单方向、单通道传送为双方向、多通道的传送，使货运市场的信息、资源在共享的基础上得到优化利用。在智慧运输系统的辅助下，使货物运输全过程始终处于动态控制中，达到社会物流优化目标。第三方农产品物流企业的智慧运输系统的框架如图 6-1 所示，基于大数据平台的农产品物流智慧运输系统如图 6-2 所示。

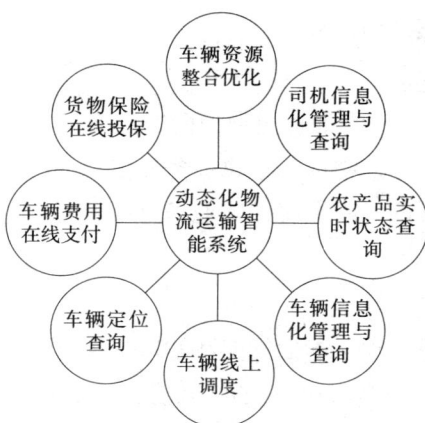

图 6-1 第三方农产品物流企业的智慧运输系统的框架

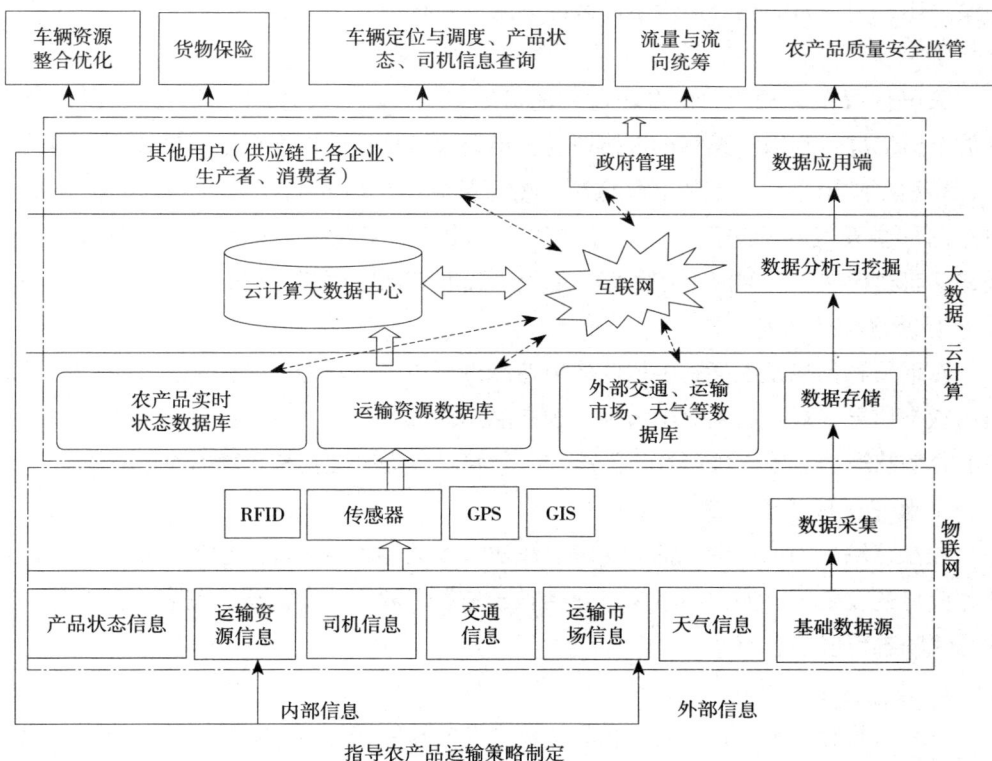

图 6-2 基于大数据平台的农产品物流智慧运输系统

（一）运输系统主要的数据源

1.收集市场业务信息

信息主要来自两方面：一方面通过通信网络和 EDI，接收运输市场的交易信息，参与货物运输"标的"竞标，中标的货物业务即进入本企业的数据库；另一方面通过客户服务系统，取得长期、固定客户的业务需求信息，也同样集中存储于数据仓库中。

2.取得道路交通信息

取得道路交通信息是指通过通信网络和 GPS，利用交通控制中心的资源，取得运输网络中的航运、海运、陆运道路交通状态信息，了解空中管制、道路车流及有关道路维修、交通事故等状况，以及海域台风等影响交通的状况、企业运输工具位置动态信息，实现对运输工具的动态跟踪。设置信息咨询服务器，一方面供企业生产管理决策之用；另一方面结合运输工具载货信息，向客户提供货运动态信息。

3.收集天气信息

天气预报在运输企业调度作业和司机出车中，具有较好的用途，如可以在调度室放个显示屏，利用此天气预报接口动态更新天气预报，供司机出车前查看，事前了解、事后预防出车途经地的天气情况，如了解到出车目的地天气异常或恶劣天气时，可做出一些天气异常的预防与心理准备等。此接口来源于国家气象局，既可免费使用，又可在程序设计时放个定时器，每隔一段时间动态更新一次。

4.获取货物信息

获取货物信息是指通过 RFID 条码追溯进行农产品货运在线监测，查询农产品进出口状态信息、农产品生物学特性、农产品运输环节标准、农产品区域调配状况、农产品仓储状态信息等，预测农产品流向，并将其作为制定货物运输方案的依据。

5.收集运输资源信息

收集运输资源信息指包括对车辆、车皮、集装箱、轮船等运输工具及司机等人力资源信息的收集。比如，司机信息包括基础信息、健康状况信息、驾驶经验信息、运输路线熟悉程度信息等。

6.其他需要的功能

一是可视化管理平台，此平台是物流企业物流运输计划、运输方案优化、运输工具动态控制等工作的平台。它需要开发相应的软件，实现计算机辅助决策的功能。二是仓储管理、财务管理和客户服务子系统，这是企业对客户实行全程供应链管理的必要组成部分，同时也需要开发相关的软件，并与运输调度功能相结合，从而构成完整的智慧物流运输系统。

（二）系统优势

整合云计算、互联网、物联网、RHD 标签技术等进行大数据管理，由此带来的优势主要体现在两个大的方面：一是当前可以逐步实现整个物流运输过程的透明管理，打破信息壁垒，消除物流管理中的顽疾；二是从长远来看，可以实现整个物流运输的开放性整合。

1.实现物流过程的透明管理

一是实现资源信息的透明化。比如，车皮、集装箱使用信息透明化，革除车皮"倒爷"和集装箱黄牛党。二是实现公路运输罚款透明化，杜绝"钓鱼"执法和违规执法。三是在物流管理中采用 RFID 标签技术，从而可以自动识别目标对象（货物）并获取相关数据，自动核对承运航班、车辆及其货物清单。加强货物监管，加速货物转关通关，尤其是在航空物流地面各环节中将 RHD 标签技术与 GPS、GIS 系统相结合，利用计算机网络，控制转关货运车辆的行进路线和时间，监视整个货运过程，确保货物安全抵达，杜绝货物运输过程中的舞弊行为。采用先进跟踪技术，结合计算机网络，以实现对航空货运的仓储、运输等环节的透明式管理，提高物流作业的效率，增强物流管理的安全性、准确性和及时性。所需要增加的物理设备主要是 RFID 标签和无线射频识别读写器（RFID Reader）。无线射频识别读写器可以是基于互联网的固定设备或者是基于无线网络的手持设备。

2.实现开放性的物流运输系统

物流产业是一个蓬勃发展的领域，采用开放性的结构便于实现系统功能的扩充，应对环境的变化，并有利于实现物流系统与其他系统的整合。机场电子物流系统需要与其他航空公司等相关系统及相关政府机构等有接口，这种需求也使得电子物流系统需要用开放性的结构提供多种接口。采用 RFID 标签，可以逐步与基于互联网的 EPC 代码统一起来，从而实现整个物流环节的电子化管理，把信息流的自动化推进到更宽广的范围。

二、大数据时代农产品冷链运输智能化应用

对农产品物流来说，缩短货物送达时间，随时掌握货物在途中的状态，是整个物流运输管理中的重要环节。近年兴起的智慧运输恰恰能满足货物运输这些方面的需求。智慧运输的核心是应用现代通信、信息、网络、控制、电子等技术，建立一个高效运输系统，它包括先进的交通信息服务系统，先进的交通管理系统，先进的车辆控

制系统，营运货车管理系统，电子收费系统，紧急救援系统等，通过这些系统来实现数据采集，从而进行分析、优化与应用。

那么物流中大量的数据该如何采集与处理？智慧运输注重通过泛在网络、移动技术实现无所不在的互联和随时随地随身的智能融合服务，而智能运输是各种信息化技术的具体应用，是大数据来源的基础，数据的收集需要智能物流信息化发展，没有智能化采集，就没有大数据源。智慧物流运输充分利用物流中空间的、时间的和移动的资源，形成货物、车辆、道路协同发展的新物流运输系统，依靠地理信息系统和无线射频等先进技术，对运输整个过程跟踪管理，为管理中心采集车辆、货物在途基础数据，并提供沿途交通、道路的状况信息，提供最佳路线和实时导航信息，为供应商和收货方提供有关货物的预计到达信息、货物状态信息，从而保证了货物全面、准确、及时地运送到客户手中，提高了物流运输网络这个大系统的运行效率。物流运输智能化数据采集应用如表6-1所示。

表6-1 物流运输智能化数据采集应用

序号	主要应用方向	具体应用
1	运输工具管理	1. 以1C卡为信息载体，对道路运输车辆、船舶的各类证照进行管理，实现资质审查、行车（船）许可、日常检查、营运行为、客运报班管理、收费管理等功能，为运输工具的信息化、动态化及便捷化管理提供技术手段
		2. 采用RFID电子标签，对出租车、客运车辆、专用货运车辆、内河船舶等运输工具进行标识，在特定区域建立读写器网络，快速识别和跟踪运输工具，并能够自动采集国内及国际道路运输车辆、内河船舶的准确交通流等统计数据，为行业管理、企业运营服务提供信息资源、动态监控手段和科学决策支持，为保障运输安全提供辅助支持手段
2	客货运场站（港口）管理	在场站（港口）建立RFID应用系统，对进客货运出场站（港口）的车辆和货物进行自动识别，实现车辆进出管理、场站（港口）及枢纽操作自动化等功能，提高作业效率，减少集疏运作业的拥堵和差错现象

续　表

序号	主要应用方向	具体应用
3	农产品货运安全运输管理	首先，要求读取每一次运输的农产品信息；其次，在集装箱上安装的 RFID 电子标签上做详细记录，在装有农产品的托盘或者包装箱进入冷藏车之前，车载温度和湿度感应器会被安装到车内，运输开始后感应器会采集环境温度并利用无线电形式收集信号，利用 GPS 上传到中间件服务器，一旦温度、湿度到达了设定的极限值，就会通知司机对车辆的温度进行调节，保证冷藏车温度的稳定；利用物流企业可以根据实时数据对运输过程的状况进行监督管理，也可将信息交付客户进行监督，这样就增加了农产品运输的透明化，最大限度地保障了客户与企业的基本利益
4	货物与集装箱跟踪	采用 RFID 电子标签对货物及集装箱进行标识、自动识别和全球跟踪，实现物流过程的可视化，提高集装箱流转作业和管理效率，降低物流成本；使用电子封条，实时地记录集装箱每次开、关封条的时间、地点，提高集装箱运输的安全性

（一）企业内部常规运输管理

1. 智能调度

智能物流调度系统是一款解决物流运输、仓储、装载、配送中计划安排的辅助决策系统。系统以现有的物流调度运作模式为基础，通过对业务流程的改造和优化，提高物流调度的运作效率和服务质量，最终达到提升企业业务运作水平和降低物流成本的目的。系统存在解决传统调度模式的操作难度大、运力资源浪费、成本核算困难、核心竞争力不强等问题。具体的解决方法是：把每天接收到的大量调度任务，以最优化（最低成本、最高服务质量）为目标，采用动态的优化技术进行调度安排。物流服务的核心目标是在物流全过程中以最小的综合成本来满足顾客的需求。

2. 智能装载管理

物流企业的运输量和货物数量很大，提高每辆车的装载率，可以有效提高人力资源、车辆资源的利用率，从而达到降低运送成本、提高企业的核心竞争力的目的。系统所提供的智能装载管理功能，采用数学建模的方式，结合规划设计可视化技术，利用核心的优化决策引擎，将企业的装载计划进行智能优化处理；同时满足实际业务限制条件的要求，根据数据分析，自动计算出切实可行的装载方案，从而提高装载率，合理有效地利用物流配送资源，降低货运成本。

3. 智能标签管理

将物联网技术引入铁路运输当中，运用铁路货运物流信息化系统，为每一件货物贴上智能化标签，在货物上车前对其进行扫描操作，使货物的信息被写入车站的管理系统当中。管理人员通过该系统对货物与单据信息是否一致进行核对。车厢在到达沿途车站站点阅读器时，不但可实现对货物运输的流程追踪，同时也有利于货物的清点及核对工作，此外，还可使消费者了解其所消费的货物何时到达何地。物联网中无障碍 RFID 及数字化技术的运用，使得铁路部门从运输追踪、运单传递、接货、出货、验货直至货差、货损追查到信用证管理等各个环节得到了简化，降低了复杂度，节省了大量的人力、物力及财力资源，较之传统的物流方式不仅更为先进化、智能化，同时也使得工作效率得到了极大的提高。

以合肥路歌管车宝为例，它是专门针对我国运输业以个体卡车为主体的现状，以帮助物流公司提升调车效率、降低运输成本、优化运输管理的创新模式。它充分利用了互联网技术和基站定位技术，实现了社会车辆的整合优化、定位追踪、证件核查、金融支付、网络车场等功能，有效地提升了物流公司整体运营效益。它对所有运输工具，包括自有车辆和协作车辆及临时车辆实行实时调度管理，提供对货物的分析、对配载的计算及最佳运输路线的选择。支持全球定位系统和地理图形系统，实现车辆的运行监控、车辆调度、成本控制和单车核算，并提供网上车辆及货物的跟踪查询。

（二）智能化公路运输管理

1. 自动化公路系统

在智能交通领域，应用 RFID 技术，能提供更先进的道路运输营运车辆与人员的管理手段，能实现各类资格证件、许可证、缴费凭证等的电子化、防伪化，能实现电子稽查、数据采集等管理功能。主要思路是通过提高现有道路的利用率，而不是修建更多道路的办法来满足交通对道路的需求，用高效雷达来控制车速，并保持与其他车及障碍物的间距，为所生产的汽车装上计算机导航系统，以适应情况更加复杂的道路，大大提高了道路运输的通过能力。

2. 智能汽车

该技术主要是在汽车上加入更多的电子控制系统，大大提高驾驶的安全性和效率。在自动驾驶状态下，车载电脑收集来自激光雷达、立体图像传感器、多用途通信系统及交通管理方面发出的各种信息，以操纵汽车的行驶。这些装备还可以将外部的情况提供给驾驶员，以避免发生交通意外，如果驾驶员未能及时刹车、误入禁行区、超速行驶或是其他操作错误，汽车的自动信号系统会发出警告，并自动采取相应的措施，如变换车道等；电子制动系统则可以避免因紧急情况而惊慌失措可能带来的不良后果。

3. 海关码头电子车牌系统

在港口码头及海关往来的车辆众多，且可能属于海关、船公司、船代公司、货代公司、港务局、集装箱场站等不同行业的不同单位，如果不采取统一的措施将很难对其进行调度管理，这给通关及货物的流转带来了很大的困难。数量巨大的货物在港口码头及海关的装卸、进出港、通关，相当大的部分是用车辆作为运输的手段。因此采用 RFID 技术来实现的电子车牌管理系统能有效地解决这一问题。该系统通过对往来的车辆统一管理登记、发放车载电子标签，并在关键的出入监控点安放 RFID 识读设备，可以使安装电子车牌的监管车辆在通过监控通道时，被识别系统准确及时地识别，以完成车辆数据采集的要求。同时，采用无线通信等信息技术将采集到的车辆信息提交至管理系统，以此来完成车辆身份的确认，以及查询和统计、调度等功能。应用海关码头电子车牌系统可以有效提高海关车辆的通行能力，可以实时统计监测车辆信息，防止误检、漏检，从而提高通关效率，同时防止出现偷窃、走私等行为。

4. 交通调度管理系统

车辆调度管理系统是智能交通系统的核心组成部分，其采用先进的信息通信技术，收集道路交通的动态、静态信息，并进行实时地分析，根据分析结果安排车辆的行驶路线、出行时间，以达到充分利用有限的交通资源、提高车辆的使用效率的目的，同时也可以了解车辆运行情况，加强对车辆的管理。

RFID 技术可以作为交通调度系统信息采集的有效手段，在交通调度管理系统中得以应用。比如，将 RFID 应用于物流车辆管理系统，对车进出站信息进行自动、准确、远距离、不停车采集，准确掌握车辆停车场进出的实时动态信息，从而实现对车辆的智能化管理，提升物流运输效率。同时，通过在车上安放电子标签，在特定路段的监控点放置识读设备的方式来监控车辆是否按照规定的路线行驶，这样就可以在突发情况出现时，及时地发现事故车辆。

5. 电子注册管理

车辆的注册登记及牌照管理一直以来都是交通管理部门的管理重点，也是难点，黑车、假牌照等问题始终都没有得到根除。电子注册管理的使用，使得企业在协作车辆时，可以避免不必要的损失。车辆注册登记后加载 RFID 车牌，由于每个标签都有一个全球唯一的 ID 号码，这个号码是在制作芯片时放在车牌中的，无法修改，所以可以实现防伪功能。同时标签可以被远距离识别，无须停车及人为干预就可以监察，因此可以规范车辆管理手段，加强对车辆的监察力度，实现车辆的智能化管理，加强对非法车辆的打击力度。现在该系统已经在某些方面得到应用，取得了良好的社会和经济效益。

6. 车辆智能称重系统

称重系统和远距离 RFID 自动识别技术相结合可以实现基于车辆的智能称重系统。该系统在原有称重管理系统上附加了采用远距离 RFID 自动识别，实现了对称重车辆的自动识别功能，并将自动采集的称重车辆信息合并到称重管理系统中。应用智能称重管理系统可提高称重效率，减少车辆在待检处的停留等待，同时车号的自动识别和精确计量，可有效防止人为舞弊带来的经济损失。此外，该系统的实施还大大降低了工作人员的劳动强度和人工称重的失误率。因此，基于 RFID 的车辆智能称重系统实现了识别、计量、监控的完美结合。该系统可以灵活应用到交通运输的很多方面，如在高速路口自动称重以治理超载，在码头等物资集散地加快车辆计重速度，减少拥堵等，都具有巨大的应用价值。

7. 智能车场管理系统

智能车场系统能有效、准确、智能地对进出停车场的系统车辆（装有电子车牌的车辆）和非系统车辆（未装有电子车牌的车辆）的数据信息进行识别、采集、记录并按需上传、处理，并在必要时可以通过相应的人工干预进行补充，以避免非正常事件（非系统车进出时）的影响，确保门禁系统有高效的车辆智能放行能力；此外，通过正确设计和安装，仅需用同一个频点就可以在许多车道上同时完成车辆不停车通行而互不干扰。

8. 物流运输安全监控系统

电子签封锁是专为物流运输途中的安全监控开发的高科技新型锁具，结合 GPS 车载终端可实现运输过程的透明化，实时、全面地提升运输安全性。GPS 监控系统全程自动记录车辆行驶轨迹数据和电子签封锁状态数据；在运输途中，电子签封锁与车辆的 GPS 车载台进行实时无线通信。锁住箱门的电子签封锁可以实时报告电子签封锁状态信息和感知的信息（如遭遇恶意破坏），并通过 GPS 车载台上传到 GPS 监控系统；GPS 监控系统根据事先设定的运输计划，在离开起运区域时会自动（必要时人工）控制电子签封锁的锁闭，到达指定的区域，从而自动（必要时人工）控制电子签封锁的开启；监控中心的人员利用在 GPS 监控系统的客户端软件可以实时监控或查询每一辆车的行驶轨迹及装卸货物的情况，如剪断锁杆、强拉锁杆或破坏电子锁的事件可实时上报至监控中心。车辆行驶轨迹跟踪，指的是选择指定车辆来进行跟踪，从而在电子地图上显示出它的具体地理位置及时间、当时的行驶方向、速度等；在电子地图上回放车辆曾经行驶的轨迹路线；车辆在指定的路线上行驶，如偏离指定路线则报警。例如，Trimble（天宝）公司开发的 GPS 车辆监控跟踪系统，功能涉及车辆跟踪、油耗管理、司机管理、车辆维护、调度管理、安全监测、载荷管理、库存管理、后台办公室管理等方面。该系统在实际生活中得到了广泛的使用。法国雷诺公司的 Carminat 车辆定位与调度系统在车辆监控中增加了自动调度的功能，与同类的其他系统相比具有明显的先进性。

9. ETC 路桥不停车收费系统

路桥不停车收费系统是通过远距离、非接触采集射频卡的信息，实现车辆在快速移动状态下的自动识别，从而实现目标的自动化管理。每一个收费站都是系统中的基本管理单元，其数据通过网络连接，将车辆通行的相关资料经专用电缆（通常采用单模光纤）通过计算机网络实时传输至控制中心。图像捕捉设备将自动捕捉存储车辆的图像，以供核查。数据采集系统主要用于实现不停车快速读取通行车辆卡号，并上传至收费管理中心；判断通过车辆所持卡号的合法性，控制红绿灯动作；对持有效卡的车辆绿灯放行，持无效卡的车辆红灯禁行；对无卡车辆，则可向控制中心发出警报信号或抓拍车辆图像。

（三）智能化铁路与物联网铁路运输管理

智能化数字铁路基于运输系统、全球卫星定位系统、遥感及空间数据库信息化，把 RHD 技术感应安装到铁路、桥梁及一些关键的设施上，利用物联网将现有的信息网整合起来，实现对铁路设备基础设施的全面管理，实现铁路客运管理的智能化。

1. 车号自动识别系统

在计算机互联网基础上，采用铁路车号智能识别系统来自动识别车辆的车种、车型、车号、自重、标重等信息，可以避免因人工抄号所带来的各种弊端。铁路运输物流智能化管理系统可以实现对货物车辆的实时跟踪管理，进而掌握运输动态，即对分布在各车站、站间及专用装卸线上的货车进行实时追踪，由计算机网络向各级调度提供日常计划和指挥所需的各种货车资料，包括定时报告和随时查询，还可派生出运输情况统计报告。

2. 车辆监控系统

车辆监控系统是指利用计算机对铁路运输进行调度指挥，对在企业厂内所有铁路车辆（包括路局车辆和厂内车辆及机车）的状态和位置进行实时监控，对路局车从进厂到出厂进行全过程实时跟踪管理。车辆进入，其信息即进入中央数据库并实时更新，直至车辆离厂。所有过程全面实现运输管理办公自动化，用电子报表取代所有手工报表。系统提供显示、编辑、查询、统计等功能，管理人员借助本系统可随时了解车辆在厂内的位置、停时、载货等情况并可打印各种报表，同时还可对车辆运载的货物进行管理。

3. 车辆调度系统

通过计算机联网，工作人员可以掌握运输动态，即对分布在各条线路的机车和货车进行实时追踪。该系统通过计算机联网管理全厂货车，动态掌握全厂机车车辆的运行以及装卸车等运输生产活动，为车辆调度提供管理与决策信息。

（四）航空物流运输智能化管理

在经历了全球范围的经济危机的冲击后，航空运输都以一往无前的态势迅猛发展。航空物流领域始终是现代信息化应用的领跑者，从刚开始的 OCR（光字字符识别）数字读取到条形码数据解读，发展到现在的磁条储存及风靡全球的 RFID 技术，航空物流都位于先进技术应用的前端。目前，航运智能化表现明显的就是 RFID 的应用。RFID 对航空物流的最大功效就是快速定位、指导工作、数据清洁。利用 RFID 进行空运货物的拣货操作，不仅可以实现对货位的快速、准确定位，而且手持设备中的应用系统还可以提供对工作人员的工作指导，从而缩短了寻位时间，提高了工作效率。另外，手持系统对输入数据的合法性的严密控制，确保了操作过程中数据的完整性和一致性，使得进入系统的数据清洁、有效。同时，在航空物流系统中利用 RFID 技术，可以有效提高航空货运系统的信息流通效率。

因此，航空物流快捷、高效的优势，已经成为支持中国经济快速、持续增长的重要推动力。据美国波音公司预测，2020 年中国将成为仅次于美国的全球第二大民用航空市场，目前，中国航空运输总量年增长率超过 9.3%，远远高于同期全球 4.7% 的平均增长。但是，从目前来看，在国内航空物流管理方法上，我国与西方发达国家相比，还有很大差距。以航空物流企业为例，国外一些著名的航空快递公司依靠他们的优势，特别是信息服务方面的优势，将过去分散的仓储、陆运、海运业有机结合起来，除了储存、包装、装卸、运输等环节，还有预测、采购、订单处理、配送、物流方案设计、库存控制、维修等增值服务，可以为客户提供包括信息流、资金流、商流等方面的系统服务。国内航运在信息化建设和应用水平上，资金不足、观念滞后、人才欠缺、条块分割、标准不一。今后，国内航空物流信息平台的建立是航空物流企业实现广阔的网络覆盖和密集的航班频率、充足的舱位配备、平稳传递和快速准确的吞吐量、货运分拣中心的高速处理、客户的快速响应、大货主的个性化服务能力、供应链信息透明化、客户优先级划分及舱位可预订和分配等竞争优势的关键。

在农产品物流上，随着中国成为世界制造中心的趋势渐趋明显，已经有越来越多的鲜活产品（如水果、鲜花、海鲜等）需要通过飞机来进行运送。航空货运转型已经不再是一个"新鲜"的话题，潜在的高价值市场除了"快递"外，生鲜瓜果也是一个未来待开垦的金矿。其实对有些航线，这部分产品的占比已经非常高了，海口的水果海鲜产品所占比重在有些时节大概能占到 60% 以上，新疆的水果所占比重在某些时候也能达到 30% 多。由此可见，冷链航运的前景非常好。

（五）航运物流运输与智能化管理

航运物流是依照国际惯例，利用国际化的物流网络、物流设施和物流技术，实现货物在国际间的流动与交换，以促进区域经济的发展和世界资源的优化配置。航运物流企业是通过信息化建设，对内使生产经营活动过程中的人流、物流、资金流、信息流处于最佳状态，以最少的投入得到最大的产出；对外则通过网络平台等，跨越传统的中间商环节，直接面对客户，从而以更低的价格、更快的速度和更高的服务质量赢得市场。

1.航运物流全球定位系统

航运物流全球定位系统是基于 GPS 的计算机管理信息系统，该系统通过 GPS 和计算机网络实时收集本系统内全球运输船舶、车辆、集装箱的运输动态信息，实现船舶和车辆追踪管理等。我们只要知道船舶的船名、航区、船公司及联运货车的车种、车型、车号，就可以在本系统全球运输网上流动着的船舶、车辆中找到需要的运输载体，还能得知船舶或车辆等现在何处运行或停在何处，以及船舶、车辆的出发信息和预计到达信息等。运用这项技术，航运物流可以提高运输查询能力，促进动态管理，从而大大提高物流运输网及其运营的透明度和服务水平。

2.航运货物跟踪系统

射频识别技术的基本原理是电磁理论，射频识别系统的优点是不局限于视线，射频识别卡具有读写能力，可携带大量数据，且难以伪造。使用 RFID 技术信息系统可以在一定距离内同时读取多个物品上的多个标签，这就加快了信息采集和流程的处理速度，增强了作业的准确性和快捷性。射频技术适用于物料跟踪、运载工具和货架识别等要求非接触数据采集和交换的场合。在系统中，运输部分的功能就是靠贴在集装箱和设备上的射频识别标签实现的。射频系统接收转发装置安装在运输线的仓库、车站、码头和机场等关键通道点。接收装置收到射频标签信息后，连同接收地的位置信息上传至通信卫星，再由卫星传送给航运物流控制中心，为航运物流运作提供动态管理。航运物流在运作中可通过信息系统分析，迅速地检查供应链活动中货物动态的差异，并通过反馈经营者，及时采取措施，有效保障了服务质量。由于航运物流采取电子化、网络化操作，纸质单据的传递工作量相应大大减少，这节省了信息传递时间，使订单、发货通知、发票等大量的数据、文件信息传递变得可靠和通畅；同时，减少了低效工作和非增值活动，使信息获得速度更快，交流和联系更方便，提高了互动服务水平。

3. 内河船舶智能化监管系统

RFID 技术在内河船舶管理中的应用不断深入，在提升船舶管理效益和管理水平方面起到了积极的作用，尤其在实现船舶信息采集、船舶自动化监管、不停航检查、不停船收费、船舶证书防伪等方面应用前景广阔。主要体现在三大功能上：一是船舶实时数据采集功能。船舶实时数据的采集主要通过航道读卡器和船载电子标签共同实现。航道读卡器通过对船载电子标签定时发送的 ID 信息进行船舶识别，实时采集船舶数据。二是船舶实时数据处理功能。船舶 RFID 数据的采集与处理分别通过数据接收、解析、预处理和存储组件来完成。数据接收组件负责多个航道读卡器的并发和双向通信；数据解析，为各行各业强化管理提供了多种一体化的解决方案。内河船舶智能组件负责航道读卡器与数据采集服务器间的数据通信协议解析；数据预处理组件负责对大量 RFID 数据的去噪声和去重复，过滤掉不符合规范的 RFID 数据，减少 RFID 数据的量，以航次（船舶航行经过固定地点的次数）为标准，记录和发布 RFID 船舶动态数据；数据存储组件负责 RFID 船舶动态数据的存储、查询、备份等。三是船舶实时数据监管功能。通过船载电子标签实现了船舶营运状态的数据自动采集，并与后台船舶数据中心一一匹配，进而检索船舶相关数据信息，对船舶实施综合监管、自动预警，从而初步实现了船舶的定点定位跟踪管理和船舶通行免停船检查，提高了船舶通行率，大大方便了船主。

4. 智能引航系统

以智能引航 LANBO（蓝博）大屏幕监控系统为例。该系统主要有以下几个功能：一是引航。船体上的船载导航及电子海图等软件，可将船舶实时的出入港信息传至港口监控中心的大屏幕显示系统上，使引航员在进行引航操作时可根据船舶、航道、气象、水温和航行环境等资料，提供助航、报警和导航服务，从而减轻引导员的工作强度，缩短查询资料的时间，还可以使引航员将更多注意力用在船舶操作上，从而提高安全操作水平。二是监控和指挥。监控中心将引航员船载单元发送回来的相关航行数据显示在大屏幕上，通过 AIS（会计情报系统）、VTS（船舶交通管理）等对引航员操作情况进行监控，及时向引航员发送航行警告、航行通告和气象、水位等航行信息，将有关水域内发生的或即将发生的可能影响航行和作业的情况，及时准确地通知引航员，并使之采取适当措施，以确保船舶航行和作业安全。三是数据储存。系统具有记忆、储存和回放功能，可将引航操作过程在事后进行回放，在发生交通事故和险情后，可对事故原因、责任的确定起到重要作用。

通过船舶动态数据的融合，同时整合调度业务、引航作业、潮汐等专业数据，建立一套实现船舶实时信息采集、显示、查询、监控和船舶导航等功能的综合管理系统和引航辅助决策支持系统，从而提高引航作业的工作效率，增强引航调度工作的科学性，保证海上船舶航行安全，保护海洋环境，进而做到了智能化地在电子海图上进行高精度船舶（进出港）引航。

（六）农产品冷链运输智能化管理

目前，我国农产品物流以常温物流或自然物流形式为主，农产品在物流过程中的损失很大。有数据表明，我国水果蔬菜等农副产品在采摘、运输与储存等物流环节上的损失率在 25%~30%，也就是说有 1/4 的农产品在物流环节中被消耗掉了，而发达国家的果蔬损失率则控制在 5% 以下。全球对农产品的品质越来越关注，各大机构，如美国农业部和澳大利亚检验检疫局都在制定越来越严格的农产品品质保质规则。欧洲政府专门制定了政策白皮书，一系列国际组织也都在加强对农产品"冷链"监管措施的制定。目前，我国每年因为集装箱运输农产品腐烂变质而被造成的损失，保守估计超过 1000 亿元，有 7% 的货物是在运输途中因为监管不力而毁损。同时，消费者对冷冻冷藏农产品的新鲜程度也有了更高的要求，这些都在促进冷藏运输业的发展。

冷链运输对运输工具的要求特别高，其必须具有良好的性能，对易腐食品不但要保持规定的温度，更切忌大的温度波动。冷链运输方式主要是铁路运输、公路运输、航运（远洋）运输、航空运输及多种运输方式联合运输。冷链运输装备主要包括铁路冷藏车、冷藏汽车、保温车、冷藏集装箱和冷藏船等，如图 6-3 所示。

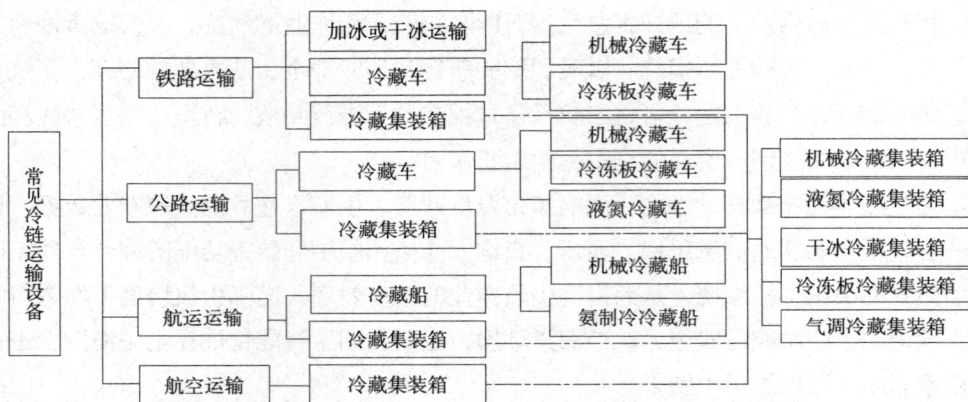

图 6-3　常见冷链运输设备

现有的冷藏集装箱（冷藏车）内部监测系统存在如下缺陷：一是事后监测系统，即只有事情发生了，在用户开箱时才能发现农产品已经腐烂变质，从而不能避免毁损的发生，而只能确认事件的责任方；二是没有实时性，没有箱内货物的状态信息，没有易腐货物的剩余寿命信息。

因此，应用农产品物流运输装备智能监测与跟踪系统，通过在每一冷藏集装箱（冷藏车）内部分布式布置上传感器，传感器每隔一定的时间间隔采集一次信号，通过对运输装备内部参数的准确监测，实现对内部货物品质的监管，确保货物品质安全。

1. 农产品物流运输装备智能监测系统

GPRS（General Packet Radio Service，通用无线分组业务），是一种基于 GSM 系统的无线分组交换技术，提供端到端的、广域的无线 IP。连接 GPRS 是一项高速数据处理的技术，方法是以"分组"的形式传送资料到用户手上。基于 GPRS 的无线温湿度监控系统，是集自动化、即时化、智能化于一体的经济实用的 GPRS 无线冷藏车温度监测系统。该系统不仅能实时显示现场环境的温湿度、系统状态等信息，还能将采集数据通过 GPRS 通信模块经由互联网传送至远端服务器，同时具备温、湿度上下限短信预警功能；通过操作面板按键可设置温湿度报警门限值、远端 IP 地址、短信报警电话、报警时间间隔、重复次数等。该系统数据测量准确，误码率低，操作简单，体现了目前物联网技术在温湿度监控领域智能化、自动化、无线化的应用。

农产品物流运输装备智能监测主要包括冷藏集装箱（冷藏车）内部温湿度传感器

节点、智能终端以及广域监测网。温湿度传感器节点，通过在冷藏箱（车）内部配置上监测节点，从而形成分布式探测网，对运输装备内部的温湿度进行探测。每隔一定时间采集一次信号，并上行给智能终端。智能终端采集到数据后，将信号以无线数传方式上传服务器，用户可以实时了解在信号覆盖范围内的所有冷藏箱（车）的情况。通过无线传感器网络和无线数据传输技术可以准确实现对冷藏箱（车）内部参数的监控，实现实时监控与本地和远程实时报警，可以有效预防和避免运输环境的失调，避免农产品运输环节的监管缺失、运输过程中货物的变质与二次污染。

2. 车辆跟踪系统

采用 GIS 技术实现对运输工具的信息显示与实时监管。用户只要通过网络浏览器，就能知道冷藏箱的位置、警告信息和温度信息等。该系统尤其可通过数据库远程调用和在线图表分析，使冷藏箱（车）内环境参数的变化和趋势一目了然地呈现在用户面前。用户无论身在何处，只要通过网络便可随时了解冷藏箱（车）内温度的时间变化与空间分布，从而能够对冷藏箱内的温度管理提供实时数据，还可结合运输农产品的货架期衰减模型预测农产品的剩余寿命，对运输农产品的管理和控制提供咨询与信息服务。

车载终端通过 GPS 接收天线接收 GPS 导航卫星的定位信号，该定位信号提供被控车辆自身信息（如经度、纬度、车辆速度、方向等），由模块的 GSM 通信部分经 GSM 网络发往物流管理中心，在管理中心通过向短信 MODEM（调制解调器）发送指令，以获取车载终端的相关数据。同时，物流中心的调度管理命令可直接通过移动通信网络与车载 GPS 通信终端建立数据连接。在接收到数据包后，管理中心进行解包分析处理并发送到操作平台，最后实时地将车辆准确位置展现在矢量化的电子地图上，以便于物流管理中心进行车辆调度、监控等。GPS 卫星发送的导航定位信号，是一种可供用户共享的信息资源。

3.RFID 在冷链中的应用

RFID 技术是物联网的核心技术之一，将它应用在农产品物流管理中可以提高物流效率、缩短运输时间、降低农产品损耗。可是，采用 RFID 技术需要增加相应的成本，物流商不愿主动采用 RFID 技术。因此，零售商需要采取措施激励物流商采用 RFID 技术，在保证物流商收益不受损的前提下减少运输损耗、实现双方共赢。

农产品在运输中对运输条件的要求较高，多数农产品在运输中都需要借助冷链系统来运输，以保证其质量不受影响。因此，物流企业必须对农产品物流过程进行精细化管理，已达到客户满意的效果。此时 RFID 的信息可重复读写的功能则体现出了较大的优势，在 RFID 的帮助下，物流企业可以针对性地监督农产品的运输仓储过程，实现信息查询、流向跟踪、环境检测等，实现对运输中农产品的精细化管理，以此降低农产品因为冷链环节的运输条件改变而造成的损失，在保证农产品的质量与价值的同时提高物流企业对农产品运输过程的监督，提高物流的市场竞争力，也就保证了效益。

4.运输途中的信息登记与温度监控

首先，要求对每一次运输的农产品信息做读取；其次，在集装箱上安装的 RFID 电子标签上做详细记录。封条一般安装在集装箱门把手上，或者安装在车厢壁上，这样可以防止农产品在运输过程中发生意外。对冷链运输而言，温度控制是十分重要的工作内容，在装有农产品的托盘或者包装箱进入到冷藏车之前，车载温度和湿度感应器会被安装到车内，运输开始后，感应器会采集环境温度，利用无线电形式收集信号，并利用 GPS 上传到中间件服务器，一旦温度、湿度到达了设定的极限值，就会通知司机对车辆的温度进行调节，保证冷藏车温度的稳定。并且，物流企业可以根据实时数据对运输过程的状况进行监督与管理，也可将信息交付客户进行监督，这样就增加了农产品运输的透明化，最大限度地保障了客户与企业的基本利益。

三、农产品冷链物流运输中数据的采集与应用

假如一家第三方物流公司是做冷链业的，拥有自己的冷藏车队和冷藏库，每辆车都安装有 GPS/GIS，这一系统可以跟踪驾驶时间、燃油效率等数据，还会记录车辆的行驶位置、制动情况、挂车稳定性、控制激活系统等关键事件。所有这一切监测和分析，都将通过卫星或基站，在汽车运行途中实时沟通以获得解决。

通过先进的智慧物流运输系统，在工作计划和决策活动中使用和交换可见的日志数据，来发挥数据的最大优势，收集的数据被用来作为主要的决策依据。

第一，采购车辆。当需要确定哪一个车辆制造商值得长期合作时，所购买车辆在一个时期的燃料消耗数据、总成本分析模型这些数据分析将成为采购车辆决定的主要因素，避免单纯不依据车辆设备的购买价格做决定的弊端。

第二，运输策略。未来某天，北京市民刘阿姨午饭做了一盘杭椒牛柳，这杭椒是从哪里来的呢？几天前，海南省尖峰镇一位农民的椒田开始了第一茬采摘，一箱箱杭椒就这样开始走向了通往餐桌的路，那么，其间是如何应用大数据平台进行运作的呢？

物流公司接到了一家公司的长期物流运输业务，该业务需要经常地将海南农产

品由海口农产品收购中心运到北京零售企业。物流公司首先同海口农产品收购中心和北京零售企业三方实现信息共享。当北京零售企业下达农产品订单后（如杭椒），需要采购一批杭椒（100 吨）从海口市运往北京。首先，海口农产品收购中心启动海南大数据平台（海南农产品流通公共信息服务平台监测系统），海南冬季瓜菜上市量为 1.12 万吨，上市量较大的地区为三亚、琼海、文昌、儋州、昌江、东方，在这些地方进行采购。其次，物流公司安排运输计划，查看海口到北京 3000 多千米的运输距离等基础数据。流程依次为运输任务分配—计划调度—运输执行（执行中在途监控）。整个运输计划与相关大数据相关联：一是系统关联的政府气象数据库。通过天气数据平台，系统自动研判沿途天气情况，根据城市或地区名称查询获得未来 3 天内的天气实况、天气和生活指数。二是系统关联的交通运输数据库。查阅沿途交通拥堵情况，研究判断运输时间及最优运输路线。三是启动企业内部数据平台。调阅海口分公司货车资源和司机信息资源。根据货物情况调度合适的集装箱冷藏车辆，根据司机的身体状态和对路途的熟悉情况调度司机和押运人员。四是制定运输方案。联系相关联的农产品大数据平台，根据杭椒的生物学特性，查找最适合运输的温度、湿度、气体状态，设置好冷运控制参数及沿途参数监控标准和管理标准；根据杭椒包装标准进行包装、车载堆码，进行最经济的运输方案。五是运输完成。杭椒运到北京零售企业，将沿途监控数据全部交付给北京某零售公司，在具体操作时可利用 RFID 技术，物流公司在每箱杭椒包装中嵌入 RFID 芯片，芯片具有温湿度感知功能；装入安有 RFID 芯片的冷藏集装箱后，物流公司和雇主还可以随时了解货物的位置和环境温湿度；高速公路沿途设有 RFID 读取器，不但可以实时监控货物位置，也可以防止物品的遗失、调包、误送。根据公司雇主的要求，物流公司用配备有 RFID 读取设备的冷藏车辆将杭椒送往零售企业的仓库。送往仓库的杭椒，在卸货检验后，由叉车用嵌有 RFID 的托盘，经过具有 RFID 读取设备的过道，安放到同样具有 RFID 读取设备的货架。这样，物品信息自动记入信息系统，从而实现了精确定位。由于使用了 RFID 技术，仓库内的包装加工、盘货、出库拣货同样高效无误。而且当冷库中货架上的试剂数量降低到安全库存以下时，系统也会自动发出补货请求。从杭椒收购到运输、跟踪货物、检验、导入库等，整个供应链上的任何一家企业都可以通过电脑查询一目了然，如图 6-4 所示。

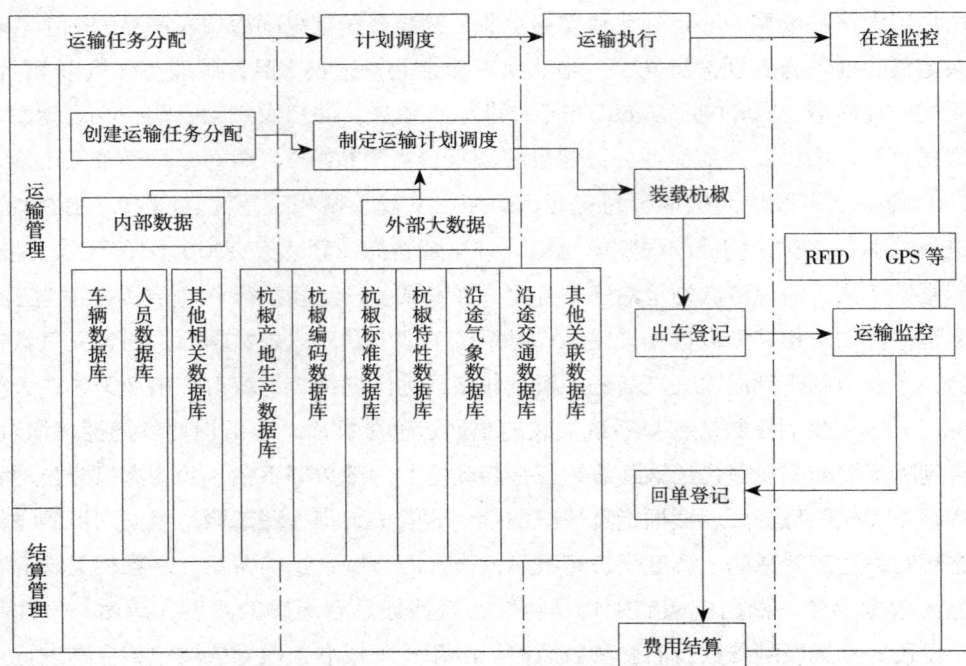

图 6-4　大数据背景下的杭椒运输流程图

通过上述物流案例的介绍，我们可以看到，贯穿全覆盖的物联网技术，使整个农产品供应链呈现了透明、高效、精准的特点，但这些仅仅是海量数据中的少部分数据的筛选与应用（大部分数据，如实时监控 90% 数据是无用的，但必须保持记录，以便事故发生时查找原因）。

第三节　大数据在农产品冷链物流配送中的应用

一、农产品冷链物流配送信息数据化的应用

（一）智能配送决策支持系统

配送中心需要完成仓储运输部门协同订单管理、货物接收、货物分拣、货物集拼、运输资源管理、派车等业务，同时需要把相关作业信息及时反馈给客户。随着社会的发展，农产品冷链物流的配送面临着诸多问题，如何在满足客户要求的前提

下，既能降低农产品冷链物流配送成本，又能获得比较好的收益，这成为急需解决的难题。

目前，智能配送成为提高配送效率的一大趋势。通过智能配送体系统，建立合理配送运输计划，提高配送效率，才能发挥配送中心的作用，降低配送成本。智能配送决策支持系统（Auto Dispatch），是指利用地理信息技术、多目标决策技术、路径优化模型、数据库技术等，依托高精度电子地图，对物流配送调度业务进行订单处理、优化分析、可视化调度报表输出、订单动态查询等，而建立的智能化、可视化的新型配送系统，旨在降低物流成本，提高客户服务水平，减轻调度人员和司机的劳动强度，从而满足城市配送、电子商务、电话购物等现代城市物流配送业务的发展需要。

1. 智能配送决策支持系统的功能

利用信息化技术，通过数据信息分析，智能配送决策支持系统在数据信息分析与应用的基础上，能够以满足客户配送要求为前提，以车辆最少、里程最少、运输费用最低、时间最快、满意度最高等因素为目标，把配送订单科学地分配给可用的车辆，生成装车单和派车作业单，协同仓库部门一起完成配送任务。系统提供了配载订单的明细列表、装货顺序、车型、送货顺序、上下货时间窗、任务完成时间表等数据信息，为农产品物流配送业务提供有力的支持。在功能上，该系统包括以下数据模块：

（1）监控显示数据模块

监控显示数据模块包括数据显示和地图显示两种功能。数据显示采用列表的形式，提供了对订单信息、车辆配送信息等数据的展示。地图数据显示提供了地图相关操作，如地图显示、缩放等基本操作，并能将订单及车辆监控过程中的实时数据展示出来，使用户更直观明了地了解订单及车辆状态。

（2）资源管理数据模块

资源管理数据模块提供了对产品信息、客户信息、车辆信息、配送员信息及订单信息的增加、删除、修改等数据管理功能。

（3）查询数据分析模块

查询数据分析模块提供了对多种信息的查询，如对所属车辆的实时状态及历史信息进行查询，对订单信息的实时状态及历史信息进行查询，对地理位置进行查询等。

（4）配送调度数据管理模块

配送调度数据管理模块主要包括产品配载、送货通知和到货签收。产品配载根据最优路径原则，自动生成最佳配送方案，通过短信的方式，向车载终端发送当日订单任务。送货通知通过自动发送短信的方式，通知用户到达时间。到货签收是系统接收来自车载终端配送信息采集子系统的到货通知，并自动将订单状态由正在配送变为配送完成。

（5）任务监控与数据接收数据模块

通过接收车载终端配送信息采集子系统上报的订单配送状态短信、车辆位置短信等信息，该模块实现了对实时车辆位置及订单位置的查询，并能实时了解到配送车辆及订单的状态等。数据接收主要是通过该模块及时接收各种状态报告短信及位置短信。

2. 系统的核心内容

（1）实现多仓物流共同配送模式

一般配送业务由配送中心拣货后，车辆依顺序配送到各个顾客点的单点装载配送作业。有了大数据技术后，智能配送决策支持系统支持车辆从出货仓库装货后，再到下一个出货仓库装货，再依顺序将货物配送到各个顾客点进行多仓库装载共同配送作业（包含出货仓库间的回程车应用），实现配送业务的一体化管理。

（2）实现"送货与取货"双向配送

对农产品来说，农产品与农资等其他农业投入品如果实现双向配送，对农业物流来说是极大的提升。这样可有效运用装载空间，增加车辆装载量，提高车辆利用率。在大数据平台下，智能配送决策支持系统可以实现将送货订单与收货订单自动分配给最适当的车辆来执行作业，支持同一张订单中同时送货与收货的业务要求，可由同一车辆在顾客点同时进行送货与收货。

（3）实现复杂条件的配送

根据车辆资源数据采集，如车辆的可使用时间、指定车型、指定车辆、指定车队（运输公司）、物品可否混合装载等，以及客户要求的信息，如客户要求时间或时段等，与现有 ERP、OMS 等系统进行无缝集成，当计划受到需求、产能及存货状态的影响时，可快速调整配送计划，迅速获得顾客的交货时间，从而实现延展性最高的营运现况洞察力与物流决策执行力，并可以自动选择最适当配送时间段进行送取货等的多种配送限制条件。

（4）实现最适配送路径选择

根据采集的市区道路、高速公路、快速道路各时间段交通数据和季节、气候数据，同时考虑数千个顾客地点的配送距离、配送时间的最合理的组合条件等数据信息，智能配送决策支持系统可实现针对各种道路等级的复杂道路网络时间运算技术，并提供多种行车速率模式，自动分析时间，实现对经常性塞车的路段指定、禁行路段等的道路封闭以及高速公路是否使用的指定，自动规划最适当配送顺序的路径。

（5）实现可视化配送

智能配送决策支持系统可视化的排程结果画面，可以通过鼠标的拖、拉、点、选的操作，迅速有效地即刻满足调度人员所有工作上所需的配送决策分析信息需求。弹性化的排程编辑功能可以将各车辆的配送顾客以鼠标拖拽相互交换，以及弹性调整配送顺序的先后，从而实现以最经济的方式与企业内部现有系统进行无缝的整合。该系统支持多个道路网络数据，它们各自建立不同的配送计划；智能型运算核心引擎，能同时满足多种配送模式、多种限制条件与配送条件的最佳求解。当公司产能策略或客户需求有临时增加时，调度人员可在计划建立后，利用固定车辆再计算功能，在不改变已经计划完成的车辆排程的结果下，快速地进行自动再排程计算。

（6）解决配送瓶颈

应用智能配送决策支持系统可以解决以下瓶颈问题：一是降低成本。自动选择配置最经济的必要车辆数、自动规划最佳配送顺序的巡访路径，降低整体物流配送费。二是减少作业时间，提高效率。自动生成各车辆配送顺序的货物装载顺序的拣货明细指示，提升拣货作业效率，缩短车辆装货作业时间。三是增强计划性。自动计算预定到达时间、预定离开时间、货物上下货时间，事先掌握运作效率。四是提高服务质量。按照顾客的指定条件（到达时间指定，车型、车辆指定等），提升装载率的同时实现物流服务差异化。五是提升标准的应用。推动配车、配送规划作业的标准化管理，消除配车业务中的人为问题。

（二）车载终端配送信息采集系统

车载终端配送信息采集系统主要是指智能集成"3G"技术应用，目的是实现快捷的物流运输、配送与快递服务。这里所谓的物流"3G"技术，是指将 GIS、GPS、GSM 三项技术集成到一个移动物流智能终端上。"3G"技术集成的核心在于 GIS 作为基础的信息系统平台，具有可视化、地理分析和空间分析、数据库统一管理等优势；根据具体的应用需要，GPS 定位技术和导航技术可以实时获取精度的目标位置信息；GSM 通信技术可以实现大范围内的数据传输，这对信息指挥、调度、监控、管理等具有重大的意义。这三项技术的集成，可以有效实现对运输车辆实时动态的追踪与监控。

1. 参数设置模块

参数设置模块提供了系统运行所需的系统及硬件环境参数的设置，如通信端口参数、GPS 设备端口参数、通信间隔时间、是否自动匹配导航路径等。

2. 数据信息传输模块

该模块分为发布子模块和接收子模块。发布子模块负责向配送中心配送管理与决策子系统发布当前车辆及订单的实时状态，以及车辆实时位置等信息。接收子模块负责接收配送中心配送管理与决策子系统的订单任务信息及其他指令。终端与配送中心系统通过既定协议进行通信，保证了数据的安全性和有效性。

例如，北京海淀区某公司从亦庄某农产品物流配送中心订了 2 吨粮食。移动通信终端通过 GPS 服务确定用户（海淀区）的位置，将此位置数据与用户订单的物流配送信息转换为物流配送消息发送给服务中心，并接收外部输入的物流配送列表的最佳路线列表信息的移动通信终端；接收所述移动通信终端发送的物流配送消息，选取当前用户的位置数据与物流配送列表之后进行传送，并将接收自外部的物流配送列表的最佳路线列表转换为最佳路线信息发送给所述移动通信终端的消息服务中心；从所述消息服务中心接收用户的位置数据与物流配送列表，并通过计算最佳路线的最优算法确定所述物流配送列表的最佳路线列表，并传送给所述消息服务中心的最佳路线处理服务器。

3. 车辆配送行驶导航模块

该模块提供了地图显示、路径引导和车辆定位 3 个功能。地图显示功能使配送人员能够直观地在地图上查看当前配送目的地及订单信息；路径导航为配送人员提供了各个配送目的地之间的最短距离路径，并在地图上高亮显示，易于选择参考，若实际行驶偏离最优路径，该模块将自动重新计算路径；车辆定位通过 GPS 模块得到当前位置信息，并在地图上标识出当前车辆位置，使驾驶员及配送中心能精确掌握当前车辆的位置，并提供到达目的地的智能提醒服务。

该模块由 GIS、GPS 和无线通信技术组成，对配送线路进行路线优化和车辆定位。GIS 实现配送线路的优化，GPS 实现车辆定位，无线通信技术实现数据的移动传输。物流配送路线通常会受到交通路况、客户需求、物品本身特性等因素的影响，这些因素还往往具有不确定性的特点。在实际配送过程中，首先需要将配送中心订单系统的配送信息可视化到 GIS 电子地图上，然后利用 GIS 特有的空间分析技术对客户位置、订单数量及种类等进行分析，最后结合配送中心的位置、道路的交通状况及车辆的装载能力，通过车辆的运输轨迹回放及统计数据分析，进行优化配置，计算出最佳配送路线。确定配送路线后，每条路线上的客户数量、订单数量、配送商品的总体积、总重量、物品特殊性等信息也就确定了。根据这些参数和配送中心的车辆及人员状况，工作人员就可以决定装车方案。在车辆运行过程中，通过车辆运行监控设备，实现与销售公司配送业务数据的自动交换，自动采集信息数据、记录车辆的行驶里程、车辆停驶时间、油耗统计、货品装卸情况及驾驶员违规情况，通过系统内的报表对这些信息数据进行统计和分析，便于管理者对配送情况一目了然，加强运营成本的控制，提高车辆的运行效率。

4.配装/卸货模块

装货模块提供了对车辆当前任务的所有订单查询及扫描装货功能，模块提供了普通扫描装货和快速扫描装货两种方式，装货完成后将自动向配送中心配送管理与决策子系统报告装货完成状态。卸货模块与装货模块类似。

5.配送监控系统模块

物流配送监控中心利用 3G 技术进行配送监控，该模块是整个系统的核心，负责接收各车载移动终端发出的信息，同时将配送监控中心的信息发送给相应的车载移动终端，并将收到的各车载移动终端发来的信息送往地理信息系统，实现数据存储和数据库更新。监控中心电子地图可以准确地显示所有车辆的实时位置，电子地图本身可以任意放大、缩小、还原、切换，并可开多个窗口以分别跟踪不同的车辆。配送监控中心根据系统的规模可设置下一级分中心，实现车辆的监控和智能调度，从而达到移动资源的优化配置、调度和管理，提高调度效率的目的。

（三）自动拣选系统

一个大型物流配送中心每天要接收成百上千家供应商或货主，通过各种运输工具送来的成千上万种商品，如果想在最短的时间内将这些商品卸下并按商品品种、货主、储位或发送地点进行快速准确的分类，将这些商品运送到指定地点（如指定的货架、加工区域、出货站台等），这是一项复杂、烦琐的工作。

自动分拣系统是先进配送中心所必需的设施条件之一，具有很高的分拣效率，通常每小时可分拣商品 6000~12000 箱，可以说，自动分拣机是提高物流配送效率的一项关键因素。自动分拣系统能够依据物品不同的类别、批次、流向等信息，快捷、准确地将物品从输送或仓储系统中拣取出来，并按下发的指令自动完成分类、集中、配装等作业。当供应商或货主通知物流中心按配送指示发货时，自动分拣系统在最短的时间内从庞大的高层货存架存储系统中准确找到要出库的商品，并按所需数量出库，将从不同储位上取出的不同数量的商品按配送地点的不同运送到不同的理货区域或配送站台集中，以便装车配送。

分拣系统通常由控制系统、分拣信息识别系统、计算机管理系统、输送设备和分拣设备组成。其中，输送设备有动力辊筒输送机、皮带输送机、板链输送机等；分拣设备有摆轮分拣机、垂直分拣机、滑块分拣机等。该系统具有以下优势：①采用先进的分拣信息识别技术，分拣误差率低；②依据计算机管理系统下发的指令自动进行物品的分拣，实现无人化作业；③分拣方式多样化，能够依据不同的分拣要求，进行模块化自由组合；④智能化、集成化程度高，实现对物品连续的、大批量的分拣；⑤能连续、大批量地分拣货物。由于采用大生产中使用的流水线自动作业方式，自动分拣系统不受气候、时间、人的体力等的限制，可以连续运行，同时由于自动分拣系统单位时间分拣件数多，因此，自动分拣系统的分拣能力是人工分拣系统可以连续运行100 个小时以上，每小时可分拣 7000 件包装商品，如用人工则每小时只能分拣 150件左右，同时分拣人员也不能在这种劳动强度下连续工作 8 小时。分拣误差率极低，自动分拣系统的分拣误差率大小主要取决于所输入分拣信息的准确性大小，这又取决于分拣信息的输入机制，如果采用人工键盘或语音识别方式输入，则误差率在 3% 以上。分拣作业基本实现几乎无人化（少数除外），国外建立自动分拣系统的目的之一就是为了减少人员的使用，减轻工人的劳动强度，提高人员的使用效率，因此，自动分拣系统能最大限度地减少人员的使用数景，并能基本做到无人化。

（四）配送订单管理系统

订单管理系统是物流配送中心管理系统的一部分，通过对客户下达的配送订单进行管理及跟踪，动态掌握订单的进展和完成情况，提升物流配送过程中的作业效率，从而节省运作时间和作业成本，提高物流企业的市场竞争力。

配送订单管理系统主要对配送订单进行管理和处理。配送中心通过网络、电话、传真等受理订单，系统进行订单处理，并把处理好的订单传递到存储中心管理系统进行交互。订单管理功能设置在基础信息菜单里面，订单管理的数据信息包括系统管理、客户管理、电话管理、采购订单管理、库存管理、配送管理、财务管理、供货商管理等。

智能订单管理系统可根据所采集的数据信息实现单次及批量订单，订单管理与库存管理相连接，并且在下订单时有库存预警及提示功能，订单管理同时与客户管理相连接，可查询历史订单情况以及订单的执行情况。订单管理中的用户信息管理是不可或缺的，安全有效的信息对整个系统的稳定、可靠都是十分必要的。科学的订单管理可以提高信息处理速度，增加信息完整性，完善的统计分析功能可以提升配送决策效率。

第一，系统管理数据采集。系统管理包括登录权限、系统参数、员工管理、数据维护和系统日志等。

第二，上游供应商和下游客户管理数据采集。客户管理包括客户编号、客户名称、客户地址、订货日期、订货内容、订货数量、订货价格和配送方式等；供货商管理包括供货商编号、供货商名称、供货商地址、供货商供货日期、供货内容、供货数量、供货价格和运输方式等。

第三，电话管理数据采集。电话管理包括电话类型（供应商或者是客户）、电话记录、统计分析和参数设置。

第四，采购订单管理数据采集。采购订单管理包括采购商品名称、采购数量、采购价格等。

第五，库存管理数据采集。库存管理包括库存商品名称、存库数量、库存位置、库存交易、库存参数和统计分析等。

第六，配送管理数据采集。配送管理包括配送货物清单、送货类型、配送日期和参数设置等。

第七，财务管理。财务管理包括收款、付款和财务参数等。

第八，统计分析。统计分析包括商品出入库统计、销售商品统计、客户订单统计、客户毛利统计、客户媒体来源时段统计、客户来源区域统计、销售员业绩统计、销售订单媒体来源时段统计、销售财务统计等。

订单管理系统的主要功能是通过统一订单提供用户整合的一站式供应链服务，订单管理及订单跟踪管理能够使用户的物流服务得到全程的满足。订单管理系统是物流管理链条中的不可或缺的部分，通过对订单的管理和分配，使仓储管理和运输、配送管理有机结合，稳定有效地使物流管理中的各个环节得以充分发挥，使仓储、运输、订单成为一个有机整体，从而满足物流系统信息化的需求。

（五）RFID 在配送管理中的应用

以第三方农产品配送中心为例。农产品配送中心的基本流程是农产品供应商将产品送到配送中心后，经过核对采购计划、进行农产品检验等程序，分别送到不同的库房与货架上的不同位置存放。当客户提出要货计划后，电脑系统将所需农产品的存放位置查出，并打印有客户代号的标签。整包装的货物直接由货架上送往传送带，零散的货物由工作台人员取出后也送到传送带上。一般情况下，客户要货的当天就可以将货物送出。

为应对少量多样的客户需求环境，强调配送效率，即时反应的配送中心逐渐替代了传统的多层次，复杂的配销渠道。而顾客需求变化的波动性，往往是影响配送中心运营绩效的主要原因，如何掌握瞬息万变的客户需求，提高配送决策和操作效率，便成为配送中心作业规划的关键问题。

1. RFID 在配送管理中的应用效果

以农产品配送中心为例。配送中心扮演着将农产品从生产者转移到零售商或消费者的中介角色，其目的在于整合物流、资金流、商流及信息流，有效促进产品流通并达成顾客需求，故配送中心着重于建立合作渠道、改善作业效率及提高企业经营绩效。

首先，降低损耗，扩大收益。农产品属于易腐品，在重复搬运等的作业过程中损耗较大。采用 RF1D 技术，不仅可以降低劳动力成本，还可以解决商品断货和损耗这两大零售业难题。

其次，提升效益。由于 RF1D 标签可以唯一地标识商品，通过同电脑技术、网络技术、数据库技术等的结合，可以在物流的各个环节上跟踪货物，实时掌握商品的动态资讯和质量状态；同时缩短作业过程时间，降低损耗；改善盘点作业，提高盘点效率；增大配送中心的吞吐量，降低运转费用，实现可视化管理；资讯的传送更加迅速、准确。

最后，快速追踪货物，实现质量追溯。RFID 技术的先进性，在于利用无线电波，非接触式、远距离、动态多目标大批量同时传送识别资讯，实现真正的"一物一码"，可快速地进行物品追踪和数据交换。由于 RFID 技术免除了跟踪过程中的人工干预，在节省大量人力的同时可极大地提高工作效率，所以对物流和供应链管理具有巨大的吸引力。

2. RFID 在各环节的应用

RFID 在配送中应用的重要信息化系统是远距离货物识别系统，主要对物品进行远距离扫描和数据读取。该系统由 RFID 电子标签、固定（手持）读写器及数据交换、信息管理系统等组成。读写器通常放置在仓库的出入口处，在物品包装袋或托盘上贴上 RFID 标签，当货物经过仓库出入口时，读写器读取包装或托盘上的 RFID 标签，并通过数据传输系统将标签里面记录的物品详细信息传达到仓储管理中心系统存储，并统计数量。对日常库存的盘点，工作人员可以采用手持读器，通过对包装和托盘上 RFID 标签的读取，来完成盘点作业。

主要流程如下：

第一，收货环节数据采集。货物在供应商发货时就配置了电子标签，该电子标签中记录了货物的名称、数量、特征、发送地、到货地、送货单号、订单明细等信息。

当送货车辆驶入天线场域时，固定读写器将批量读取货物单元的标签，以取得货物单元中的全部货物数据信息，并传入管理系统，同时打印出实际到货清单。司机将送货单交至工作人员处，工作人员核对送货单与收货通知单（根据系统已导入的预入库货物基本信息打印，数据信息包括货物名称、数量、尺码、预计入库时间、货物 RFID 信息、送货卡车的信息等）。在核对完之后将收货通知单交给仓管员，仓管员安排卸货和验收，同时在仓库卸货平台上粘贴电子标签。仓管员根据系统提供的实际到货单进行货物验收。验收完毕后，在待检区货位标签上写上入货物品种及相应的实际数量，并将其传入管理系统，将待检区电子标签 EPC 码与其货物实际到货单相关联。

第二，入库和检验环节数据采集。当贴有电子标签的货物运抵配送中心时，入口处的阅读器将自动识读标签，根据读到的数据信息，管理系统会自动更新存货清单，同时，根据订单的需要，将相应货物发往正确的地点。这一过程将传统的货物验收入库程序大大简化，省去了烦琐的检验、记录、清点等大量需要人力的工作。

第三，存储环节数据采集。存储中心管理系统对仓库存货进行管理。该系统还包含货架自动存储与分拣系统。存储中心的货架自动存储与分拣系统通过 RFID 读写器读取物品电子标签中的相关信息，与订单相比对后，控制自动堆垛机、机械手、轨道输送机将货物送出并装货。自动存储与提取系统对货架的物品数量进行实时统计并把存货的信息传给仓储管理系统，同样，存储管理系统和订单系统进行数据交互，一旦在订单管理系统输入订单，订单系统会显示存货信息以方便订货。在仓库取货、配货的整个工作流程中，相关人员要登记留存信息，以便出现问题时进行追踪查询。出库时，若发现出库物品与审核数据不符，系统将给出报警提示。符合出库条件的物品，系统记录该物品代号、名称、去向、出库时间、审批人、经手人等信息。如果配送的货物出现问题，还可以通过存储系统进行追踪查询。当采购物品入库时，系统登记物品名称、种类、等级、时间、存放地点、来源等信息，并分配电子标签，通过读写器在电子标签内写上相关信息，然后入库。货物在入库时被放置在托盘上运送，叉车将装有货物的托盘运至库门附近时，阅读器可以批量读出托盘及其上面的货物的 RFID 信息。在货物进入理货区之后，仓管员扫描货物条码，并判断产品是进入平仓还是上货架。如果进入货架，货物通过传送带送入具体的货位（货物传输带上方已安装阅读器，当货物通过传输带时，系统通过阅读器快速获取货物的信息，并即时传输到WMS（仓库管理系统），由系统根据货位信息安排入库位置，在每个库位上设置有专门的升降设备自动帮助存放货物）。如进入平仓，叉车直接将货物送入具体库位，此时在库位标签上记录货物的名称、数量、规格、计量单位等。在同一批次的货物扫描完之后，仓管员将扫描器所扫描的信息以文本的形式上传到 RFID 系统中。RFID 系统根据扫描器所扫描的信息、RFID 阅读器获得的 EPC 码及从企业系统中导入的信息，建立入库单号、EPC 码、订单号及入库时间的关联。

第四，整理和补货环节数据采集。装有移动阅读器的运送车自动对货物进行整理，根据计算机管理中心的指示自动将货物运送到正确的位置上，同时将计算机管理中心的存货清单更新，记录下最新的货物位置。存货补充系统将在存货不足指定数量时自动向管理中心发出申请，根据管理中心的命令，在适当的时间补充相应数量的货物。在整理货物和补充存货时，如果发现有货物堆放到错误位置，阅读器将随时向管理中心报警，根据指示，运送车将把这些货物重新堆放到指定的正确位置。

第五，配送拣选环节数据采集。拣选系统能够到配送中心管理系统的服务器上下载配送单并将之转换为拣货单，再以电子方式传到各组件上。工作人员通过手持阅读器读取库存货位标签，从而取得当前货物名称和实际数量等的数据信息。在对拣货单的信息核对后，工作人员拣选出所需货物并移出存储区，而后利用读写器实时更新库位电子标签信息。最后工作人员将现场数据的实时收集传入配送中心管理系统，并立即更新拣货信息，管理人员便可以根据计算机显示掌握拣货现场的各种状况。

第六，分选环节数据采集。配送中心分拣区安装识别系统，在进行货物分流的同时，实现自动复核出库。

第七，订单填写。通过 RFID 系统，存货和管理中心紧密联系在一起，而在管理中心的订单将发货、出库、验货、更新存货目录整合成一个整体，最大限度地减少了错误的发生，同时也节省了人力。

第八，货物出库配送与运输环节数据采集。货物进入配装区后，工作人员根据各分销点的配装作业单进行配装；每种货物分别用包装箱进行封装，此时在包装箱上粘贴电子标签；货物配装完毕后，在包装箱标签上写入货物名称、数量、配装时间等相关信息，在车辆标签上写入所储货物的各名称和数量；车辆电子标 EPC 与货物 EPC 相关联，当货物离开配货中心时，通道口的解读器在读取标签上的信息后，将其传送到处理系统自动生成发货清单。

在配送运输管理中，配送线的一些检查点上安装了 RFID 接收转发装置，当贴有 RFID 标签的车辆经过时，接收装置便可接收到 RFID 标签信息，并连同接收地的位置信息上传至通信卫星，再由卫星传送给运输调度中心，送入数据库中，从而可以准确预知货物到达时间，实现对货物配送运输的实时监控，确保货物能够准时、完好地送到客户手中。应用 RFID 技术后，货物运输将实现高度自动化。当货物在配送中心出库，经过仓库出口处阅读器的有效范围时，阅读器自动读取货物标签上的信息，不需要扫描，就可以直接将出库的货物运输到销售商手中。

3.RRD 在配送监测中的数据采集

如果配送过程中车辆或货物发生被盗现象，RFID 与移动终端就会发出数据信息反馈。由于在车辆和货物上贴上了 RFID 标签，并且每辆货车都配备了 GPS 接收机和 GSM 信息终端，送货时，工作人员将车辆、货物的基本信息通过 RFID 读写器存入运输调度中心信息数据库中，同时将司机的身份信息存入运输调度中心信息数据库中，由此可以通过终端读卡器直接将司机的身份信息存入运输调度中心信息数据库中，非常方便、有效。在运输途中，阅读器每隔一段固定的时间以一定的频率自动无线扫描车辆和货物的电子标签，并将扫描的信息存入车载 GSM 信息终端，同时，将通过 GPS 技术获得的车辆位置信息也存入车载 GSM 信息终端，司机也要将其身份证信息通过车载读卡器存入车载 GSM 信息终端，再通过 GSM 通信系统将所有采集的信息传回运输调度中心，送入中心信息数据库中。以 GIS 为基础的信息系统平台统一管理中心信息数据库，该平台将收集到的信息与数据库中存在的发货时的原始信息进行比较，包括司机的信息和车辆的信息是否匹配，车辆和货物的信息是否匹配，一旦三者间有任何两者不匹配，说明该车货物出现了问题，必须采取紧急应对措施；如果信息完全匹配，则将新的车辆位置信息存入中心数据库中，以做货物追踪之用，通过不断地扫描修正，运输调度中心可以掌握货物和运输车辆的实时信息。如图 6-5 所示，

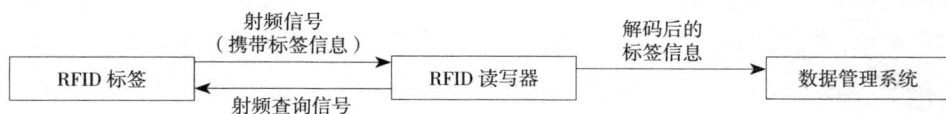

```
                  射频信号                        解码后的
              （携带标签信息）                     标签信息
┌──────────┐  ─────────────→  ┌──────────────┐  ─────────────→  ┌──────────────┐
│ RFID 标签 │                  │ RFID 读写器  │                  │ 数据管理系统 │
└──────────┘  ←─────────────  └──────────────┘                  └──────────────┘
                  射频查询信号
```

图 6-5　RFID 在物流配送中的应用

二、大数据提升农产品冷链物流配送管理

（一）大数据对订购行为分析的改进

当前物流配送大多基于已有销售订单进行运作，即配送是在销售环节之后进行的，这容易造成整个配送系统运作高峰与低谷的差异过大，不利于整个配送系统能力的有效利用。在大数据支撑下，对消费者的订购数据进行挖掘，构建订购品类与时间维度的关联规则，再按照一定概率将配送行为提前，利用直通配送模式，将配送车辆

作为活动仓库，实现"预配送"业务流程。该类运作模式对城市餐饮服务配送尤其有效，餐饮消费时间通常比较固定，配送品类与时间的关联规则比较明确，提早进行准备并装载，有益于提高整个配送系统的运作效率，同时也有利于提高顾客满意度。例如，2013 年亚马孙就申请了一项名为"预判发货"的专利。亚马孙通过对用户行为数据的分析，预测顾客的购买行为，在顾客尚未下单之前提前发出包裹，从而最大限度地缩短物流时间。判断是否"预判发货"的数据信息包括：顾客此前的订单、商品搜索记录、心愿单、购物车，甚至包括用户鼠标在某商品页面的停留时间。通过分析顾客行为数据进行"预判发货"显然是一种大数据行为。

（二）大数据对配送时间窗管理的改进

当前配送过程中，配送时间的管理还没有配送时间窗的概念，往往依赖配送员与客户在配送过程中的动态联系，从而使得配送员的等待时间过长，降低了配送效率。在大数据支撑下，获取城市范围内每位顾客的取件时间统计信息，通过对每位顾客每次收货时间的分析，在配送过程管理中，引入时间窗的概念，为每位顾客提供差异化的配送时间窗口和配送服务定价信息。

（三）大数据对车辆调度及装载的改进

在当前城市配送中，车辆的调度及装载还停留在考虑车辆载重量方面，缺乏与路径、配送顺序关联的联合优化。在大数据支撑下，根据每天的配送计划安排，基于可用配送车辆的载重、容量、存储条件等信息，构建车辆调度优化的机器学习模型，将需要配送的任务进行分类，与每台车辆、每个批次的配送作业计划关联，尽量提高车辆的装载率；根据关联任务的时间窗约束，利用静态的车辆路径优化模型，获取较优的车辆配送路径方案，在此基础上利用车辆装载优化模型，按照先进后出的原则，对车辆装载的方案进行优化，形成车辆装载方案。

（四）大数据对成本管理的改进

在当前城市配送乃至整个物流运输中，对成本的管理大多是事后的财务管理，缺乏运作过程中对实时成本数据的搜集与管理能力，这不利于配送设备的选型及成本管理的精细化。在大数据、云计算、物联网等新技术的支撑下，通过配送车辆车载数据模块及配送员手持设备的使用，工作人员可以实时搜集配送车辆在整个生命状态周期内的运行状态信息，这为运作过程中实时的成本管理提供了翔实的基础数据资料。例如，梅赛德斯－奔驰卡车 2013 年在中国市场推出的"T.C.O. 运盈智汇"成本计算服务。该成本计算服务能在一辆卡车的生命周期内根据客户提交的实际情况做出分析报告，并提出解决方案。该计算器包含了对物流企业从购买车辆到运营过程中整个生命周期内总成本的核算，其中不仅涵盖了购车费用、车贷利息、折旧等不变成本，还包括了如油耗、胎耗及驾驶员工资等可变成本。通过成本计算器，物流企业不仅对卡车使用期间每千米所产生的费用一目了然，而且对每年、每车的效率及盈利能力也尽在掌握。

三、农产品冷链物流智能配送规划的设计

在农产品配送的实际过程中，由于路况、客户要求、商品本身特性等条件的制约，配送规划设计往往是一个极其复杂的系统工程，如何规划配送才能达到上述三个要求，这是摆在农产品配送企业面前的一个难题。

智能配送在设计配送规划时，运用计算机技术、图论、运筹、统计、GIS 等方面的技术，由计算机根据配送的要求选出一个最佳的配送方案，包括配送路线、使用车辆、装载的商品等内容。因此，在制订配送计划时，以智能配送为基础，以信息化技术为前提。例如，一个国际性冷链物流中心采用智能配送系统，为北京几个大型快餐连锁企业、零售超市完成订货、储存、运输及分发等一系列工作，使得整个快餐连锁企业的系统得以正常运作，通过物流中心的协调与数据联接，使每一个供应商与每一家餐厅达到畅通与和谐，为快餐企业餐厅的食品供应提供最佳的保证。根据客户在城市中的分布和道路交通、天气状况（交通数据信息、天气数据信息），以及物流中心的具体位置，调整每天的路线。由于农产品的特殊性，客户要求送货的时间不同，这就必然要根据当天客户的订货情况，由系统来调整配送路线。根据订货情况，在路线分配完成后，就可以分析该路线上的商品特性及数量，由系统计算出需要的车辆、车辆上装载的商品、行车的先后顺序、司机、装卸人员等。车辆在配送途中可以利用GPS 技术随时反映车辆的在途状况，物流中心可以向司机随时发出指令。具体数据信息应用如下：

（一）配送方案的制定

1. 配送路线的制定

在物流中心的客户中，根据客户的分布（客户位置数据信息）、道路的交通状况（交通数据信息）、天气状况（气象数据信息）及物流配送中心的位置等因素，先制定出一条或者几条固定路线，数据模型设计时注意将位置比较集中的客户尽量划分在一条线路上；在运力允许的条件下，尽量用最少的线路划分客户；划分线路时，尽量使线路最短。

2. 进行配送路线的优化

由于每天的配送客户和订单数量不是固定的，物流中心就需要根据每天的订单情况，对配送路线进行优化。设计数据模型要注意一些特殊情况，如某条线路当日需要配送的客户非常少，派车不值得；客户要求紧急，需要紧急配送；遇到道路施工、下雨、下雪天气，某些道路拥堵需要临时改变线路等。在某条线路上，如果客户量太少时，相关人员可以考虑将其合并到其他路线上，合并的原则是在满足客户配送要求的前提下，以最低成本来优化线路。系统可以给出一个或者多个优化案，并将每一个方案的结果给出；对紧急配送的考虑：如果客户要求紧急配货，一是可以只装该客户的货，并将其直接送到，二是顺带装别的客户的货，但是中途不卸车，而是等紧急配送客户卸车后，在返回途中再给其他客户卸货。紧急配送时采取哪种实际措施，需要看具体的情况；遇到道路拥堵、雨天、雪天情况时，一般采取的是绕行的措施。当配送路线方案选定时，该路线上的客户数量、订单数量、配送商品的总体积、总重量等也就决定了。

3. 装车方案的选择

农产品装车方案比较复杂，一般情况下，以温度为界限，将常温产品、冷藏产品、冷冻产品进行分类装车；假定农产品在配送时，是要将物品先装到标准化容器中，然后再将容器放到车上，这就需要设定农产品装车的标准化容器（笼车、包装盒），还要设定容器的体积、体积安全系数和承重量等；根据当日订单，计算出订单所需要的容器数，根据订单所包含的商品的体积、重量，计算出订单所需要的容器数；根据物流中心指定参与配送的车辆的载重量和容积，计算出车辆能容纳的订单总数和客户数；根据路线上以距物流中心最近的客户点作为最后装车客户为基础排序，决定该车上的订单装车顺序，一般采用"一车多送，先到后装"的原则进行装车。

4. 决定该车的司机和装卸人员

当车辆上的订单选择和线路选择完成之后，就可以指定该车的司机和装卸人员，这时需要调用企业内部的人员资料数据库，根据司机对线路的熟悉情况和车辆情况进行选择。

5. 打印装车指示单

当上面的一切都完成以后，系统打印装车指示单，司机和装卸人员根据装车指示单来装卸商品，并将商品配送到客户手中。

（二）车辆的在途跟踪和管理

车辆出门以后，利用 GIS 和 GPS 技术，对车辆实行在途跟踪，物流中心可以根据实际情况对在途的车辆进行各种指示，如指示车辆顺路拉回退货的商品、回收商品的容器等。在途车辆也可以向物流中心发出各种紧急信息，请求处理意见，如遇上交通堵塞，请求物流中心重新指示行车路线；车辆损坏请求维修支援等。

四、大数据时代农产品物流配送系统设计

（一）农产品物流配送系统设计框架

在大数据背景下，配送系统各环节需要信息化、智能化、数据化。智能配送决策支持系统以满足客户的配送要求为前提，以车辆最少、里程最少、运输费用最低、时间最快、满意度最高等因素为目标，把配送订单科学地分配给可用的车辆，生成装车单和派车作业单，协同仓库部门一起完成配送任务。系统可提供配载订单的明细列表、装货顺序、车型、送货顺序、上下货时间窗、任务完成时间表等，为城市物流配送业务提供有力的支持，配送业务透明可控，降低了总成本，提高了客户满意度，提升了企业的持久的竞争力。

以第三方农产品配送中心为例，建立以供应链为基础的农产品配送系统。在配送规划设计中，以供应链上的关联数据进行配送优化。大数据管理可以做"减法"来降低配送成本，也可以做"加法"来增加配送效益。在一些特殊时期或节点，如节假日、举办大型活动等都会带来一些特殊需求，终端客户的订货数量会爆发性增长。对于这种情况，目前行业解决的手段还不够丰富，服务水平也不够高。在正常配送外，一旦客户有紧急需求，配送中心会根据即时运力资源等情况，加上天气预测、交通预测等数据，进行相关的大数据分析，利用优化后剩余的车辆和人员，以最快的速度进行配送，以满足客户需求。这些智能化配送需要以物联网为基础。物流配送智能化作业，是基于物联网环境下，利用物联网各类传感装置、RFID技术、视频识别技术、红外感应、GPS、激光扫描器、读写器等信息自动采集设备，通过互联网技术和无线通信技术，借助自动控制等智能技术，实现从订单处理、配货理货、搬运装卸、储存、运输送货、送达服务等连贯化的智能配送作业过程。

（二）农产品物流配送系统设计的目标

农产品物流配送系统的设计目标包括以下几个方面：

1. 信息共享，合理优化资源配置

结合农产品供应链管理理念，并采用先进的计算机与通信技术，融合现代物流技术，将配送客户、生产商、承运商、代理商、分销商等按业务关系和关联数据连接起来，形成更为科学合理的企业物流配送系统、区域物流配送系统、全国物流配送系统

和国际物流配送系统，全面优化物流配送管理，降低配送成本，提高服务质量。

2. 流程无缝对接，提高作业效率

采用网络化的射频识别、无线传感和计算机技术及现代化的硬件设备、软件系统先进的管理手段，使作业数据相关联，实现备货、理货、送货等环节无缝对接，减少生产企业库存，加速资金周转，提高物流效率，降低物流成本。

3. 优化配送路线，降低能耗

通过以 GIS、GPS 和无线网络通信技术为基础的物联网技术，计算出最优交通指挥方案和车行路线，实现合理化运输，提高货物送达的准时性。同时，通过监控系统，实时了解配送车辆信息，保障人、货及车辆安全。

（三）配送系统设计特点

1. 配送系统设计要具有先进性

物流配送运用现代技术和方法，与电子商务发展相融合。

在信息化管理方面，一是信息传递预处理逐渐采用 EDI 系统。二是计算机在进货、配货和选址等方面辅助决策逐渐成为趋势。三是计算机与其他自动化装置的操作相结合。物流配送和电子商务发展相融合，充分利用国际国内联网、物联网和电子商务安全等技术。四是在构筑物流信息系统、控制系统方面，电子数据交换系统 EDI 和卫星导航与定位 GPS、移动通信、电子地图将会大范围普及。五是物流供应链采用先进的系统模式。根据供应链管理理念，并采用先进的计算机与通信技术，融合现代物流技术（EAN/UCC 编码技术、自动识别技术、GPS 技术），通过 Internet/ Intranet（内联网）/ 短消息平台将客户、承运商、代理商、分销商等按业务关系连接起来。六是配载车载计算机的体积会更小，功能会更强，成本会更低。

在物流链管理方面使用高新技术设备将会更加方便，管理功能也会更加完善。在组织结构方面，物流经营组织的交流和关系也将走向全球化发展，组织结构也将会从金字塔式的组织结构向网络化方向发展，形成更为科学合理的企业物流系统、区域物流系统、全国物流系统和国际物流系统。

2. 配送系统的智能化

物流配送系统的智能化，就是指构建信息化、网络化、现代化的现代物流配送系统。具体是指物流配送企业采用网络化的射频识别、无线传感和计算机技术及现代化的硬件设备、软件系统和先进的管理手段，针对社会需求，严格地、守信用地按用户的订货要求，通过数据管理，实现分类、编配、整理、分工、配货等物流合理化的一个有机统一体，能定时、定点、定地地把商品交给没有范围限度的各类用户，以满足其对商品的需求。智能物流配送系统以数据为基础，以一种全新的面貌，成为流通领域革新的先锋。它能使商品流通较传统的物流配送方式更容易实现信息化、自动化、现代化、智能化、合理化，使货畅其流，物尽其用，从而既减少了生产企业库存，加速了资金周转，提高了物流效率，降低了物流成本，又刺激了社会需求，有利于加强社会的宏观调控，提高整个社会的经济效益，从而促进市场经济的健康发展。

一般来说，数据化的智能配送系统的数据源主要包括管理系统、作业系统和网络系统的数据。

第一，管理系统。管理系统通过对配送所有关联数据进行分析，提出管理决策方案。该系统是由配送系统的计划、控制、协调和指挥等组成的系统，是整个配送系统的支柱。管理系统的决策包括配送系统的战略目标、能力及配送需求预测、创造及配送过程管理和网络管理等。

第二，作业系统。作业系统是配送实物作业过程所构成的系统，数据来源于作业系统中采集的数据。在电子商务时代，配送实物作业应根据管理系统下达的数据信息指令来进行。作业系统数据源主要包括货物的接受、装卸、存货、分拣、配装及送货和交货等数据信息。

第三，网络系统。网络系统是由接受、处理信息及订货等所组成的系统。目前，在配送方面应用较多的电子商务网络系统的数据源主要来源于以下几种：POS（销售时点管理系统）、VAN（增值网系统）、EOS、MIS、EDI等。

3. 配送系统的物联网化

物联网是大数据的主要生产来源。在智能物流配送作业中，主要采用传感器、RFID、条码、GPS、激光、红外、蓝牙、语音及视频监控等感知技术，对配送中心的仓储货物实现感知、定位、识别、计量、分拣、监控等。在智能物流配送领域的物流中心信息系统中，通常采用企业内部局域网、无线局域网技术、通信网技术将配送车辆与配送中心、配送用户终端设备和配送中心系统的数据进行传输，从而保持信息和通信互联。现代物流配送中心涉及的作业流程复杂，有存储，有移动，有分拣，有包装，有运输等。配送系统的物联网操作采用自动控制技术、智能机器人堆码垛技术、智能货架技术、移动计算技术等，实现从订单处理、配货理货、搬运装卸、储存、运输送货、送达服务等连贯化的智能配送作业过程。

4. 配送系统的数据化

大数据技术的战略意义在于对已掌握信息的专业化处理和价值挖掘。具体工作中，在前期数据采集的基础上，物流中心建立庞大的配送数据库。数据库包括配送所需要的全部数据，如人员、车辆、路况等。配送前，物流中心综合分析配送的数量、地点、时间等信息，并将分析结果和配送安排发送到配送人员手中。配送中，通过或延长（缩短）某一线路配货距离，或增加（减少）某辆车配送数量，减少配送车辆、配送人员、油料消耗等，来降低物流成本。在农产品供应链基础上，与配送相关联的数据非常多，但是，主要的数据化的模块如图 6-6 所示。

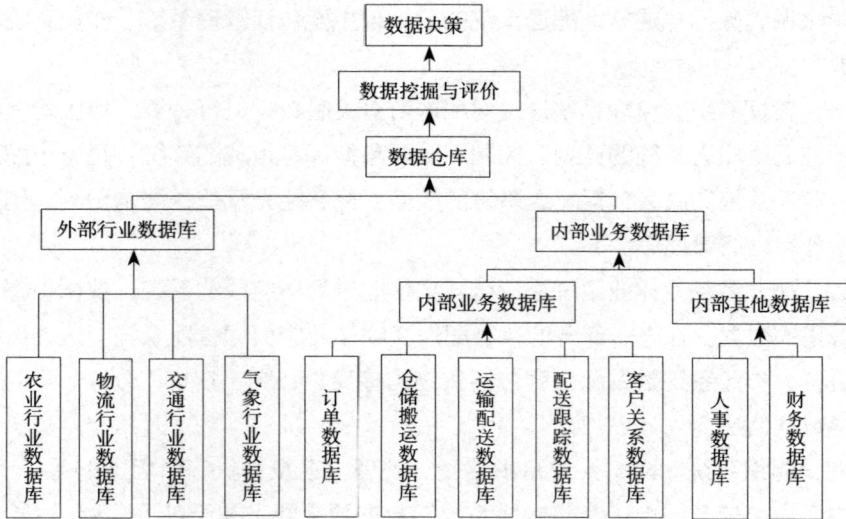

图 6-6 与农产品配送相关的数据模块

（1）订单数据化

在配送中心的业务活动中，订单处理是一切作业活动的起点，订单工作的质量和效率，直接影响配送中心的其他环节作业的工作质量和效率及其对客户的服务水平。订单处理包括订单的接受、存货库存的查询、存货分配、订单处理资料输出、订单异常变动处理等作业内容。订单配货一贯化作业管理从客户端接受订单资料后，将订单处理输出与存储管理系统进行数据交互，订单系统可以详细了解货物库存情况、存放位置等，然后，仓库人员根据处理过的订单资料开始进行拣货、配货、验货、出入库等连串的作业。自动分拣系统的应用，将订单中的货物拣选出来，由于货物带有 RFID 标签，因此作业期间不需对物品进行重新贴标签，读卡器感应 RFID 标签，读取货物信息，验收和出入库几乎同时完成，也不需要对货物进行停顿重新扫描。整个作业过程是连贯化的、高效的、准确的完成的。数据化的具体内容包括订单、出入库、搬运装卸、储存、送货等数据信息。整个配送作业过程尽量数据化，避免人工操作环节，减少中间的停顿时间，紧凑不间断，一贯化完成，从而实现智能管理。对配送中心而言，这样的数据化管理模式可以减少人工成本，提高工作效率；对客户而言，不但能让客户清楚地知道配送货物到达的时间，还能实时查询配送订单全过程处理的订单状态、分装贴标签、出库、发货配送、货物在途位置、车辆状况、送达签收等状况。

（2）仓储搬运数据化

仓储作业数据化管理采用 RF1D 技术、电子产品编码（Electronic Product Code，EP）技术、读卡器（终端机）及扫描器，配合货架拟签系统的应用，货物到达配送中心，贴上 RFID 电子数据标签后，直接利用叉车进行搬运，在经过入口处时，进行验货入库记录、货位分配等。当货物出入库时，出入口处的读卡器将自动获取托盘或包装箱上的 RFID 标签，不需停止即可进行扫描。读写器可以远距离、动态地同时识别多个标签。计算机根据所阅读到的信息对数据库进行访问，并进行相应的数据记录，节省了出入库的作业时间，提高了作业效率。在出入库作业过程中，验收和出入库几乎同时完成，减少了货物在配送中心内的搬运次数，降低了搬运所带来的设备费用和人工费用。需要进行盘点时，工作人员利用手持式 RFID 读写器依次经过所有货架，读写器就会自动获取所有标签上的信息，并记录数据。这不仅提高了盘点作业的效率，而且增加了信息的准确性。

（3）运输配送数据化

运输配送数据化，指通过以 GIS、GPS 和无线网络通信技术为基础的物联网技术，从货物配装、配送线路优化、配送车辆定位、路况信息传送、货物实时跟踪到货物送达的提醒和客户签收等的作业。配送中心仓库人员根据订单做好货物配装，信息中心根据收集起来的车辆和道路信息，实时计算出最优化交通指挥方案和车行路线。配送人员据此送货，避免了交通拥堵，实现了合理化运输，提高了货物送达的准时性。在货物配送过程中，通过 GPS、无线网络通信技术，配送中心及客户都可以实时了解配送车辆信息，跟踪货物状态；货物送达后，通过移动物联网技术的应用，利用移动设备对货物的签收情况进行留存，并及时把信息传送到信息中心进行数据处理，信息中心确认整个配送业务结束后，与客户进行资金的结算。

5.配送跟踪与分析的精准化

监控中心记录每辆配送车辆的运动轨迹，特别是监测冷链配送中的温度配送，系统信息化的核心是实现资源调度优化和主动配送职能。主动配送的实现要依靠系统的自动补货计划，主动配送计划的制订要根据配送点的前日销售数据和当日库存数据核算，其中，前日销售数据被储存成为销售趋势，根据销售趋势来预测配送点未来的销售量，当日库存数据用来判断配送点每种货品的可用量及可卸量，同时结合预测销售量来计算是否需要补货及补货量；资源调度优化的作用是合理配置配送中心的有限资源，合理控制库存，合理使用运输车辆及司机，合理选择配送路线，从而做到货品配送环节综合成本最小，资源利用率最高；资源调度优化和主动配送功能的实现，依靠系统对原始业务数据的采集是否准确、及时，在实际应用中若发生突发事件，系统应允许使用手工调整的方法，以保证系统正常运行及配送业务的顺利完成。通过 GPS 轨迹回放可实现事后责任鉴定、成本利润分析、工作绩效评估等分析操作，为进一步优化管理提供决策依据。

6. 车辆运行轨迹的可视化

车辆运行轨迹的可视化指对配送车辆运行轨迹进行可视化管理。具体是指当 3G 和 GIS 终端接收到卫星发射的精确位置、速度、运行方向、时间等信号后，将数据信息传递给车辆运行监控调度中心进行定位查询；连续跟踪车辆行驶情况，并详细地记载储存被跟踪车辆的行驶路线，同时将跟踪车辆位置及行驶情况信息传递给车辆运行监控调度中心进行连续跟踪功能；通过 IC 卡和读卡器进行驾驶员标识和车辆授权管理，实现驾驶员分配标识的识别和授权驾驶指定的车辆；当有人拆卸 GPS 车载防盗器及附属设备时，系统将自动向监控中心报警；当发生抢车、抢劫、交通事故、车辆故障或其他意外时，驾驶员可按下紧急求助报警器，向监控中心报警，进行紧急求助；当车辆进入或超出规定的行驶区域时，系统自动向车辆运行监控中心报告。

7. 车辆调度的合理化

系统实现与销售公司配送业务数据的自动交换，自动采集信息数据，记录车辆的行驶里程、车辆停驶时间、油耗统计、货品装卸情况及驾驶员违规情况，通过系统内的报表对这些信息数据进行统计和分析，以便于管理者对配送情况了如指掌，加强对运营成本的控制，提高车辆的运行效率。具体需要做到以下几点：一是优化运输路线。通过车辆的运输轨迹回放及统计数据分析，可以进行优化配置，计算出最佳配送路线。二是运输装卸作业点的监控。系统自动监控运输车辆是否按计划时间到达、离开配送中心和配送点运输装卸作业点，延时到达或提早离开运输装卸作业点等违规情况发生时，会及时向车辆运行监控调度中心报告。三是全程监控车辆运输行驶过程。系统自动监控车辆运行状态和数据，清晰地在 GIS 系统的电子地图上显示出来，包括停车地点、速度、经过地点等一览无余；监督驾驶员防止疲劳驾驶和超速驾驶，确保货品及配送车辆的安全。四是智能指挥调度。根据配送任务的变动，及时通过系统利用通信平台向承运商驾驶员下达调度指令，实现运输车辆的智能调度。

8. 资源利用的高效化

配送系统信息化的核心是实现资源调度优化和主动配送职能。主动配送的实现要依靠系统的自动补货计划，主动配送计划的制定要根据配送点前日销售数据和当日库存数据核算，其中，前日销售数据被储存成为销售趋势，根据销售趋势来预测配送点未来的销售量，当日库存数据用来判断配送点每种货品的可用量及可卸量，结合预测销售未来计算是否需要补货及补货量；资源调度优化的作用是合理配置配送中心的有限资源，合理控制库存，合理使用运输车辆及司机，合理选择配送路线，做到货品配送环节的综合成本最小，资源利用率最高；资源调度优化和主动配送功能的实现，依靠系统对原始业务数据的采集是否准确、及时，在实际应用中若发生突发事件时，系统应允许使用手工调整的方法，以保证系统正常运行及配送业务的顺利完成。

第四节　农产品冷链物流配送案例分析

一、大数据在农产品冷链物流配送中的应用案例

（一）大数据在北京生鲜农产品物流配送中的应用

1. 北京生鲜农产品物流配送基本情况

据相关统计资料显示，北京是世界上最大、最密集的农产品消费市场之一。北京每年生鲜农产品消费达 500 多亿元，占北京每天消费总额的 25%。伴随着人们对食品安全意识的日益重视以及生活水平的不断提高，加上近年来由于种种原因对生鲜农产品的生产和流程的忽视，与生鲜农产品质量相关的事故频繁发生，从而使消费者对生鲜农产品的营养价值、安全性、即时性要求越来越高。

北京生鲜农产品冷链配送主要有自营配送、第三方物流配送、自营和第三方物流共同承担配送三种模式。通常，大型超市、以农产品基地为主的配送以及第三方的配送的专业化程度比较高，基本能够实现根据生鲜农产品的特点进行包装和分拣作业，并且配有相应的冷藏车。2008 年年底，北京在北京市区以及周边的高速公路网、国家主干道等实施了生鲜农产品流通的"绿色通道"，对生鲜农产品的车辆实行了免收车辆通行费和专用车道，从而提升了冷链的运输效率、降低了成本。

近年来，北京的冷链物流得到了快速发展，大型物流配送中心已经成就了一定的规

模，但是相对国外冷链物流的整体发展来说还相对滞后。随着北京大型超市和大型的农产品基地的发展和带动，市场上涌现了一批成规模的、大型的第三方物流以及生鲜农产品配送中心，并在配送和运输阶段已经基本上实现了冷链化管理。但对绝大部分的生鲜农产品而言，冷链物流设备相对陈旧落后，冷链的效率还比较低。大部分蔬菜、水果都是通过没有冷温控制的集装箱运输的，且大量的蔬菜、水果在销售的过程中极少有配置冷藏设施，由此带来了在销售环节上的大批量的生鲜农产品质量上的安全隐患。

2. 北京市生鲜农产品冷链物流配送信息平台

目前，北京市有农产品批发市场 45 个，农产品零售市场 395 个，农产品综合市场 185 个，总共 625 个农产品市场。① 伴随着北京农产品市场的改造和省级，目前北京市已经建立了具有互联网平台的大型农副产品批发市场，如北京市城北回龙观大钟寺商品交易市场、北京市大洋路农副产批发场、北京华远农副产品综合批发市场、北京市岳各庄农副产品批发市场、北京顺义石门农产品批发市场等，但是信息化也只是局限于农产品的供应信息。近年来，在生鲜猪肉市场，北京市引进了 FRID 追溯系统，对鲜肉全程监控可追溯，打造了"生猪饲养、屠宰及加工环节"的食品安全链。该追溯系统实现了从饲料源头到流通终端的全过程监控，可以给消费者提供冷鲜肉生产流程的全部信息资料。该系统使冷鲜肉市场的安全性实现了信息化，有力保障了冷鲜肉的安全。

（二）阿里电子商务

当一名北京的消费者选择购买一件位于海南的青皮杜果（10 斤装）的商品时，他将有"时效最快""成本最低""服务最好"等多种快递组合选择。客户给定优化目标之后，"阿里云计算"根据以往经验，启动农产品生产大数据、农产品生物特性数据及包装运输标准化数据、交通运输数据、天气数据、司机信息数据、押运员信息数据。通过所有数据分析和运输公司以往的表现、各个分段的报价、即时运力资源情况、该流向的即时件量，甚至可以加上天气预测、交通预测进行计算，客户将得到运输相关优化线路选项。客户选择后，系统立刻将订单数据发送到各个环节以完成此次运输。这就是"菜鸟网络"在大数据时代进行的大胆尝试。

---

① 何忠伟，桂琳，刘芳，等 . 北京生鲜农产品物流配送业的发展趋势与质量安全 [J]. 北京社会科学 ,2010（04）:43-47.

二、农产品铁路冷链运输装备的发展

（一）中铁特货基本情况

中铁特货运输有限责任公司（以下简称"特货公司"）是中国铁路总公司所属的以现代物流为目标、唯一的特种货物专业化运输企业，注册资本 184.43 亿元，主要从事商品汽车、冷藏货物、大件货物的铁路运输业务，下设 16 个分公司、3 个机械保温车辆段、两个全资子公司，拥有各类专业运输车辆 23000 余辆。为深入贯彻中央经济工作会议精神，特货公司作为中国铁路总公司股份制改革和混合所有制改革的代表企业，先行先改，于 2019 年 2 月 14 日在上海联合产权交易所顺利完成股权转让，东风汽车、北京汽车、中车资本、京东物流、普洛斯、中集投资 6 家企业取得了特货公司 15% 的股权，为推动公司上市创造了有利条件。

（二）铁路冷链发展历程

在 20 世纪 90 年代之前，铁路冷藏运输在全国鲜活易腐货物长距离运输市场中一直占据主导地位，1991 年年运量达到历史高峰 1669 万吨，占中长距离冷链运输市场份额的 80% 以上。随着我国高速公路网的不断建设完善，公路运输以成本低、速度快、机动灵活和"绿色通道"政策扶持等优势，迅速成为我国食品冷链物流的主力军。

特货公司成立后，其通过不断加强市场营销和运输组织，重点组织中长距离和高附加值货源，从而使车辆运用效率和效益有了明显提升，但每年的经营亏损仍然很大，影响了铁路冷藏运输业务的健康、快速发展。为了扭转经营亏损局面，特货公司采取多项措施，将老旧的 B6 加冰冷藏车以及 B19、B20、B21 等机械冷藏车报废，将 B10、B23 等机械冷藏车改为代棚车，经营亏损问题得到缓解。但由于铁路冷藏车保有量大幅减少，冷藏货源进一步流向公路，2014 年铁路冷藏运量仅 40 万吨，市场占有率不足 0.5%，是铁路冷藏运输发展的低谷。

2015 年以来，特货公司开始重新思考和定位冷藏运输的发展，将大力发展冷藏运输业务作为企业未来发展的重点和亮点，并在装备投入、人力资源等方面给予了倾斜。2015 年，特货公司将 20 辆失去制冷功能的 B10 型单节机械冷藏车恢复制冷功能；2016 年，特货公司将 1 辆 B23 工作车和 8 辆 XIK 型平车改造为"1+8"BX1K 型冷藏集装箱专用车组，开启了采用冷藏集装箱运输的新起点，实现了冷藏集装箱海铁联运的无缝衔接，受到了市场的欢迎，也使冷链物流步入了快速发展的轨道，2017 年冷链运量完成 104.53 万吨，同比增长 104.12%，2018 年完成 160.08 万吨，同比增长 53.15%。

（三）铁路冷链装备现状

目前，特货公司冷链运输装备主要有 800 辆 B22 型机械冷藏车、20 辆 B10 塑单节机械冷藏车、500 只 40 英尺无动力冷藏箱。各装备主要参数如表 6-2 所示。

表 6-2　特货公司冷链运输装备主要参数

车（箱）型	载重（吨）	容积（立方米）	车内尺寸（长 × 宽 × 高）（毫米 × 毫米 × 毫米）	每组数量（辆）	控温范围（℃）
B22 型机械冷藏车	46	105	18000 × 2558 × 2300	4	−38
B10 锢单节机械冷藏车	38	100	17300 × 2560 × 2300	1	−24~14
40 英尺无动力冷藏箱	29.4	67.9	11590 × 2294 × 2554	8	最低 −40

现有冷藏装备存在的主要问题如下：

第一，总保有量不足。目前可用于冷链运输的车辆共 1348 辆。其中，B22 型冷藏机械车 800 辆、B10 型单节机械冷藏车 20 辆、有发电设备的 BX1K 型冷藏集装箱专用车组 528 辆，急需补充大量的冷链运输装备。

第二，急需更新换代。现有 800 辆 B22 型冷藏机械车将于 2020—2023 年报废，届时将出现冷藏运输无车可用的局面，急需加快研制新型冷链运输装备并批量投入生产。

第三，供电设备不足。特货公司配属 BX1K 型冷藏集装箱专用车组 528 辆，利用 B23 型工作车组编的 BX1K 型冷藏集装箱专用车组 63 组，另有用 3 只运用考核冷藏发电箱组编的 BX1K 型冷藏集装箱专用车组 3 组。

第四，市场竞争力不强。既有冷藏运输车辆需要加挂工作车并配备大量乘务员，但因为其载重低、自重大，运营成本很高，严重制约了冷链运输的效益改善。而且，冷藏运输车的运行时速为 80 千米/时，不能用叉车作业，因而单次运输批量大，在面对保鲜、保温以及小批量快速运输的需求时，存在运力浪费、时效性差、经营效益不佳等缺点，公司需全面系统发展各品类细分装备。

（四）未来铁路冷链装备的创新发展

1. 发电箱

特货公司与中车长江车辆有限公司合作研发了发电箱，主要供 BX1K 型冷藏集装箱专用平车组使用，从 2018 年 8 月开始已开展了 3 只发电箱的试运工作，试运效果良好，2019 年下半年将大幅推广。该发电箱箱体符合 40 英尺国际标准箱标准，箱内配备了 2 台功率为 100 千瓦柴油发电机组及控制、输出系统，同时提供冷藏集装箱所需的电源；设有火灾报警及自动灭火装置，相关设施均采用导向安全设计。与 B23 型工作车组相比，发电箱可实现无人值乘、远程监控，从而节省人工费用；采用 BX1K 型冷藏集装箱专用车组运输，运行速度满足 120 千米／时的要求，且检修、维护、折旧等成本远低于 B23 型工作车组。

2. 隔热保温车

特货公司与中车长江车辆有限公司合作研发了隔热保温车，主要用于运输需要保持常温运输的货源，如鲜奶、啤酒、饮料、高端面粉和大米、水果等。该车采用整体发泡、无缝内板结构，车体综合传热系数小于 0.22 瓦／（平方米·度），车体在内外温差 20℃的情况下，车内 24 小时温升（降）不超过 0.4℃，15 天内温升（降）不超过 6℃，隔热性能世界领先；换长 2.0、自重 30 吨、载重 64 吨、容积 171 立方米，容重比优良。

保温类货源运输市场巨大，未来将是冷链运输中的一个重要品类。在欧美等发达国家，隔热保温车是重要的食品运输车种。目前，我国保温类货源大部分采取"土保温"的办法进行运输，如冬季运输鲜奶、啤酒、矿泉水，使用普通车辆运输需要采取加装保温板、彩条布、棉被等措施。而采用隔热保温车专用车辆运输，不仅可以有效提高货物运输品质，符合国家的食品安全要求，而且可以节约"土保温"材料费用，提高装卸效率和经济效益，从而符合国家环保和循环利用的要求。

与 B22 型机械冷藏车相比，隔热保温车通用性强，对流比例将大幅提升，空率将大幅降低；采用远程监控、无人值乘的方式，节省人工费用；载重大、自重小，运输效益明显提升；车辆造价、维修成本远低于 B22 型机械冷藏车；采用通用货车转向架，可挂运 120 千米／时的货运班列，从而使检修和运输效率大幅提升；可采用叉车装卸，可大幅提升装卸效率、降低装卸成本；既可单节运输，又可成组运输，大幅压缩待装时间。

3. 新型单节机械冷藏车

为适应小批量和"库到库"冷藏货物运输需求，特货公司与中车长江车辆有限公司研发了新型单节机械冷藏车，该车换长 2、载重 57 吨、容积 140 立方米、最高运行速度 120 千米／时；采用通用货车转向架，既可单节运输，又可成组运输；采用 GPS 定位和远程监控系统，实现无人值乘。新型单节机械冷藏车主要用于运输冻肉、海产品、速冻食品、冰激凌、水果、蔬菜等需要开机制冷的货源。

4. 冷藏集装箱长平车

冷藏集装箱运输的优点是适合"门到门"运输和多式联运，缺点是换长 1.3 的冷藏集装箱长平车只能装载 1 只 40 英尺（或 45 英尺）集装箱，车辆载重利用率只有 50%，运输效益不理想。而双层集装箱运输由于受线路条件制约，目前仍在试验阶段，短期内无法大范围投入运营。为了加快冷链物流发展，提高车辆重利用率，降低物流成本，中铁特货公司与中车齐车集团有限公司合作研发了冷藏集装箱长平车，该车换长 2.3（25.6 米）、载重 68 ~ 70 吨、自重 24 吨，适装 2 只 40 英尺冷藏集装箱。

参考文献

[1] 张玉华，王国利.农产品冷链物流技术原理与实践 [M]. 北京：中国轻工业出版社，2018.

[2] 李建春.农产品冷链物流 [M]. 北京：北京交通大学出版社，2014.

[3] 翁心刚，安久意.鲜活农产品冷链物流管理体系研究 [M]. 北京：中国财富出版社，2015.

[4] 郭慧馨.中国农产品冷链物流 [M]. 北京：中国财富出版社，2012.

[5] 蔡晓莹.农产品冷链物流管理体系 [M]. 长春：吉林出版集团股份有限公司，2018.

[6] 张晓明，孙旭.物流信息化与物联网发展背景下的农产品冷链物流优化研究 [M]. 北京：经济管理出版社，2019.

[7] 原惠群.农产品冷链物流企业营销模式研究 [M]. 武汉：湖北人民出版社，2014.

[8] 吕建军，侯云先.冷链物流 [M]. 北京：中国经济出版社，2018.

[9] 杨清，吴立鸿.冷链物流运营管理 [M]. 北京：北京理工大学出版社，2018.

[10] 汪鸣，冯浩.我国物流业发展政策研究 [M]. 北京：中国计划出版社，2002.

[11] 王春艳.国际物流学 [M]. 大连：大连海事大学出版社，2009.

[12] 宋华，胡左浩.现代物流与供应链管理 [M]. 北京：经济管理出版社，2000.

[13] 谢如鹤.冷链运输原理与方法 [M]. 北京：化学工业出版社，2013.

[14] 崔剑，成龙.冷链物流体系建设研究 [M]. 武汉：武汉大学出版社，2016.

[15] 张建奇.农产品冷链物流发展基础与形势问题透视与对策 [J]. 物流工程与管理，2018，40（02）：7-11.

[16] 胡建淼.我国生鲜农产品冷链物流发展存在的问题与对策 [J]. 改革与战略，2017，33（05）：82-84+93.

[17] 李泽.大连冷链物流的现状与发展建议 [J]. 中国物流与采购，2017（03）：74-75.

[18] 李馥佳.冷链物流产业发展述评 [J]. 时代经贸，2016（07）：30-37.

[19] 海峰，曹志强，王磊，等.我国冷链物流基地建设与运营管理模式 [J]. 中国物流与采购，2013（22）：54-55.

[20] 孙宏岭，刘亚鑫. 云物流支撑下鲜活农产品供应链的优化升级 [J]. 价格月刊，2013（07）：80-82.

[21] 漆莼. 国内冷链物流发展现状与对策 [J]. 物流科技，2012，35（03）：82-85.

[22] 袁永友，龙伟. 农产品冷链物流模式比较与湖北差异化发展路径 [J]. 物流工程与管理，2011，33（11）：2-4+8.

[23] 王永康. 我国农产品物流现状及其冷链发展对策 [J]. 改革与战略，2011，27（09）：93-95.

[24] 孟瑶. 农产品冷链物流运作模式探讨 [J]. 时代金融，2011（18）：229-230.

[25] 程如岐，陈绍慧，赵二刚，等. 冷链物流生鲜品感知仪系统设计 [J]. 保鲜与加工，2018，18（04）：136-140.

[26] 徐泽玮. 国外农产品冷链物流行业的发展经验及对中国的启示 [J]. 安徽农学通报，2015，21（22）：113-114.

[27] 唐步龙. 荷兰农产品物流的发展对中国的启示 [J]. 商场现代化，2008（01）：97-98.

[28] 周路. 中国与加拿大两国农产品冷链物流的比较分析[J]. 对外经贸实务，2015（01）：85-88.

[29] 张传会，张晓东，王爱国. 美国农产品冷链物流的现状与分析 [J]. 中国果菜，2015，35（04）：7-11.

[30] 汪旭晖，张其林. 基于物联网的生鲜农产品冷链物流体系构建：框架、机理与路径[J]. 南京农业大学学报（社会科学版），2016，16（01）：31-41+163.

[31] 刘浩. 生鲜农产品冷链物流的现状及发展对策 [J]. 中国农业资源与区划，2016，37（03）：184-186+232.

[32] 张立国，程国辉. 我国农产品物流研究进展 [J]. 江苏农业科学，2017，45（08）：1-5.

[33] 王娟娟，吕晓燕. 农产品冷链物流国内外研究综述及展望 [J]. 物流工程与管理，2018，40（12）：5-8+4.

[34] 张连莲. 河北省唐山市农产品冷链物流发展研究 [D]. 长沙：中南林业科技大学，2017.

[35] 黄铖. 农产品冷链物流配送开放式车辆路径研究 [D]. 重庆：重庆工商大学，2014.

[36] 李明泽. 城市农产品冷链物流配送路径优化研究 [D]. 大连：大连海事大学，2013.

[37] 芦亚丰. 我国农产品冷链物流发展问题研究 [D]. 合肥：安徽农业大学，2012.

[38] 韩星. 农产品冷链物流建设及电商销售成本构成研究 [D]. 曲阜：曲阜师范大学，

2015.

[39] 赵芳妮.农产品冷链绿色物流评价指标体系的构建与应用 [D].长沙：中南林业科技大学，2015.

[40] 李玉婷.基于 HACCP 体系的农产品冷链物流一体化模式研究 [D].长春：长春工业大学，2014.

[41] 叶缘海.生鲜农产品冷链物流服务质量评价研究 [D].福州：福建农林大学，2017.

[42] 毛斯文.KX 物流中心农产品冷链物流发展现状及对策研究 [D].鞍山：辽宁科技大学，2016.

[43] 王瑞.农产品冷链物流安全的追溯系统研究 [D].曲阜：曲阜师范大学，2012.

[44] 常丽娜.物流管理体制下的农产品冷链物流标准化体系研究 [D].曲阜：曲阜师范大学，2015.

[45] 陈凯田.我国农产品物流体系优化研究 [D].泰安：山东农业大学，2012.